파란 눈의 조선

파란 눈의 조선

지은이 박영규

1판 1쇄 인쇄 2025년 6월 15일
1판 1쇄 발행 2025년 6월 30일

발행처 ㈜옥당북스
발행인 신은영

등록번호 제2018-000080호
등록일자 2018년 5월 4일

주소 경기도 고양시 일산동구 위시티1로 7, 507-303
전화 (070) 8224-5900 **팩스** (031) 8010-1066

블로그 blog.naver.com/coolsey2
이메일 coolsey2@naver.com

값은 표지에 있습니다.
ISBN 979-11-89936-55-6 (03910)

저작권자 ⓒ 2025 박영규
이 책의 저작권은 저자에게 있습니다. 저자와 출판사의 허락 없이
내용의 일부 또는 전부를 복제·전재·발췌할 수 없습니다.

파란 눈의
조선

조선을 다녀간
서양인들의 기록으로 본
조선과 조선인 이야기

박영규 지음

옥당

서문

익숙함에 가려서 못 본
새로운 조선을 발견하며

전설 속 황금의 섬, 코레아

16세기의 유럽인들은 황금의 땅을 찾아 전 세계를 누비고 다녔다. 특히 그들은 황금이 지천에 널렸다는 어느 섬나라를 찾기 위해 혈안이 되어 있었다. 그 섬나라에 가면 개나 닭 같은 가축들도 금목걸이를 하고 다닌다는 소문이 돌 정도였다. 그래서 그 섬나라만 찾아내면 엄청난 부를 거머쥘 수 있다고 믿었다. 그 섬나라의 이름은 바로 '코레아'였다.

16세기 중엽에 포르투갈인이 만든 세계지도엔 한반도가 코레아제도 또는 코레아섬으로 표기되어 있었다. 그리고 그들은 한반도를 황금의 땅으로 믿었다. 그들에게 이런 믿음을 심어준 사람들은 아랍인이었다. 아랍인들은 신라에 대한 기록을 남기면서 그곳을 황금향, 곧 황금이 넘쳐나는 전설의 이상향으로 묘사했기 때문이다.

이 아랍인들의 기록을 믿고 코레아를 찾기 위해 가장 적극적으로 나선 유럽인은 네덜란드인이었다. 그들은 당시 코레아에서 가장 가까운 섬나라 일본과 이미 교역을 하고 있었다. 그래서 기회가 있을 때마다 일본 정부에 코레아와 교역할 수 있게 도와달라고 간청했지만 번번이 거절당했다. 결국 직접 원정 함대를 파견하여 코레아 교역에 나서려고 했지만 코레아를 발견하는 데 실패했다.

이후 네덜란드 정부는 코레아와의 교역을 포기하고 더는 원정대를 꾸리지 않고 있었는데 갑자기 한 줄기 빛 같은 인물이 등장했다. 그는 바로 코레아를 직접 다녀온 핸드릭 하멜이었다.

난파되어 행방이 묘연했던 상선 스페르베르호의 서기 하멜은 13년 동안 실종되었다가 기적처럼 살아 돌아왔다. 더구나 그는 《1653년 바타비아발 일본행 스페르베르호의 불행한 항해일지》라는 책까지 저술했다.

이 긴 제목의 책이 우리가 알고 있는 《하멜표류기》다. 이 책이 출간된 이후 유럽은 황금의 섬 코레아를 찾는 열기에 휩싸였다. 심지어 네덜란드 동인도회사는 '코레아호'라는 1,000톤급 상선까지 앞세우며 코레아를 찾아 나섰다. 하지만 일본 정부의 강력한 반대에 부딪히며 결국 그들의 코레아 탐방은 무산되었다. 이후, 유럽인들에게 코레아는 그저 전설 속 황금의 섬으로만 남게 되었다. 적어도 17세기까지 유럽인들에게 코레아는 그런 전설의 땅이었다.

낱낱이 기록된 조선인과 조선의 실체

18세기에 이르러 중국에 색목인色目人, 즉 파란 눈의 서양인들이 들락거리면서 전설 속 황금의 땅으로 알려진 코레아의 존재가 간간이 유럽에 전해지기 시작했다. 그리고 19세기가 되자 마침내 코레아의 실체는 완전히 드러났다.

코레아는 섬나라가 아니라 반도국이고, 나라 이름이 조선이며, 황금이 차고 넘치는 부유한 나라가 아니라 오랫동안 중국을 상국으로 섬기며 가까스로 나라의 명맥을 유지하고 있는 가난하고 작은 나라라는 사실을 알게 되었다. 그뿐만 아니라 조선이라는 나라는 유학을 국시로 삼고 그 어떤 외래 종교나 문화도 쉽게 수용하지 않는 지극히 폐쇄적인 곳이었다. 심지어 기독교를 사악한 종교로 단정하고 수천 명의 기독교인을 무자비하게 학살하는 일도 서슴지 않았다. 물론 그 학살된 기독교인 중에는 오로지 전도를 위해 조선에 들어간 서양인들도 있었다.

조선이 기독교인을 그토록 참혹하게 살해한 이유는 오로지 그들의 문화와 관습을 지키기 위함이었다. 조선인은 자신들을 공격하지 않으면 절대 다른 나라를 침입하지 않는 평화로운 민족이지만, 누군가 자신들을 침입하거나 그 삶과 문화를 그르치려 하면 순식간에 불꽃같이 일어나 응징하는 양면성을 가진 민족이었다.

하지만 이런 폐쇄성은 그들을 우물 안 개구리로 만들었고, 이는 곧 조선을 점점 세상의 흐름에서 뒤처지는 국가로 전락시켰다.

시간이 갈수록 약해져 가던 조선은 결국 약소국의 운명 속에서 어쩔 수 없이 관문을 개방해야 하는 상황으로 내몰렸다.

조선의 관문을 연 나라는 일찌감치 서양의 문물을 받아들인 이웃나라 일본이었다. 일본에 의해 열린 그 관문으로 서양인들이 우르르 밀려들었고, 그들은 마침내 조선의 실체를 목도했다. 그들 중 일부는 그 체험을 책으로 남겼다. '파란 눈'으로 직접 본 조선의 실체가 그들의 글로 낱낱이 기록된 것이다.

놀라운 점은 이들이 조선인보다 먼저 당시 조선 문화의 특이성을 알아보고 조선 문화의 우월성을 먼저 찬양했다는 사실이다. 멀리는 350여 년 전의 네덜란드인에서 가까이는 120년 전의 미국인과 러시아인까지, 그들은 조선인조차 미처 보지 못한 조선 문화의 특이성과 우수성을 일찍이 깨닫고 이를 기록했다.

온돌, 한글, 교육열

"겨울에는 방바닥 밑에 불을 지피기 때문에 방이 언제나 따뜻합니다. 방이라기보다는 화덕 같습니다."

이 말은 조선에 와서 지독한 겨울 추위에 시달리던 하멜이 한 말이다. 하멜뿐 아니라 조선에 머무르던 대다수 서양인들은 한결같이 온돌 예찬을 빠뜨리지 않는다. 아마도 서양인들에겐 한국의 가옥 구조에서 온돌만큼 인상적인 것은 없었던 모양이다. 그만큼 그들은 일찌감치 온돌 문화의 우수성을 알아보았던 것이다.

　온돌을 경험한 서양인들이 긍정적인 말만 한 것은 아니다. 어떤 이는 온돌방 속에 있는 것을 마치 화장장의 관 속에 있는 느낌이라고 표현하기도 했고, 온돌이 겨울에 방안으로 벌레를 불러들이는 주범이라고 말하기도 했다. 하지만 그들이 부정하지 않는 것은 추운 겨울에 몸을 녹이는 데는 온돌만 한 것이 없다는 사실이었다.

　온돌과 함께 서양인들이 가장 놀라워한 것은 한글이었다. 한글에 대해 하멜은 이렇게 말했다.

　"이 글자는 배우기가 쉬우며 모든 것을 다 쓸 수 있습니다. 전에 한 번도 들어 본 적이 없는 이름을 다른 글자보다 쉽게 더 정확히 쓸 수 있는 글자입니다."

　한글의 위대성에 대해서는 조선 땅에서 순국한 프랑스 신부들도 익히 알아봤다. 그들은 한글이 매우 과학적으로 만들어진 문자라고 극찬하면서 한글의 문법 체계를 정리하고, 10만 단어를 수록한 한불사전과 라틴어-조선어 사전을 만들기도 했다.

　필자는 프랑스 신부들이 한글의 문법 체계를 정리한 것을 보면서 하마터면 눈물이 날 뻔했다. 목숨을 걸고 숨어다니면서 전도하기도 쉽지 않았을 터인데 지금 우리가 사용하고 있는 것보다 더 세밀하고 실용적인 문법체계를 정리해낸 것을 보고 가슴이 벅차올랐다.

　불행히도 그들이 만든 한글의 문법 체계는 우리에게 전해지지 못했다. 하지만 그들 이후에도 한글 문법 체계의 토대를 만든 인물은 한국인이 아니라 미국 선교사였다는 사실에 또다시 존경심을 갖지 않을 수 없었다. 지금은 한글이 세계에서 가장 과학적인 문자 중 하나로 인정받고 있지만 그 당시에는 단지 서민의 글로만 여겨졌던 것을 외국인들이 먼저 알아본 사실이 너무나 경탄스러웠다.

온돌과 한글 외에도 조선을 방문한 서양인들을 놀라게 한 또 하나의 사실은 조선인의 교육열이었다. 다음은 병인양요 때 종군화가로 참전했던 쥐베르라는 인물이 남긴 말이다.

"우리가 경탄하고 또한 우리의 자존심을 상하게 하는 유일한 사실은 극동의 모든 국가에서 발견되는데, 그것은 바로 아무리 가난한 집이라도 집안에 책이 있다는 점이다. 극동의 나라들에서는 글을 읽지 못하는 사람이 거의 없으며, 또 글을 읽지 못하면 주위 사람들로부터 멸시를 받는다. 만일 문맹자들에 대한 그런 비난을 프랑스에 적용한다면, 프랑스에는 멸시받아야 할 사람들이 헤아릴 수 없이 많을 것이다."

당시 쥐베르는 강화도를 점령하기 위해 상륙한 군인 중 하나였다. 그는 조선 백성들의 허름한 초가집을 둘러보며 조선인의 가난에 가슴이 아팠다고 한다. 그런데 그 초라한 집을 둘러보다가 책을 발견하고는 생각을 달리했다. 그는 가난 속에서도 책을 읽는 조선인들에게 너무나 자존심이 상하고 심지어 경외심이 솟기까지 했다고 한다.

17세기에 조선을 다녀간 하멜도 이런 말을 남겼다.

"양반이나 잘사는 사람은 자식들의 교육에 신경을 많이 쓰며, 아주 어릴 때부터 선생을 두어 글공부를 시키는데, 이건 이 민족이 아주 중시하는 일입니다. 그들은 아이들을 가르칠 때 점잖고 부드러운 태도를 취합니다. 아이들은 옛 성현들이 어떻게 하여 지위와 명예를 얻게 되었는지, 그에 대한 이야기를 끊임없이 듣고 자랍니다. 그들은 온종일 엉덩이를 붙이고 앉아 글을 읽습니다. 이 어린 소년들이 배움의 기초가 되는 교재를 이해하고 설명하는 것을 보면 정말 놀랄 만합니다."

가마꾼과 마부의 재발견

"그들은 뛰어난 길 안내자이며, 늘 심심하지 않게 이야기를 쏟아내는 재담꾼이며, 한적한 산길에서 도적을 막아주는 경호원이라 할 수 있습니다."

조선을 여행하던 한 미국 여인이 한 말이다. 이 여인뿐 아니라 조선에서 가마꾼과 마부를 써본 외국인들은 하나같이 입을 모아 같은 이야기를 전했다.

필자는 이들 파란 눈의 외국인이 남긴 책을 읽기 전까지 어느 사료에서도 가마꾼과 마부를 이처럼 묘사한 기록을 본 적이 없다. 우리의 사극만 보더라도 가마꾼과 마부의 역할은 거의 다뤄지지 않았으며, 조선인의 기록 속에서도 그들에 대해 깊이 있게 서술한

글을 찾기 어렵다. 그들은 그저 가마를 들고 말고삐를 잡는 심부름꾼이자 하인으로만 취급되어 왔다.

하지만 서양인의 글 속에 등장하는 가마꾼과 마부는 전혀 다른 존재였다. 그들은 온갖 재담으로 손님의 무료함을 달래고 노래를 불러 흥을 돋우는 흥겨운 동반자였다. 풍경과 지리, 동네를 소개하는 관광가이드였고 강도에게서 손님의 목숨을 지켜주는 충직한 경호원이기도 했다. 조선을 찾은 외국인들에게 가장 믿음직스럽고 충성스러운 조선인이 바로 이들이었다.

필자는 이번 책을 집필하면서 그간 무수히 보았던 사료들에서 미처 알지 못했던 새로운 조선을 발견했다. 앞서 소개한 이야기는 그중 극히 일부에 불과하다. 그 이야기들에는 때론 국운이 달린 중대한 사건도 있었고, 또 어찌 보면 사소한 개인사로 보일 만한 내용도 있었다.

그러나 하나같이 신선했다. 한국인이기에 너무 익숙해서 깨닫지 못했던 면모도 있었고, 외국인의 시선이기에 가능한 새로운 관점도 있었다.

모쪼록 이 책을 통해 독자 대중들도 조선인과 조선 문화에 대해 새롭게 생각해보는 계기를 얻기 바란다

2025년 6월
일산 우거에서
박영규

차례

서문   익숙함에 가려서 못 본 새로운 조선을 발견하며 _04

1장 네덜란드인들이 본 조선

01   황금의 나라 '코레아'를 찾아라 _21
 황금의 나라, 코레아
 코레아호와 《하멜표류기》

02   제주도에 표류한 네덜란드인 36명 _27
 절망 속에서 만난 생명의 은인
 조선인들의 환대

03   벨테브레와의 운명적인 만남 _35

04   천신만고 끝에 고국의 품으로 돌아간 15명 _39

05   하멜의 시선으로 본 조선의 풍물 _42
 지독한 추위와 폭설
 무시무시한 형벌 제도
 잊을 수 없는 온돌방
 넉넉한 인심
 순진한 심성과 나약함
 놀라운 교육열과 신기한 문자

2장   프랑스인들이 본 조선

01   **프랑스 신부, 조선 왕국 종합해설서를 쓰다 _57**

조선 땅에서 죽은 프랑스인들
마침내 출간된 조선에 관한 최초의 종합 정보지
꿈에 그리던 조선 땅을 밟다

02   **샤를 달레가 기록한 조선의 자연과 생활환경 _67**

황금과 귀한 광물로 넘쳐나는 조선 땅
교통 시설의 부족, 자주 닥치는 기근, 감자 재배 금지령
가축과 벌레 그리고 전염병

03   **프랑스 신부들의 한글 사랑 _74**

40년에 걸친 한글사전 편찬 작업
조선어와 인도유럽어의 차이는?
놀라운 한글 연구

04   **조선 침략전쟁에 참전한 화가와 의사가 남긴 기록 _84**

05   **강화도를 돌아 한강을 거슬러 오른 1차 원정대 _89**

06   **프랑스 군대의 강화도 점령 _93**

07   **종군 화가 쥐베르의 눈으로 본 조선 _99**

쥐베르를 웃게 만든 갈모
벌레들과의 전쟁
온돌 예찬
쥐베르의 자존심을 상하게 한 것

08   **패퇴하는 프랑스군, 강화되는 조선의 쇄국정책 _107**

09   **북경 외교가에서 웃음거리가 된 프랑스 _112**

3장 미국인들이 본 조선

01   무작정 조선 땅으로 밀고 들어온 미국 상선 _117

조선 땅을 무단 침입한 미국 상인 프레스턴
황주 목사 정대식의 보고서
평양 만경대 앞까지 밀고 올라온 제너럴셔먼호
선원들과 평양 관민들의 충돌
불타는 제너럴셔먼호

02   보복 전쟁을 일으킨 미국 _134

조선을 압박하는 미국 정부
조선 원정에 앞서 교섭을 요구하는 미국 공사
강화도를 침략한 미군과 처참하게 패배한 조선군
더욱 강화되는 쇄국정책

03   조미통상조약의 체결과 미국인의 자유 왕래 _150

청의 중재로 미국과 통상조약 체결
미국 공사관 개관과 미국인의 자유 왕래

04   조선에 온 최초의 개신교 선교사 알렌 _154

신분을 감추고 의사로 활동하다
민영익을 치료하고 광혜원 설립을 제안하다

05   한국 최초의 서양식 국립병원 제중원 _159

제중원의 탄생 과정
세브란스 병원으로 이름이 바뀌다

06 알렌의 조선, 조선인 _165

알렌의 첫인상
서울에서 가족과 함께 살다
고무장화, 전기 치료, 머릿기름
철길을 베개 삼아 자는 조선인들
명성황후를 진료하다 일어난 사고
미국을 방문한 조선 사절단

07 여의사 릴리아스가 본 조선 _178

의료 선교사로 파견되다
조선에 대한 그녀의 첫인상
서양 사람들이 아이들을 잡아먹는다는 괴소문
릴리아스의 눈에 비친 명성황후
가장 든든하고 믿음직한 존재, 조선의 가마꾼
불결하고 시끄러운 여관방
소름끼치는 구멍
신혼부부, 강도를 만나 죽을 고비를 넘기다
먹는 데 집착하는 조선인
혼란의 세월, 1894~1896년

4장 **영국인들이 본 조선**

01 조선 땅을 밟은 최초의 영국인, 베질 홀 _205

베질 홀의 《조선 서해 탐사기》
최초로 조선을 방문한 영국인들에 대한 실록 기록
조선인을 처음 만난 영국인들의 인상
말이 통하지 않는 영국인과 조선인은 어떻게 소통했을까?
나폴레옹이 가보고 싶다고 말한 평화의 나라

02   **조영수호통상조약의 체결** _ 222

03   **윌리엄 칼스의 조선 여행기** _ 226

        영국인의 조선 여행기 《코리아에서의 생활》
        북경에서 경험한 조선
        조선의 4대 명물
        조선 주차 부영사가 되다
        꽃의 낙원, 조선의 봄
        마침내 시작된 조선 여행
        의주 가는 길
        국경 지역의 풍경과 풍물
        원산에서 다시 서울로

04   **거문도 불법 점령 사건** _ 244

        영국군, 거문도를 점령하다
        거문도 점령에서 철수까지

05   **화가 새비지 랜도어가 그린 조선 풍경** _ 252

        조선을 방문한 유럽 화가
        조선에서의 행복한 첫날밤
        악몽 같은 새해 첫날
        조선의 불가사의, 마부와 조랑말
        조선인은 잘생겼다?
        조선 여인들을 화나게 하지 말라
        조선인들의 동물 숭배
        특이한 직업, 물장수와 자물쇠쟁이
        그들만의 방바닥
        폭식을 즐기는 사람들
        조선 왕비를 만나고, 조선 왕을 그리다

5장 러시아인들이 본 조선

01 조선인과 러시아인의 첫 접촉, 나선정벌 _283

02 러시아 작가 곤차로프의 조선 방문기 _287
    곤차로프가 본 조선인의 첫인상
    동해를 거쳐 두만강에 이르다

03 조로수호통상조약의 체결과 그 배경 _294

04 러시아의 조선 탐험대 _300
    조선 탐험에 나선 다섯 명의 러시아인
    조선인들은 영특하고 순수하다
    조선, 국경지역 주민들의 연해주 이주를 막다
    러시아에 소와 말을 수출하다
    말과 마부를 임대하고 탐험을 시작하다
    러시아인들이 겪은 조선의 단발령
    조선인들의 겨울 고기잡이에 매료되다
    서울에 도착하여 국왕과 대원군을 만나다

제1장

네덜란드인들이 본 조선

1장 | 네덜란드인이 본 조선

01

황금의 나라 '코레아'를 찾아라

황금의 나라, 코레아

16세기 중엽에 포르투갈인이 만든 세계 지도에는 한반도가 코레아제도, 또는 코레아섬으로 표기되어 있었다. 당시 네덜란드, 영국, 포르투갈 등의 해양 국가들은 이 코레아섬을 찾기 위해 혈안이 되어 있었다. 당시 그들 나라에는 '코레아는 금·은·동 같은 광석이 풍부하여 개나 닭과 같은 짐승도 금목걸이를 하고 다닌다'는 소문이 나 있었다. 그래서 그들은 코레아만 찾아내면 횡재를 하게 될 것이라고 믿었다. 그들의 이런 믿음은 아랍인들의 신라에 대한 기록 때문이었을 것이다. 신라는 아랍인에게 황금향(황금이 넘쳐나는 전설의 이상향)으로 알려질 만큼 금이 풍부한 나라로 인식되었다.

코리아를 찾기 위해 가장 많은 노력을 기울인 나라는 네덜란드였다. 당시 네덜란드는 홀랜드라고도 불리며, 그 가차어인 화란이라는 이름으로 일본과 교역하고 있었다. 화란(네덜란드) 정부는 1610년 3월에 코레아와 공식적인 교역을 하려고 일본에 도움을 요청했다가 거절당했다. 이에 네덜란드 정부는 원정 함대를 파견하여 코레아 정벌을 시도했다. 그러나 그들은 코레아를 발견하는 데 실패했다. 이후에도 네덜란드는 드림랜드로 알려진 코레아 발견의 꿈을 접지 못하고 지속적으로 원정대를 파견했지만 역시 실패했다.

그렇듯 여러 차례에 걸쳐 코레아 원정에 실패한 네덜란드 정부가 절망에 사로잡혀 있을 때 한 줄기 빛 같은 존재가 등장했다. 바로 《1653년 바타비아발 일본행 스페르베르호의 불행한 항해일지》라는 책이었다. 이 책의 저자는 스페르베르호의 서기였던 핸드릭 하멜Hendrik Hamel이었다. 핸드릭 하멜은 1630년에 네덜란드 호르쿰 출신이었으며, 그가 1653년에 제주도에 표류했을 당시엔 23세였다.

스페르베르Sperwer호는 1653년 6월 14일에 네덜란드 동인도회사의 본부가 있던 바타비아(인도네시아 자카르타)를 출발하여 7월 16일에 타이완에 도착했다. 당시 타이완은 네덜란드의 식민 지배를 받고 있었고, 스페르베르호는 새로 타이완 총독으로 부임하던 코넬리스 케자르를 타이완에 내려주고 7월 30일에 다시 일본의 나가사키로 향했다. 하지만 스페르베르호는 도착 예정일에 나가사키에 입항하지 않았다. 이후 수개월, 아니 수년이 지나도 스페르베르호에 대한 어떠한 소식도 전해지지 않았다. 결국, 네덜란드 동인도회사는 스페르베르호가 해상에서 난파한 것으로 보고 승무원 64명 전원을 실종 처리했다.

그런데 무려 13년이 지난 1666년 9월 14일에 기적 같은 일이 벌어졌다. 네덜란드 동인도회사 나가사키 지점에 실종 처리되었던 스페르베르호 선원 중 8명이 기적처럼 살아서 돌아왔다는 낭보가 전해진 것이다. 그리고 그들이 13년 동안 머물렀던 곳이 그토록 찾아 헤매던 코레아라는 사실을 알게 되자 네덜란드 정부와 동인도회사는 엄청난 황금광을 발견한 양 들뜬 마음을 주체할 수 없었다.

코레아호와 《하멜표류기》

살아 돌아온 8명의 선원 중에 서기를 맡고 있던 핸드릭 하멜은 그 13년 동안의 일을 기록하여 보고서로 제출했다. 하멜의 보고서는 2년 뒤인 1668년과 1669년에 암스테르담과 로테르담의 3개 출판사에서 동시에 책으로 출간되었다.

하멜의 육필 원고는 《스페르베르호가 퀠파트(제주도)섬에서 실종된 1653년 8월 16일부터 이 배의 승무원 8명이 일본 나가사키로 탈출한 1666년 9월 14일까지 이 배의 생존자인 장교 및 선원들이 겪었던 일과 조선 왕국에서 겪었던 일, 그리고 그 나라 민족의 풍습과 그 나라에 대한 일지》라는 엄청나게 긴 제목을 달고 있었다. 당시 유럽에서는 책에 긴 제목을 다는 것이 유행이었기 때문에 이런 제목이 붙여진 것이다.

이 책은 출간되자마자 세간에 엄청난 반향을 불러일으켰다. 책의 주요 내용은 하멜 일행이 13년 동안 조선에서 겪은 일과 〈조선왕국기〉라는 부록으로 이뤄졌다. 당시 유럽에서는 조선에 대해서 하멜의 보고서만큼 상세한 정보를 담고 있는 책은 없었다.

하멜은 〈조선왕국기〉에 조선의 지리와 문화에 대해 기록하였고, 조선은 섬나라가 아니라 반도국이며 북위 34.5°에서 44° 사이에 위치한다고 명확하게 기술해 놓았다. 그러자 하멜의 책에 대한 소문은 이내 프랑스와 영국으로 퍼졌고, 1670년에 프랑스 신부 미뉴톨리가 프랑스어로 번역하여 《조선왕국기가 첨부된 퀠파트섬 해안에 난파한 화란 선박의 여행기》란 제목으로 출간하였다. 프랑스에 이어 독일도 1671년에 이 책을 뉘렌베르크 총서에 실었고, 영국은 1704년에 《퀠파트섬 해안에 난파한 화란 선박의 이야기: 조선왕국기 첨부》라는 제목으로 출간했다.

이렇듯 유럽에서 하멜의 책이 인기가 있었던 이유는 바로 황금의 나라로 알려진 코레아에 대한 경제적 관심 때문이었다. 심지어 네덜란드 동인도회사는 1669년에 건조한 새로운 1천 톤급 상선의 이름을 코레아Corea호로 짓고 조선과의 직교역을 시도하였다. 코레아호는 1670년 1월에 인도네시아 동인도회사 본부가 있는 바타비아에 도착했고, 이어 일본의 도움을 받아 코레아에 직접 갈 생각이었다. 하지만 일본 정부의 반대로 네덜란드와 코레아의 직교역은 무산되었다. 이후, 네덜란드 동인도회사는 더는 코레아를 찾지 않았고, 하멜의 보고서도 인기를 잃어갔다.

네덜란드에서는 하멜의 책을 찾는 사람들이 줄어들었지만 프랑스와 영국에서는 인기가 지속되었다. 프랑스에서는 1715년·1732년·1746년에 잇따라 새 판을 출간했고, 독일에서는 1748년에 개정판을 냈고, 영국에서는 1705년·1732년·1808년·1884년·1885년에 계속 여러 판본으로 간행했다. 그러다 결국, 하멜의 책은 한국에도 알려지게 되었다.

하멜의 보고서가 한국인에게 처음 알려진 것은 1917년이었다. 당시 미국 교포사회에서 출간되던 〈태평양〉이라는 잡지에 하멜의 보고서가 한글로 번역되어 연재되었는데, 이를 발견한 육당 최남선이 자신이 주관하던 〈청춘〉이라는 잡지에 이를 그대로 게재했다. 그리고 1918년에 영국왕립학회 조선지부가 하멜 보고서의 영문판을 학회지에 실었다. 이를 본 사학자 이병도가 1934년에 한국어로 번역하여 '하멜표류기'란 제목으로 〈진단학보〉에 실었다. 이후 이 책은 우리 국민들에게 《하멜표류기》라는 제목으로 알려지게 되었다.

1장 | 네덜란드인들이 본 조선

02

제주도에 표류한 네덜란드인 36명

절망 속에서 만난 생명의 은인

"모두가 슬픔과 절망에 잠겨 있을 때 멀리서 사람의 그림자가 어른거렸습니다. 우리는 그들이 일본인이기를 바랐습니다. 그들이 도와주면 고국에 돌아갈 수 있지만, 그렇지 않다면 해결책이 없어 보였습니다. 우리의 배와 구조선은 수리도 할 수 없을 만큼 산산조각 나 있었으니까요."

하멜 보고서 1653년 8월 17일의 기록이다. 바로 전날, 그들이 타고 있던 스페르베르호는 퀠파트섬(제주도) 인근에서 엄청난 비바람을 맞으며 풍랑에 휩쓸리다 난파되었고, 승무원 64명 중 36명

1장 | 네덜란드인들이 본 조선   27

은 가까스로 살아남아 해안가에 머물렀다. 그들은 해안가에 널브러진 동료들의 시체를 매장했고, 주변을 돌아다니며 난파된 배에서 떠밀려온 술과 음식물을 모아 허기를 달랬다. 주변을 둘러보았지만 인가는 보이지 않았다. 이에 그들은 무인도에 상륙한 것으로 생각하고 절망감에 사로잡혔다. 그런데 사람의 그림자가 어른거린 것이다.

정오가 되기 전에 우리는 대포 사정거리 정도 떨어진 곳에 한 남자가 나타난 것을 발견했습니다. 손짓을 했지만 그는 우리를 보자마자 달아났습니다. 정오가 좀 지나서 세 명의 남자가 머스킷총 사정거리만큼 떨어진 곳까지 다가왔습니다. 하지만 우리가 아무리 손짓발짓을 해도 더는 접근하지 않았습니다. 마침내 우리 동료 중 하나가 용기를 내 그들 쪽으로 갔습니다. 그리고 총을 들이대고 절실히 필요로 하고 있던 불을 얻는 데 간신히 성공했습니다.

이것이 하멜 일행과 제주도 사람의 첫 만남이었다. 비록 위협해서 얻은 것이긴 했지만 생존에 필요한 불을 가져다준 것, 그것이 그들이 처음으로 받은 조선인의 선처였다. 하지만 그들은 불을 준 사내들이 그들이 황금의 땅이라 여겼던 코레아 사람일 거라곤 꿈에도 생각하지 못했다. 그들은 그 사내들이 해적이거나 본토에서 추방된 중국인이라고 생각하고 공포에 떨었다. 그런데 그들의 실체를 알게 되기까지는 오랜 시간이 걸리지 않았다. 저녁 무렵이 되자 갑자기 수천의 군사들이 그들을 에워쌌다. 그 군사들은 곧 하멜 일행 중 몇 명을 불러내더니 목에 쇠사슬을 채우고 알아들을 수 없는 말로 명령을 내렸고, 일행은 무조건 고개를 조아리고 야판(일본)의 나가사키로 가길 원한다는 말만 반복했다. 하지만 아무리 손짓발짓을 해서 소통하려 해도 소용없었다.

조선인들의 환대

그들은 이제 꼼짝없이 죽었구나 생각했는데, 그때 군대를 지휘하고 있던 사령관이 목에 채웠던 쇠사슬을 풀어주고 일행들을 일일이 한 명씩 찾아다니며 술을 한 잔씩 나눠주는 것이 아닌가? 풍랑과 비바람에 온몸이 젖어 떨고 있던 하멜 일행은 그때서야 한숨을 돌리며 살 수 있다는 희망을 품게 되었다.

그 사령관은 부하들을 시켜 난파된 배에서 흘러나온 표류물들을 수거하게 했고, 해안가에 밀려다니던 부서진 선박 조각들을 불에 태웠다. 하멜 일행도 포도주를 들고 가서 사령관과 수하들에게 한 잔씩 돌렸고, 포도주를 맛본 조선인들은 연거푸 몇 잔을 더 마신 뒤 기분이 좋아져서는 친근한 태도를 보였다.

사령관은 난파된 배에서 수집한 모든 물건에 봉인을 하고, 물건을 수집하는 과정에서 훔쳐간 자들을 적발하여 매를 쳤다. 그것은 곧 일행의 물건을 절대로 빼앗지 않겠다는 의미였다.

이후 하멜 일행은 수십 킬로미터를 걸어서 총독의 관저에 도착했다. 하멜이 말하는 총독이란 당시 제주 목사로 있던 이원진이었다.

이원진은 그들을 한곳에 모아놓고 식량을 지급한 뒤, 군인들을 배치하여 지키게 하였다. 그리고 난파당한 서양인들에 대한 보고서를 작성해 조정에 올렸는데, 그 내용이 효종실록 4년(1653년) 8월 6일 자에 전한다.

제주 목사 이원진이 치계馳啓하였다.
"배 한 척이 고을 남쪽에서 깨져 해안에 닿았기에 대정 현감 권극중과 판관 노정을 시켜 군사를 거느리고 가서 보게 하였더니, 어느 나라 사람인지 모르겠으나 배가 바다 가운데에서 뒤집혔고, 살아남은 자는 38인이며 말이 통하지 않고 문자도 다릅니다. 배 안에는 약재·녹비鹿皮(사슴 가죽) 따위 물건을 많이 실었는데 목향木香 94포, 용뇌 4항, 녹비 2만 7,000이었습니다. 파란 눈에 코가 높고 노란 머리에 수염이 짧았는데, 혹 구레나룻은 깎고 콧수염을 남긴 자도 있었습니다. 그 옷은 길어서 넓적다리까지 내려오고 옷자락이 넷으로 갈라졌으며 옷깃 옆과 소매 밑에 다 이어 묶는 끈이 있었으며 바지는 주름이 잡혀 치마 같았습니다. 왜어倭語를 아는 자를 시켜 묻기를 '너희는 서양의 크리스챤[吉利是段]인가?' 하니, 다들 '야야耶耶' 하였고, 우리나라를 가리켜 물으니 고려라 하고, 본도를 가리켜 물으니 오질도라 하고, 중원을 가리켜 물으니 혹 대명이라고도 하고 대방大邦이라고도 하였으며, 서북을 가리켜 물으니 달단(타타르, 몽골)이라 하고, 정동을 가리켜 물으니 일본이라고도 하고 낭가삭기(나가사키)라고도 하였는데, 이어서 가려는 곳을 물으니 낭가삭기라 하였습니다."

이에 조정에서 서울로 올려보내라고 명하였다. 전에 온 남만인南蠻人 박연朴燕이라는 자가 보고 '과연 만인蠻人(외국인)이다.' 하였으므로 드디어 금려禁旅(훈련원 또는 군사 훈련 부대)에 편입하였는데 대개 그 사람들은 화포를 잘 다루기 때문이었다. 그들 중에는 코로 퉁소를 부는 자도 있었고 발을 흔들며 춤추는 자도 있었다.

이원진의 이 장계엔 살아남은 네덜란드 승무원이 38명이라고 되어 있는데 하멜의 기록엔 36명이라고 되어 있다. 장계의 내용이 잘못되었을 리는 없고, 아마도 38명 중 두 명은 구출된 지 며칠 되지 않아 죽은 것이 아닌가 싶다.

이 장계의 내용에서 확인할 수 있는 것은 서로 소통을 일본어로 했다는 것인데, 이는 승무원 중에 일본어를 할 줄 아는 자가 있었다는 뜻이다. 그리고 이원진이 그들에게 "너희는 서양의 길리시단인가?"라고 물었는데, '길리시단'은 크리스찬의 가차어다. 이원진이 그들을 크리스찬이냐고 물었다는 것은 당시 조선인은 서양인을 모두 기독교인으로 인식하고 있었다는 뜻이다.

또 바다에서 건져낸 물품 중에 가장 많은 것이 녹비, 즉 사슴 가죽인데, 당시 네덜란드 상인이 일본에 가장 많이 팔던 제품이 녹비였음을 알 수 있다. 이원진의 장계에는 녹비라고 표현되어 있지만 이는 타이완산 녹비와 아프리카산 영양가죽, 산양가죽 등을 합친 것이다. 그리고 목향이 94포가 있었다고 했는데 1포가 200근이므로 94포는 1만 8,800근에 해당된다. 목향도 주요 무역 상품이었던 것이다.

비록 이원진의 장계에는 없지만 당시 대만 총독이 동인도회사에 보낸 편지에 의하면 스페르베르호에는 설탕도 9만 2,000캐티catty(한자어 '斤근'과 같은 아시아 지역의 전통 무게 단위)와 명반 2만 37캐티가 실려 있었다. 1캐티는 625그램이니 대략 우리식으로 표현하면 설탕 9만 2,000근과 명반 2만 근이 배에 실려 있었다는 것을 알 수 있다. 명반은 우리가 흔히 백반이라고 부르는 황산칼륨알루미늄이다.

이 외에도 용뇌가 네 항아리 있었다고 하는데 용뇌는 향료나 약재로 쓰인다. 하지만 대만 총독의 편지에 용뇌가 없는 것을 보면 배에 실려 있던 용뇌는 무역 용도가 아니었음을 알 수 있다.

이원진은 하멜 일행에게 국왕에게 보고서를 올렸으니 국왕의 답서가 올 때까지 기다려야 한다고 말했고, 답서가 올 때까지는 두 달 이상 걸렸고, 그동안 이원진은 여러 면에서 배려해줬는데 하멜은 그 내용을 이렇게 쓰고 있다.

그는 때때로 우리를 불러 우리 언어로 이것저것 물어보고 무언가를 적어두기도 했으며, 또 우리의 슬픔을 달래주기 위해 잔치와 그

밖의 여흥을 베풀어 주었습니다. 날마다 그는 우리에게 용기를 북돋아 주고, 국왕의 답신이 도착하면 우리가 일본에 보내질 것이라고 말했습니다. 그는 또 병자가 치료받을 수 있도록 조처해 주었습니다. 이렇게 해서 우리는 이교도로부터 기독교인이 무색할 정도로 후한 대접을 받게 되었던 것입니다.

이 부분을 읽으면서 필자는 이원진이 정말 네덜란드어로 이것저것 물어본 걸까 하는 의문이 들었다. 이원진이 그 짧은 순간에 네덜란드어를 익혔다면 그는 언어 감각이 매우 탁월한 인물일 것이라는 생각도 들었다. 물론 두 달 사이에 네덜란드어를 깊게 배울 순 없었을 것이다. 하지만 물건을 보여주거나 방향을 가리키거나 하면서 그들의 말을 기록하여 소통한 것은 분명해 보인다.

이원진은 하멜 일행과의 만남에 대해 별도의 기록을 남겼던 것으로 보인다. 정조에서 헌종 대의 문신이었던 성해응이 남긴 문집《연경재전집》에는 벨테브레(네덜란드인으로 조선에 귀화한 인물, 조선 이름은 박연)와 하멜 일행이 만나는 장면과 그들이 나눈 대화 내용이 전하는데, 이는 아마도 이원진의 글에서 얻은 내용인 듯하다. 하지만 불행히도 이원진이 남긴 글은 전해지지 않는다. 이원진은 제주 목사를 역임한 경험을 토대로《탐라지》라는 책을 남겼는데 이 책에 하멜 일행에 관한 이야기는 없다.

1장 | 네덜란드인들이 본 조선

03

벨테브레와의 운명적인 만남

이원진이 장계를 올린 지 두 달여 지난 10월 29일, 하멜 일행은 전혀 예상치 못한 반가운 동포를 만나게 된다. 그는 빨간 수염에 흰 피부를 가진 서양인이 분명했다. 거기다 네덜란드인이었다. 그를 보고 놀란 하멜 일행에게 이원진이 물었다.

"이 사람이 누군지 알겠는가?"

"우리와 같은 화란인입니다."

"아닐세, 이 사람은 코레시안(조선인)이네."

필자는 이 대목을 읽으며 이원진이 벨테브레를 '코레시안'이라고 표현한 데서 앞에서 가진 의문이 해소됨을 느꼈다. 이원진은 정말 네덜란드인을 불러 그들의 말을 듣고 기록하였으며, 몇몇 중요한 단어들은 그들의 말로 표현할 줄 알았던 것이다. 그 점에서 봤을 때 이원진은 정말 사려 깊고 배려심 많은 사람이었음을 알 수 있다. 하멜도 이원진에 대해 '선량하고 사리 판단이 뛰어난 사람'이라고 평가하고 있다.

이원진이 소개한 벨테브레는 조선에서 박연이라는 이름을 쓰고 있었다. 그는 1627년에 조선에 온 후로 그들을 만날 때까지 무려 26년간 네덜란드어를 사용하지 않았다. 그러다 보니 그는 하멜 일행에게 무척 더듬거리면서 자신을 소개했다.

"나는 테레프 출신의 얀 얀스 벨테브레라고 하오. 1626년에 홀란디아호를 타고 고국을 떠났더랬소. 1627년 오버커크호를 타고 일본에 가던 중 역풍을 만나 코레아 해안에 표착하게 되었소. 마실 물이 필요해서 보트를 타고 뭍에 올랐다가 동료 둘과 함께 주민들에게 붙들렸소. 다른 선원들은 보트를 타고 모선으로 돌아갔소."

벨테브레와 함께 붙잡혔던 데릭 히스버트와 얀 피터스 버바스트는 병자호란 중에 전사했다고 했다. 그리고 하멜 일행의 희망을 완전히 꺾어버린 한 마디를 보탰다.

"나는 여러 차례에 걸쳐 국왕과 고관들에게 일본에 보내달라고 탄원했으나 언제나 거절되었소."

벨테브레의 말은 사실이었다. 하멜 일행은 이듬해인 1654년 5월에 조선의 수도 한양으로 이송되었고, 이후 훈련원에 예속되어 군인 신분으로 살아야 했다. 그들의 지휘관은 벨테브레였다. 그들과 함께 예속된 사람들 중에는 중국인도 많았다. 그 중국인들은 만주족의 지배를 피해 도주해온 한족이었다. 말하자면 하멜 일행은 외국인 특수부대에 예속된 셈이었다.

그들은 날마다 실전처럼 군사훈련을 받았고, 그 대가로 거처와 식량을 지급받았다. 때로는 양반집에 불려가 네덜란드 춤을 추고 노래를 부르기도 했다. 한성의 고관대작들은 그들을 불러 노는 것을 좋아했다. 인기가 많아 매일같이 불려 다니기도 했다. 숙소 주변엔 항상 그들을 보려는 구경꾼들로 장사진을 이뤘다. 심지어 그들을 구경하려는 사람들 때문에 골목을 제대로 지나다닐 수 없을 정도였다. 그들은 그야말로 장안의 스타였다. 하지만 그들은 힘들었다. 매일 훈련받고 잔칫집에 불려 다니느라 쉴 틈이 없었다. 훈련대장 이완이 그런 사정을 파악하고 허가 받지 않은 잔칫집에는 가지 않아도 되게 조치한 덕분에 가끔 휴식을 취할 수 있었다.

그런 가운데 해를 넘겨 1655년이 되었다. 고국으로 돌아갈 수 없다는 사실에 절망하고 있던 와중에 청나라 사신이 온 것을 알았다. 그들은 혹 청나라 사신에게 호소하면 일본으로 보내줄까 싶어 참으로 위험한 행동을 감행했다. 청나라 사신이 한양을 떠나는 날, 일등항해사 핸드릭 얀스와 포수 핸드릭 얀스 보스가 청나라 사신단 앞에 모습을 드러낸 것이다. 그들은 사신단의 말고삐를 잡고 자신들의 모습을 보였고, 청나라 사신단은 그들이 조선에 있게 된 연유를 따져 물었다. 하지만 조선 조정에서는 청나라 사신단에게 뇌물을 먹이고 청나라 조정에 알리지 않겠다는 약조를 받아냈다. 이후 얀스와 보스는 감옥에 갇혔고 얼마 되지 않아 죽었다.

1장 | 네덜란드인들이 본 조선

04

천신만고 끝에 고국의 품으로
돌아간 15명

　이후 하멜 일행은 청나라 사신이 올 때마다 연금되는 처지가 되었고, 조정 대신들은 그들이 문제가 되기 전에 죽여서 화근을 없애야 한다고 주청했다. 그 일로 조정은 며칠 동안 논란을 지속했다. 하지만 효종과 인평대군의 반대로 죽임은 피했다. 대신 하멜 일행은 1656년 3월에 전라도로 이송되었다. 이후로 그들은 10년간 전라도에서 생활했다. 세월이 너무 길었으므로 하멜은 그 기간에 대한 기록을 자세하게 남기지 않았다. 심지어 1661년의 기록은 단 한 줄만 남기기도 했다. 그동안 하멜 일행의 인원은 크게 줄어 있었다. 1663년엔 22명이 생존해 있었는데 12명은 여수의 전라좌수영에, 5명은 순천에, 나머지 5명은 남원에 배치되었다.

그들의 전라도 생활이 수년간 계속되자 감시는 허술해졌고 덕분에 행동도 무척 자유로워졌다. 1666년에 그들은 이제 16명밖에 남지 않았다. 이때 그들은 허술해진 감시를 틈타 탈출 계획을 세웠다. 그리고 그해 9월 4일, 마침내 8명이 탈출을 감행했다. 의외로 그들의 탈출은 쉽게 성사되었다. 그들은 여수를 떠난 지 불과 이틀 만에 일본 히라도에 도착하였고, 다시 이틀 뒤에 일본 병사들에게 체포되어 9월 14일에 나가사키로 압송되었다. 그리고 나가사키에서 네덜란드 동인도회사 상관장을 만날 수 있었다. 이후 그들은 일본 당국에 의해 1년간 억류되었다. 그들의 처리 문제를 놓고 일본과 조선 사이에 지루한 협상이 지속되었기 때문이다.

그리고 1667년 11월 28일, 하멜을 포함한 8명의 승무원은 동인도회사 바타비아 본부가 있는 인도네시아에 도착했으며, 그해 12월 23일에 고국으로 돌아가는 프리헤이트호에 올라탔다. 이때 하멜은 조선에서 지낸 13년간의 생활 보고서를 작성해 상부에 올렸다. 그러나 그는 당시 배에 탑승하지 못하고 인도네시아에 남았다. 그는 동인도회사 소속 서기였기 때문에 밀린 임금 문제 해결을 위해 남아야 했던 것이다.

그리고 나머지 7명의 선원들은 1668년 7월 19일에 네덜란드에 도착하여 꿈에 그리던 가족의 품에 안겼다. 이후 조선에 남아있던 8명의 승무원 중에 7명도 일본으로 인도되어 네덜란드로 돌아갔다. 나머지 한 명은 사망했다는 설과, 조선에서 결혼하여 가족이 생겨 돌아가지 않았다는 설이 전한다. 하멜의 보고서가 출간될 당시에는 그들이 아직 네덜란드로 돌아오지 않았기 때문에 이런 사실이 책에는 실리지 못했다.

하멜과 함께 먼저 나가사키에 도착한 7명을 구체적으로 언급하자면 얀 피터슨, 호버트 데니스, 마테우스 에보겐, 헤릿 얀슨, 코넬리스 데릭스, 데니스 호버첸, 베네딕투스 클레르크 등이었다. 이들 중 최연장자는 1619년생인 호버트 데니슨으로 당시 47세였다. 그리고 가장 어린 사람은 데니스 호버첸이었는데, 그는 1641년생으로 당시 나이 25세였다. 즉, 제주도에 표류했을 당시 호버첸의 나이는 겨우 12세였다.

하멜 일행이 탈출에 성공했을 때 조선에는 8명의 네덜란드 승무원이 남아 있었다. 이들은 조선과 일본의 협상이 끝난 뒤 1668년 7월에 동래를 떠나 9월 16일에 나가사키에 도착했다. 이때 도르트레흐트 출신의 얀 클라슨은 없는 상태였다. 클라슨은 1667년에 병으로 사망했다. 나머지 7명은 요하니스 람펜, 핸드릭 코넬리슨, 야콥 얀스, 안토니 울데릭, 클라스 아렌센, 산더 바스켓, 얀 얀스 스펠트 등이었다. 이들 7명 중에 가장 연장자는 당시 47세였던 야콥 얀스였다. 그는 플레케렌 출신으로 조타수였다. 가장 어린 사람은 우트레흐트 출신의 클라스 아렌센인데 당시 나이는 27세였다. 급사였던 아렌센은 승선 당시 12세였다.

1장 | 네덜란드인들이 본 조선

05

하멜의 시선으로 본 조선의 풍물

지독한 추위와 폭설

하멜의 보고서가 《1653년 바타비아발 일본행 스페르베르호의 불행한 항해일지》라는 제목의 책으로 출간된 뒤에 하멜은 《조선왕국기》라는 새로운 책을 집필했다. 이 책은 일종의 풍물지인데 조선의 정치, 경제, 지리, 사회, 산업, 풍속 등을 25개 항목으로 간단하게 정리하고 있다. 그 항목들을 살펴보면 지리적 위치, 어업, 기후와 농업, 군주, 군대, 정부, 국왕의 수입과 지방세, 형벌, 종교, 가옥과 가구, 여행과 접대, 혼인, 교육, 장례, 민족성, 교역, 주변 세계, 농업과 광산, 도량형, 동물과 새, 산수와 부기, 국왕의 행차, 타르타르(청) 사신의 방문, 결어 등으로 되어 있다.

《조선왕국기》는 13년 동안 조선에 살았던 이방인의 눈에 비친 조선왕국의 모습을 담고 있다. 하멜은 '기후와 농업' 편에서 조선의 겨울에 대해 다음과 같이 표현하고 있다.

> 이곳의 추위는 혹독하여 1662년에 우리가 사찰에 갔을 때는 어찌나 눈이 많이 왔던지 집과 나무가 다 파묻혀 사람들이 눈 속에 터널을 뚫고 이 집에서 저 집으로 다니는 것을 본 일이 있습니다. 밖에 나다닐 때는 나무판자를 발밑에 붙들어 매는데, 그렇게 하면 눈에 빠지지 않고 산을 오르내리는 데 아무 지장이 없다는 걸 그들은 알고 있습니다.

네덜란드는 북위 50°에서 53° 사이에 걸쳐 있는 나라로 위도상으로 한국보다 더 북쪽에 있지만 해양성 기후이기 때문에 1년 내내 온화한 편이고 여름과 겨울의 기온 차가 크지 않다. 하지만 한반도는 여름에는 찌는 듯이 덥고 겨울은 매섭게 추워서 하멜 일행은 조선에서 경험한 추위가 아마도 자신의 일생에서 가장 혹독한 추위였을 것이다. 또한 네덜란드에서 눈이 내리는 날은 연평균 17일에 불과한데, 1662년 당시 하멜 일행이 거주했던 전라도는 겨울에 눈이 많이 와서 이 때문에 고생을 많이 했을 것으로 보인다. 더구나 터널을 뚫고 옆집을 다닐 정도의 눈은 그의 생애에서 잊을 수 없는 경험이었던 모양이다.

무시무시한 형벌 제도

하멜은 13년간의 조선 생활을 하면서 조선의 국가 조직이나 경제생활에 대해서 매우 정확하게 파악하고 있었다. 그리고 그에게 가장 인상적이었던 부분은 형벌이었던 모양이다. 《조선왕국기》에서 가장 많은 양을 할애하고 있는 부분이 '형벌' 편인데 이 항목에서 그는 조선의 형벌에 대해 제법 자세하게 서술해 놓았다. 그런데 그 내용 중에는 틀린 부분도 꽤 보인다. 특히 소현세자빈 강씨가 죽은 사건에 대해서는 완전히 다르게 서술해 놓았는데, 필자는 다음의 그 내용을 읽으면서 절로 웃음이 나왔다.

국왕이 내린 칙령을 왈가왈부하는 사람은 누구나 사형에 처해지는데, 우리가 있을 때도 그런 일이 일어났습니다. 국왕은 자기 형수가 바느질 솜씨가 좋은 것을 알고 옷을 지어 달라고 했습니다. 그녀는 국왕을 미워하고 있었기 때문에 옷 속에 부적을 집어넣었습니다. 국왕은 그 옷을 입을 때마다 왠지 평안을 찾을 수가 없어 옷을 뜯어 조사해 보게 했습니다. 그랬더니 그 속에서 부적이 나왔습니다. 국왕은 형수를 동판을 깐 방에 가두고 불을 지펴 죽게 했습니다.

이 이야기는 아마도 하멜이 누군가로부터 들은 이야기를 잘못 옮겨 적은 것으로 보인다. 여기 나오는 국왕은 효종이고, 효종의 형수는 소현세자빈 강씨다. 그런데 강씨를 죽인 사람은 인조이고, 그녀가 사망한 시기는 1646년 3월이다. 따라서 이 사건은 하멜이 조선에 표류한 때로부터 7년 전에 일어난 일이다. 그런데 하멜은 마치 자신이 직접 본 사건처럼 기술하고 있다.

하지만 다른 기록들은 매우 생생하다. 특히 살인자의 처벌 방식에 대해 이런 기록을 남기고 있는데, 역사 사료를 꽤 읽은 독자도 다른 사료에서 잘 보지 못한 내용이다.

살인죄가 있는 사람은 다음과 같은 처벌을 받습니다. 피살자의 시체를 구석구석 닦아낸 식초와 더럽고 구역질 나는 물을 잘 섞은 다음, 이 혼합 액체를 범죄자의 입에 물린 깔때기를 통해 배가 찰 때까지 들이붓습니다. 그리고 그 부어오른 배가 터질 때까지 매질하는 것입니다.

대개 살인죄에 대해서는 임금에게까지 보고가 올라가고, 사형의 죄에 해당하면 임금의 재가를 받아 교수형이나 참형에 처하도록 하는 것이 조선의 법이다. 그런데 하멜이 기록한 형태로 살인자를 처벌했다는 말은 금시초문이다. 이는 혹 죄인을 고문할 때 '도모지' 형벌을 쓴 것을 과장하거나 잘못 듣고 기록한 것이 아닐까 싶다. 도모지는 죄인의 얼굴에 종이를 붙이고 물을 뿌려 숨을 못 쉬게 하는 형벌인데, 이것이 계속되면 숨이 막혀 죽게 된다. 흥선대원군 시절에 이 형벌이 많이 쓰였다. 참고로, 이 도모지라는 형벌에서 유래한 단어가 어떻게 해 볼 수가 없다는 의미의 '도무지'다.

1장 | 네덜란드인들이 본 조선   45

하지만 하멜의 말이 사실일 수도 있다. 비록 공식적인 처형 방식은 아니라고 하더라도 고문 과정에서 형리들이 이런 행동을 했을 가능성이 있기 때문이다. 하멜의 기록에는 또 다른 처참한 처형 방식이 등장하는데 다음 내용이다.

남편을 죽인 여인은 사람들이 지나다니는 한길 가에다 어깨까지 파묻습니다. 그 여자 옆에는 나무 톱을 놓아두는데, 이곳을 지나가는 사람은 귀족을 제외하고는 누구나 그 톱으로 한 번씩 그녀가 죽을 때까지 목을 켜야 합니다.

이런 방식의 처형 방식도 필자는 처음 듣는다. 조선의 형법으론 남편을 죽인 여자는 능지처참하게 되어 있다. 그런데 길에 몸을 파묻어 놓고 목만 내놓게 하여 여러 사람이 함께 죽인다는 것은 들어본 적이 없다. 혹 이것은 간통죄를 범한 여자를 조리돌림했다는 이야기를 누군가에게서 듣고 기록한 것이 아닐까 싶다.

간통죄의 처벌은 신분에 따라 다른데 사형에 처해지기도 하고, 유배형을 받기도 하고, 장형을 맞기도 한다. 성종 5년 1474년에 양반 신분의 여인 충개가 세 명의 남자와 간통했는데 장 80대를 맞은 것으로 기록되어 있다. 그 외에도 실록의 여러 기록에서 간통과 관련하여 참형이나 교수형, 또는 장형이나 유배형을 내린 경우가 수없이 발견된다. 하지만 하멜의 기록과 같은 형벌은 찾아볼 수 없었다.

이렇듯 하멜은 조선의 형벌에 대해 다소 과장하여 기술한 곳이 많다. 이는 자신이 조선에서 겪은 고생을 강조하려는 의도였던 것으로 보인다. 당시 하멜은 13년 억류 기간의 임금을 동인도회사에 청구하기 위해 보고서를 작성해야 하는 상황이었다. 따라서 자신의 고생을 강조함으로써 임금 지급의 정당성을 부각하려는 의도가 있었던 것이다.

잊을 수 없는 온돌방

하멜은 조선의 온돌 문화가 매우 인상적이었던 모양이다. 그는 '가옥과 가구' 편에서 조선의 집에 대해 매우 자세하게 기록했는데, 온돌에 대해 다음과 같이 표현하고 있다.

겨울에는 방바닥 밑에 불을 지피기 때문에 방이 언제나 따뜻합니다. 방이라기보다는 화덕 같습니다.

조선에 오기 전에는 한 번도 온돌 문화를 접해본 적이 없는 하멜로서는 달아오른 구들방에 앉아 있는 것이 정말 화덕 속에 있는 것 같은 느낌이 들었을 법도 하다.

넉넉한 인심

하멜의 글 중에 필자의 눈을 사로잡은 또 하나의 단락은 '여행과 접대'라는 글이다. 그 글을 옮겨 보면 이렇다.

나그네들이 하룻밤을 묵어갈 수 있는 여관 같은 것은 없습니다. 길을 따라 여행하다 날이 저물면 양반집 이외에는 아무 집이나 안마당으로 들어가서 자기가 먹을 만큼의 쌀을 내놓습니다. 그러면 곧 집주인이 이 쌀로 밥을 지어 반찬과 함께 나그네를 대접합니다. 집집마다 순번을 정해 나그네를 대접하는 마을이 많은데, 이에 대해 어느 집도 군소리를 하지 않습니다.
서울로 가는 큰길에는 관리든 평민이든 함께 묵어갈 수 있는 주막집들이 있습니다. 귀족이나 공무로 여행하는 사람은 지방 원님 댁에 묵어갈 수도 있는데, 이때는 물론 식사도 대접받습니다.

이 글을 읽기 전에 필자는 나그네들이 밤을 지내는 곳은 당연히 주막일 것이라고 생각했다. 그런데 주막이라는 것은 큰 도시 입구에나 있는 것이지 일반 마을에는 없었다는 게 하멜의 말이다. 하멜 일행은 제주를 떠난 이후로 여기저기로 다니며 여러 마을을 거쳤으니 하멜의 말은 믿을 만한 것이다. 주막이 없는 마을에서는 아무 집에서나 손님을 받아줬다니 조선인의 인심이 넉넉했음을 알 수 있다. 또 과객이 많은 마을은 돌아가면서 손님을 접대했다고 하니 요즘으로서는 도저히 상상할 수 없는 문화이다.

순진한 심성과 나약함

하지만 하멜은 조선인들의 민족성에 대해서는 매우 부정적으로 평가한다.

"코레시안은 훔치고 거짓말하며 속이는 경향이 아주 강합니다. 그렇게 믿을 만한 사람들은 되지 못합니다. 남을 속여 넘기면 그것을 부끄럽게 생각하는 것이 아니라 아주 잘한 일이라고 생각합니다."

하멜은 조선인들이 잘 훔치고 거짓말을 잘한다고 하면서도 또 이런 모순적인 말도 한다.

"한편, 그들은 착하고 남의 말을 곧이듣기를 잘합니다. 그래서 마음만 먹으면 얼마든지 그들에게 우리 말을 믿게 할 수 있었습니다. 그들은 낯선 사람, 특히 중들을 좋아합니다."

하멜의 이 모순적인 말들을 종합하면, 조선 사람들은 남을 잘 속이는 경향이 강하지만 한편으론 매우 착하고 순진해서 남에게 잘 속기 때문에 마음만 먹으면 속이기 아주 쉽다는 것이다. 특히 자신들과 같이 낯선 사람에게는 매우 친절하여서 더 쉽게 속아 넘어갔다는 경험담까지 보탠 내용이다.

하멜은 또 조선인들의 근성에 대해 이런 말도 덧붙였다.

그들은 여자같이 나약한 백성입니다. 믿을만한 사람이 우리에게 이런 말을 해줬습니다. 자기들의 국왕이 일본인에게 살해되었는데도 그들은 마을과 고을을 불태우고 파괴했다는 것입니다. 화란인 얀 얀스 벨테브레는 타르타르인이 얼음을 건너와 이 나라를 점령했을 때 적과 싸워 죽은 것보다 산으로 도망해서 목매달아 죽은 병사가 더 많았다고 들려주었습니다. 그들은 자살을 수치스럽게 생각하지 않고 어쩔 수 없이 그랬다는 식으로 그런 병사들을 오히려 동정해 줍니다.

하멜의 이 말은 임진왜란 당시에 선조가 도성을 버리고 갔을 때 백성들이 경복궁에 불을 지른 일과 병자호란 때 청나라 군사들에게 모욕을 당하지 않기 위해 일부 백성들이 자살한 일들을 말한 것으로 보인다.

놀라운 교육열과 신기한 문자

한편, 하멜은 조선인들의 교육열에 대해서는 매우 긍정적으로 묘사하고 있는데 그 내용은 이렇다.

양반이나 잘사는 사람은 자식들의 교육에 신경을 많이 쓰며, 아주 어릴 때부터 선생을 두어 글공부를 시키는데, 이건 이 민족이 아주 중시하는 일입니다. 그들은 아이들을 가르칠 때 점잖고 부드러운 태도를 취합니다. 아이들은 옛 성현들이 어떻게 하여 지위와 명예를 얻게 되었는지, 그에 대한 이야기를 끊임없이 듣고 자랍니다. 그들은 온종일 엉덩이를 붙이고 앉아 글을 읽습니다. 이 어린 소년들이 배움의 기초가 되는 교재를 이해하고 설명하는 것을 보면 정말 놀랄 만합니다.

그리고 하멜은 조선의 문자와 언어에 대해서도 별도의 기록을 남기고 있다. 우선 그는 조선의 말에 대해 이렇게 표현하고 있다.

코레아 말은 다른 모든 언어와 다릅니다. 같은 사물을 표현하는 데 있어서도 여러 가지 이름으로 부르기 때문에 배우기가 매우 어렵습니다. 대개의 사람들은 말을 매우 빨리 하지만 양반이나 학자들은 천천히 말합니다.

또 하멜은 문자에 대해서는 세 가지가 있다며, 첫째는 정부의 공식 문서에 쓰는 한자가 있고, 두 번째는 한자를 빠르게 쓰는 필기체, 즉 초서이며, 세 번째는 평민이나 여자들이 쓰는 언문(훈민정음)이 있다고 분석하고 있다.

그리고 이 언문인 훈민정음을 매우 신기한 글자라고 생각하며 이렇게 표현한다.

이 글자는 배우기가 쉬우며 모든 것을 다 쓸 수가 있습니다. 전에 한 번도 들어본 적이 없는 이름을 다른 글자보다 쉽게 더 정확히 쓸 수 있는 글자입니다.

하멜이 이런 말을 하는 것을 보면 하멜도 훈민정음을 배우지 않았을까 하는 생각이 들었다. 배우기가 매우 쉽고 모든 것을 쓸 수 있다고 표현한 것을 보면 하멜이 훈민정음을 배웠을 가능성도 있어 보인다. 무려 13년이나 조선에 머물렀고, 제법 친분이 있던 조선인도 여러 명 있었던 하멜이 이렇듯 쉽게 배울 수 있는 글자를 익히지 못했을 리 없다는 생각에서다. 더구나 하멜은 승무원 중에서 가장 지식이 풍부한 서기를 맡은 인물이었다. 그런 까닭에 훈민정음 습득이 어렵지 않았을 것이다. 하지만 자신의 글 어디에서도 훈민정음을 배웠다는 기록을 남기지는 않았다.

제 2 장

프랑스인들이 본 조선

2장 | 프랑스인들이 본 조선

01

프랑스 신부,
조선 왕국 종합해설서를 쓰다

조선 땅에서 죽은 프랑스인들

　네덜란드 선원들인 하멜 일행이 1666년에 조선에서 탈출한 뒤로 160여 년간 서양인들은 조선을 방문하지 않았다. 그러던 중 1831년, 로마 천주교 교황청이 조선에 독립 교구를 설정하고, 프랑스 외방선교회 신부들을 파견한다. 당시 조선은 안동 김씨 외척 세력이 정권을 장악하고 있었고, 천주교에 호의적이었던 김유근이 그 중심에 있었다. 덕분에 프랑스 선교사들은 비교적 안전하게 전도에 전념할 수 있었다. 하지만 조선은 이미 몇 차례 천주교도들을 대대적으로 학살하고 핍박한 전력이 있었기 때문에 언제 다시 그런 사태가 벌어질지 알 수 없는 상황이었다.

천주교도들이 살얼음판을 걷듯 불안과 공포 속에서 지내고 있는 가운데 마침내 우려하던 일이 벌어졌다. 1839년에 김유근이 지병으로 정계에서 물러나고 천주교를 적대시하던 우의정 이지연이 권력을 장악하자 다시 천주교에 대한 박해를 시작하였으니 곧 기해박해였다.

이지연은 기해박해를 일으켜 앵베르·모방·샤스탕 등 세 명의 프랑스 신부를 체포하여 참수하고, 신도 수십 명을 잡아들여 끝까지 신앙을 버리지 않은 54명을 처형했다. 또 옥에 갇혀 있다가 교수형에 처해지거나 죽은 사람도 60여 명이나 되었다.

이렇듯 천주교도에 대한 가혹한 핍박이 이어졌지만 교인 수는 날이 갈수록 늘어났다. 철종 대에는 전국의 교인 수가 1만 8,000명으로 늘어났고, 고종이 즉위한 1863년에는 2만 명을 넘겼다. 심지어 섭정을 하던 흥선대원군의 거처인 운현궁 안에도 천주교 신자가 있다는 말이 돌았다.

이쯤 되자, 대왕대비 조씨가 흥선대원군을 불러 사실 여부를 따지기에 이르렀고, 흥선대원군은 천주교도에 대한 대대적인 탄압을 시작하였다. 흥선대원군은 천주교를 침략 세력인 서양 오랑캐를 끌어들이고 제사를 거부하여 조선의 통치 질서를 무너뜨리는 이단으로 규정하고 대대적인 색출 작업을 벌였다. 그리고 1866년에는 병인박해를 일으켜 베르뇌 조선 주교를 비롯한 9명의 프랑스 선교사들과 수천 명의 천주교인을 처형했다.

마침내 출간된 조선에 관한 최초의 종합 정보지

이렇듯 하멜 이후에 조선을 찾은 서양인들은 낯선 이국땅에서 허망한 죽음을 맞이했지만 다행스럽게도 그들의 노력 덕에 탄생한 책이 있었고, 그 책엔 조선에 대한 종합적인 정보가 가득 담기게 되었다.

당시 유럽인들은 1668년에 출간된 《하멜표류기》의 부록인 〈조선왕국기〉 외에 그 어떤 책에서도 조선에 대한 정보를 접할 수 없었다. 《조선왕국기》는 매우 얇은 책이었기 때문에 조선에 대한 충분한 정보를 얻을 수 없었던 것이다. 그런데 조선에 머물던 프랑스 선교사들의 노력 덕분에 조선에 대한 객관적이면서도 심층적인 정보가 담긴 최초의 저서가 탄생할 수 있었다. 이 책의 제목은 《조선의 역사, 제도, 언어, 풍속, 습관에 관한 서론》이었다.

이 책은 1874년에 프랑스 파리에서 출간되었는데, 저자는 천주교 선교단체인 프랑스 외방 선교회 소속의 전도사였던 샤를 달레Charles Dallet(1829~1878년)였다. 그는 《조선교회사》라는 제목의 책을 저술했는데, 이 책의 서론 격으로 쓴 글이 '조선의 역사, 제도, 언어, 풍속, 습관에 관한 서론'이었다.

《조선교회사》는 지금의 책으로 1,000페이지가 넘는 두꺼운 책인데, 본론의 내용은 한국인이 처음으로 천주교와 인연을 맺게 된 1593년부터 신미사옥(1871년)에 이르는 278년 동안의 전교 사실을 수록하고 있다. 그리고 본문에 앞서 서문으로 서술된 '조선의 역사, 제도, 언어, 풍속, 습관에 관한 서론'은 단순한 책머리말이 아니라 전체 분량의 25%가 넘는 300쪽 분량의 독립된 저서라고 해도 전혀 손색이 없는 글이다.

이런 까닭에 이 서문은 1947년에 이능식과 윤지선이 한국어로 번역하여 《조선교회사 서설》이라는 제목으로 출간함으로써 처음으로 한국에 소개되었다. 이후 다시 1966년에 정기수가 오역을 수정하고 미비한 내용을 보충하여 《벽안에 비친 조선국의 모든 것》이라는 제목으로 재출간하였다.

꿈에 그리던 조선 땅을 밟다

이 책은 모두 15개 장으로 이뤄져 있으며 조선에 대한 종합적인 정보를 망라한다.

1장의 '자연과 지리' 편은 비교적 과학적인 접근을 하고 있으며, 사실에 부합하지 않는 일부 내용을 제외하고는 상당히 정확하게 기술하고 있다. 조선이 위도상으로 북위 33° 15′부터 42° 25′, 경도상으로 파리 표준 동경 122° 15′부터 128° 30′에 걸쳐 있다는 내용을 시작으로 영토의 크기와 산과 강, 국호의 의미와 풍물에 대해서도 제법 자세하게 소개하고 있다.

2장의 '역사' 편도 비교적 사실에 가깝게 서술되어 있다. 특히 조선이 청나라를 섬기고 있으면서도 청나라 연호를 사용하지 않는다거나 붕당의 발생과 분열 과정에 대해서도 매우 정확하게 기술하고 있는 점은 놀라울 정도다. 하지만 조선의 역사 사료를 쉽게 구할 수 없었던 그는 일본 사료나 풍문을 중심으로 조선사를 평가하는 한계를 보인다. 그런 까닭에 임진왜란 이후 조선이 일본과 굴욕적인 조약을 맺어 매년 사람 가죽 30장을 일본에 공물로 바쳤고, 부산항의 소유권을 일본이 가지고 있었으며, 조선이 10년마다 일본에 공물을 바치기 위해 특사를 파견했다는 등 허무맹랑한 내용을 담기도 하였다.

3장의 '국왕' 편에선 일반적인 왕의 역할과 권위에 대해서는 정확하게 기술하고 있으나 왕의 사망 원인이나 성격에 대해서는 소문의 범주를 벗어나지 못하는 한계를 보인다. 하지만 국상의 절차나 과정에 대해서는 매우 상세하게 기록하고 있는데, 아마도 상례에 관한 자료를 보고 쓴 듯하다.

4장의 '정부' 편에서는 행정 체계와 군사 조직을 다루고 있는데 놀라울 정도로 자세하고 정확하다. 그리고 참고로 삼은 책이 《대전통편》과 《동국여지승람》이라는 사실이 매우 놀랍다. 어떤 경로를 통해 《대전통편》과 《동국여지승람》을 구했는지 알 수 없지만, 심지어 그에게 자료를 제공한 신부들은 이 두 책을 불어로 번역까지 해서 저자인 달레에게 전달했던 것이다. 덕분에 달레는 자신의 책에 조선의 행정 기구는 물론 군대의 배치 상황과 각 지역의 병력까지 정확하게 소개할 수 있었다. 그리고 한발 더 나아가 문서상으로는 조선 병력이 120만에 이르지만 실제 정예 병력은 1

만 정도에 지나지 않는다고 하면서 조선의 군대 현황을 정확하게 파악하고 있다. 또한 전국 지역의 병사 수와 각 역이 보유한 말의 수, 각 지역의 가호 수까지 기록하고 있다.

5장의 '법정' 편에서는 아전과 포졸, 감옥과 형벌에 대해서 비교적 자세하게 다루고 있다. 비록 이해 부족으로 틀리게 기술한 곳이 여러 곳 눈에 띄지만, 당시 이역만리 떨어져 있던 서양인이 단지 자료와 신부들이 보낸 편지만 보고 작성했다는 사실을 감안할 때 비교적 정확하게 기술하고 있다고 평가할 수 있다. 특히 고을 사또와 아전, 포졸들의 부정부패에 대해 구체적인 사례까지 들며 매우 자세하게 기록하고 있다.

6장의 '과거' 편에서는 조선의 관직과 품계, 문과와 무과, 잡과 등의 내용을 다루고 있는데 비교적 객관적이면서 당시 조선의 과거 실태를 적나라하게 서술하고 있다.

7장 '조선어' 편에서는 조선에서 사용되고 있는 대부분의 책자가 한자로 이뤄진 것에 놀라며, 한편으론 조선어, 즉 한글로 된 책을 찾기가 어렵다는 점을 비판하고 있다. 또한 학자들이 조선어를 경시하고 한자만 존중하는 태도를 안타까워하고 있으며, 조선에 머무른 프랑스 선교사들이 조선어의 체계화 작업에 골몰하고 있다는 내용도 덧붙여 놓았다. 이 과정에서 프랑스 선교사들이 조선어의 체계를 파악하고 문법적인 체계를 연구한 내용까지 소개하고 있다.

8장 '사회적 신분' 편에서는 조선의 신분과 계층을 분석하고 귀족과 서민, 노비의 삶을 소개하고 있다.

9장은 특별히 '여성의 처지' 편을 마련하여 여성의 사회적 지위와 결혼, 처지와 행동 방식 등에 대해 자세하게 소개하고 있다. 이 과정에서 핍박받는 조선 여인들에 대한 동정 어린 시선을 가감 없이 드러내고 있다. 심지어 그는 조선에서 여자는 노예에 불과하며 아무런 권리도 없는 존재로 묘사하고 있다. 하지만 양반들의 경우, 남편이 부인에게 존칭어를 쓰고 본부인의 권리를 보장해주는 한편, 본부인은 첩과 여종들을 관리하는 권한이 있고 정부로부터 남편과 똑같은 품계의 벼슬을 받는다는 긍정적인 요소들도 곁들이고 있다.

10장 '가족' 편에서는 조선 사회의 가부장적 구조와 남존여비 사상에 대한 적나라한 사례와 비판적인 시각을 드러내고 있다. 심지어 심판의 날에 이런 부모들이 죄를 받게 될 것이라는 날선 소리까지 곁들이며 조선의 가족제도를 무섭게 공격하고 있다.

11장 '종교' 편에서는 조선의 조상 숭배 사상과 불교, 무속 등에 대해 서술하고 있다. 이 과정에서 제사 문화와 장례 의식, 내세관 등을 비교적 상세하게 소개한다. 또한 조선인들의 지나친 미신 행위에 대해서도 혀를 차며 안타까운 심정을 드러내고 있다.

12장은 '조선인의 성격' 편인데, 도덕성과 풍습, 악습, 특이한 행동 방식, 사교 관계나 이웃에 대한 태도, 계층별로 다른 행동 양식을 사례를 들어 설명하고 있다. 특히, 조선인들의 긍정적인 풍습으로 친족 간의 강력한 유대 관계와 책임감을 칭송하는 한편, 이

웃끼리 서로 도우며 하나의 공동체 의식으로 강한 도덕성을 형성하고 있는 것에 경탄한다. 그래서 조선인의 조화로운 생활방식은 이기주의에 물든 서양 사람들에 비해 우위에 있음을 찬양한다.

13장 '오락' 편에서는 조선인들이 즐기는 놀이와 노름, 명절 풍습, 돌이나 환갑 같은 잔치 풍경 등을 묘사하고 있다.

14장은 '주택' 편인데, 가옥은 물론 의복이나 생활 풍속도 곁들여서 다루고 있다. 예컨대 조선인들이 실내로 들어갈 땐 신을 벗고 들어가는 것을 매우 인상적으로 적고 있고, 바닥을 데워 난방하는 구들장 문화를 묘사하기도 한다.

15장은 '학술' 편인데, 학문뿐 아니라 상업이나 공업 또는 외국과의 관계 등도 함께 다루고 있다. 이 과정에서 조선의 과학과 산업이 크게 뒤처져 있음을 지적한다.

이렇듯 달레는 조선의 정치 · 경제 · 사회 · 문화 전반에 대해 매우 상세한 정보를 기술하고 있는데, 놀라운 사실은 이 내용을 저술할 당시 달레는 조선을 한 번도 방문하지 않은 상태였다는 점이다.

그렇다면 달레는 도대체 어떤 경로로 조선에 대해 이렇듯 다양한 정보를 입수할 수 있었을까?

달레가 이 책을 저술할 수 있었던 것은 조선에서 순교한 천주교 선교사들이 보낸 편지와 그들이 번역해서 보낸 조선의 서적들 덕분이었다. 당시 다블뤼Marie Nicolas Antoine Daveluy(1818~1866년) 신부를 비롯한 베르뇌 · 푸르티에 · 프티니콜라 등 여러 신부가 조선 땅에서 선교하다 순교했는데, 달레는 그들이 생전에 보낸 편지와 자료를 통해 저술 작업을 할 수 있었다. 물론 달레가 사료로 삼은 것은 그들의 편지와 함께 보낸 자료만이 아니었다. 달레는 중국과 일본의 자료도 많이 참조하였다. 또한 일본과 중국에서 떠도는 풍문도 일부 가미하였다.

달레는 《조선교회사》를 출간한 1874년으로부터 3년이 지난 뒤 그토록 직접 밟아보기를 희망했던 조선 땅을 여행할 수 있었다. 1871년의 신미양요를 끝으로 조선에서는 더는 천주교에 대한 대대적인 탄압을 하지 않았고, 달레는 1877년에 배를 타고 일본을 거쳐 조선에 당도했다. 그리고 한동안 조선 땅을 여행한 뒤에 중국을 거쳐 인도차이나 여행에 나섰다가 베트남 하노이에서 이질에 걸려 생을 마감하고 말았다.

2장 | 프랑스인들이 본 조선
02

샤를 달레가 기록한
조선의 자연과 생활환경

황금과 귀한 광물로 넘쳐나는 조선 땅

달레는 《조선교회사》 서론의 '조선의 자연지리' 편에서 한반도의 위치와 면적, 조선 국호의 의미와 지형 등을 비교적 상세하게 소개한 후 조선의 광물에 대해서 다음과 같이 서술하고 있다.

확실히 조선의 산은 금, 은, 동과 같은 광물을 풍부하게 함유하고 있는 것 같다. 여러 곳, 특히 북쪽 지방에서는 금을 얻으려면 땅을 조금 파기만 하면 되고, 어떤 냇물의 모래에는 사금이 있다고 한다. 그러나 채광은 법률로 금지되어 있어 위반하면 엄벌에 처해지므로 아무도 감히 금을 취하려 하지 않는다.

이렇듯 달레는 조선에서 황금을 쉽게 얻을 수 있다고 서술하고 있는데, 이는 당시 유럽에 퍼져 있던 잘못된 소문의 영향을 받은 것으로 보인다. 네덜란드를 비롯한 유럽인들은 코레(Korea)에서는 거리의 개조차 황금 목걸이를 하고 다닌다고 믿고 있었기 때문이다.

달레는 조선이 광산 개발을 하지 않는 이유를 두 가지로 설명하고 있다.

첫째는 황금을 탐내는 주변 강국들의 침략을 우려하여 정책적으로 광산 개발을 제한한다는 점이다. 둘째는 광산을 개발하면 통제가 어려운 지방에서 노동자들이 힘을 형성하여 반란을 일으킬 가능성이 높아지기 때문이라는 것이다. 이 두 번째 이유에 대한 사례로 그는 1811년에 일어난 홍경래의 난을 들고 있다. 실제로 홍경래의 난을 주도한 세력은 광산 개발을 명분으로 사람들을 모아 봉기를 일으켰다.

결국 달레는 이런 근거들을 제시하며 조선을 소문대로 황금이 널려있을 뿐 아니라 은과 구리 같은 귀한 광물이 풍부한 '기회의 땅'으로 묘사하고 있었다.

교통 시설의 부족, 자주 닥치는 기근, 감자 재배 금지령

달레는 조선의 기후에 대해 사계절이 뚜렷하여 겨울은 몹시 춥고 여름은 폭우의 계절이지만 봄과 가을은 대개 날씨가 좋다고 소개한다. 그럼에도 어떤 땅이든 곡식을 심을 수 있으며, 농사를 짓기 위한 물 공급도 원활하므로 농사짓기에 매우 적합한 지역이라고 평가한다. 하지만 문제는 교통 시설이 발달하지 않아 대규모 경작을 어렵게 한다고 지적한다.

달레는 도로와 운수 기관의 결핍은 모든 대규모 경작을 절대적으로 방해한다고 주장한다. 그래서 누구나 자기 집 주위나 가까운 토지에서만 농사를 지을 수 있을 뿐이며, 이로 인해 큰 마을이 드물다는 것이다. 그는 시골 주민 대부분이 서너 집 규모의 작은 마을을 이루고 있고, 많아야 열 집 정도에 불과하다고 덧붙인다.

달레는 이러한 현실을 안타까워하면서 대규모 경작이 이뤄지지 않다 보니 주민 다수가 주기적으로 기근에 시달리고 있다고 지적한다. 조선에서는 매해 두 번 기근이 닥치는데 첫 번째는 6·7월의 보리 수확을 기다리는 춘궁기이고, 두 번째는 9·10월 좁쌀 수확 전의 추궁기라고 그는 서술한다. 이 시기에는 많은 주민이 굶주림에 시달리며, 심지어 소금물에 삶은 풀을 넣은 풀죽으로 연명하는 경우도 흔하다고 전한다.

달레는 이러한 굶주림을 해결할 방편으로 감자 생산의 필요성을 주장한다. 감자는 1825년경 조선에 처음 도입되어 관북 지방을 중심으로 확산되었으나 조선 정부는 한때 감자 재배를 금지했다. 그 이유는 농민들이 감자로 큰 이익을 보자 다른 곡물 재배를 소홀히 하게 되었고, 곡물로 세금을 거두던 조선 정부가 세금 징수에 차질이 생길 것을 우려했기 때문이었다. 결국 정부는 감자 재배 금지령을 내리게 되었다.

달레는 조선 정부가 왜 감자 재배를 금지하는지 이해할 수 없다며 비판하고 있다. 사실, 그가 자료를 주고받은 다블뤼 신부 등의 활동 시기에도 감자 농사는 대중화되지 못했다. 가장 큰 이유는 정부의 재배 금지령이었다. 물론 평안도 지역 농민들은 암암리에 감자를 재배했지만 금지령 탓에 공공연하게 감자 농사를 확산시킬 수는 없었다.

조선에서 감자 농사가 본격적으로 확산된 것은 1930년대에 이르러서였다. 서울에는 1879년 기독교 선교사를 통해 감자가 처음 소개되었고, 1883년에 이르러서야 재배가 이루어졌다. 하지만 이 시기에도 감자 농사는 전국적으로 퍼지지 않았다. 확산의 계기는 1920년경 강원도 난곡농장에서 독일산 신품종 감자를 들여와 재배한 것이었다. 이 신품종 감자는 화전민들에 의해 재배되다가 1930년대에 들어 전국으로 퍼져나갔다. 달레가 조선에 관한 자료를 마지막으로 받아본 것이 1866년이니까 그가 책을 쓰기 시작한 시점으로부터 약 60년이 지나서야 조선에서 감자 농사가 본격화된 셈이다.

가축과 벌레 그리고 전염병

달레는 조선에서 가장 흔한 가축으로 돼지와 개를 꼽고, 개고기가 매우 흔할 뿐 아니라 맛도 뛰어나다고 소개한다. 심지어 개고기를 조선에서 가장 훌륭한 요리라고 표현하기까지 한다.

한편 조선 정부는 양과 염소의 사육을 금지하고 있다고 달레는 언급하는데, 이는 양과 염소가 왕실 전용 가축으로 간주되었기 때문이라고 설명한다. 그러나 실제로 조선 정부가 양과 염소 사육을 전면 금지한 적은 없다. 양은 고려시대 금나라에서 들여와 민간 보급을 시도했으나 풍토병으로 인해 사육이 제대로 정착되지 못했다. 반면 염소는 비교적 사육이 쉬워 많은 농가에서 길렀다.

다만, 양·염소·돼지 등을 방목하던 중 이들이 다른 농가의 작물을 해치는 일이 발생하자 도성 내에서는 가축을 기르지 못하도록 한 기록이 있다. 또 같은 이유로 도성 내에서 양과 염소를 몰수한 후 예빈시에서 따로 관리하게 한 사례도 전해진다. 그러나 도성 밖에서는 양과 염소 사육이 허용되었다. 달레는 도성의 제한 조치를 조선 전역에 해당하는 것으로 오해한 것으로 보인다.

달레는 조선의 동물에 대해 언급하면서 벌레로 인한 피해가 극심하다고 묘사한다. 특히 기생충, 벼룩, 빈대, 진드기 등으로 인해 여름철이면 큰 고생을 한다고 한다. 선교사들은 이러한 벌레의 창궐을 성경에 나오는 이집트의 십재앙처럼 여겼고, 특히 진드기 피해는 심각했다고 전한다. 진드기를 피해 사람들이 아예 방을 버리고 야외에 불을 피워놓고 잤다는 이야기도 소개한다. 호랑이의 습격을 두려워하면서도 진드기가 더 무서워 밖에서 잠을 청할 정도였다고 한다.

그는 진드기에 물리면 보통 찰상보다 더 심한 상처를 입으며, 풍뎅이보다 클 정도로 큰 진드기가 놀라운 속도로 번식한다고 말한다. 그리고 "진드기 암컷이 하룻밤에 아흔아홉 마리밖에 새끼를 낳지 못하면 헛된 시간을 보낸 셈이다"라는 조선 속담을 인용하기도 한다. 이는 조선 여름철에 진드기가 얼마나 극성을 부렸는지를 상징적으로 보여준다.

달레는 벌레보다 더 큰 재앙은 전염병이라고 강조한다. 그는 전염병의 주요 원인으로 '좋지 않은 물'을 꼽는다. 조선의 풍토는 양호하지만 물맛은 형편없고 곳곳에서 수질이 병의 원인이 되고 있다고 분석한다. 심지어 경상도의 한 지방에서는 물이 조로증을 일으켰다고 주장한다. 그 조로증으로 인해 젊은 사람이 이가 빠지고 다리가 약해지고 손톱이 살 속으로 파고 들어가 손가락 첫 마디를 다 덮어버렸다고 한다. 조선인들은 이 병을 '수토병'이라고 부른다고 적고 있다.

조선왕조실록의 여러 기록에 수토병으로 인해 죽었거나 병들었다는 내용이 나오는데, 대개는 지방 관직으로 나갔다가 그곳에서 병을 얻은 것을 지칭한다. 여기서 수토병은 풍토병과는 다른 개념으로 쓰인다. 풍토병은 어떤 지역에만 고정적으로 발생하는 병을 의미한다면 수토병은 지방이나 외국에 가서 얻은 병을 통칭한다. 따라서 수토병을 특정한 의학적 병명으로 보는 것은 적절치 않다. 달레는 수토병을 물이나 토양 때문에 생기는 질병으로 인식하고 이런 내용을 서술한 듯하다. 아마도 그는 '수토'라는 명칭을 곧이곧대로 해석하여 조선에 이런 병이 만연한 것으로 판단한 듯하다.

달레는 조선에서 가장 큰 전염병의 재앙으로 천연두를 꼽는다. 그는 심지어 조선 전역을 통틀어 천연두에 걸리지 않은 사람은 100명도 되지 않을 것이라고까지 말하며, 천연두에 걸린 아이는 대부분 사망한다고 주장한다. 다블뤼 주교의 편지를 인용해 천연두에 걸린 72명의 아이 중 단 두 명만 살아남았다고 서술하기도 한다. 물론 이 주장은 다소 과장이 있지만 실제로 당시 조선에서 천연두의 사망률은 매우 높았다.

천연두 외에도 콜레라, 장티푸스 등으로 많은 사망자가 발생했으며, 달레는 이러한 전염병이 조선의 인구를 정체 상태에 머물게 한다고 주장한다. 일반적으로 조선 인구를 약 1,500만 명으로 추산하지만 달레는 전염병으로 인해 실제 인구는 1,000만 명 정도일 것이라고 주장하고 있다.

2장 | 프랑스인들이 본 조선

03

프랑스 신부들의
한글 사랑

40년에 걸친 한글사전 편찬 작업

달레는 조선의 학자들이 중국 글자인 한자만을 중시하고, 조선 고유의 글자인 한글을 소홀히 여기는 행태를 이해할 수 없다며 비판한다. 그는 조선의 책들이 대부분 중국의 역사와 문학에 관한 것임을 한탄한다. 이러한 시각은 당시 조선에서 활동하던 선교사들의 인식을 반영한 것이다.

조선에 머물렀던 다블뤼 주교는 조선 고유의 문학과 역사를 찾기 위해 부단히 노력했고, 어렵게 몇 권의 책을 구할 수 있었다고 한다. 그러나 그 책들의 제목은 전해지지 않으며, 불행히도 그 책들마저 화재로 소실되어 달레에게 전달되지 못했다.

프랑스 선교사들은 기독교 성경을 조선어로 번역하기 위해 조선어 연구에 몰두했고, 심지어 사전 편찬에도 힘썼다. 다블뤼는 중·한·불 사전을, 프티니콜라는 라틴어-조선어 사전(라·한 사전)을 각각 편찬했다. 프티니콜라의 라한사전에는 라틴어 약 3만 단어와 조선어 10만 단어가 수록되어 있었다고 한다. 그들은 이 사전들을 전교회에 한 부씩 비치하고, 또 한 부는 프랑스로 보내 인쇄할 계획이었다.

그래서 전교회에서는 이 사전들을 필사하는 작업이 진행 중이었지만 불행히도 1866년 병인박해로 인해 선교사들이 모두 체포되어 순교했고, 그들이 만든 사전과 조선어 관련 문헌은 압수되어 불태워지고 말았다.

이들 프랑스 선교사들의 한글 체계화와 사전 편찬 작업은 무려 40년 가까이 이어졌으며, 인쇄만을 앞두고 있던 시점에 결국 사라지고 만 것이다. 그들은 조선의 어느 학자보다도 열정적으로 한글을 연구하고 체계화하려 한 인물들이었다.

만약 그들이 병인박해를 피했더라면, 혹은 비록 죽음을 맞았더라도 죽기 전에 필사본이 프랑스나 북경의 전교회에 전달되게 했더라면 그들이 편찬한 사전과 한글 체계화의 성과는 지금까지도 전해졌을 것이다.

그렇게 허망하게 피땀 어린 노력의 결실이 사라졌지만 조선 주재 리델 주교를 비롯한 선교사들은 다시 그 일을 시작했다고 한다.

결국 불타버린 사전들을 완전히 복원할 수는 없었지만 한글 체계화 작업은 일정한 성과를 거두었다.

그들은 한글의 표기법·발음·문법 등을 체계적으로 정리하였고, 이 내용은 달레에게 전달되어 《조선교회사》에 수록되었다. 다음은 그들이 정리한 핵심 내용을 간추린 것이다.

조선어와 인도유럽어의 차이는?

프랑스 선교사들은 조선어의 규칙과 쓰임새를 연구한 결과, 이 언어가 몽골어, 우랄알타이어, 혹은 투란어 계통에 속한다고 판단했다. 이들은 이러한 언어들이 대체로 스키타이어 또는 '달단어'(타타르어)의 특징과 유사하다며 조선어 역시 이와 같은 계통으로 보았다.

그들은 달단어와 인도유럽어를 비교하면서 가장 큰 차이점으로 '성性의 구별 유무'를 꼽았다. 인도유럽어에는 남성형, 여성형 등 성의 구별이 있지만, 달단어에는 그러한 구별이 없다는 것이다. 또한 인도유럽어에는 3인칭 대명사가 존재하지만, 달단어에는 3인칭 대명사가 없고 대신 지시대명사가 그 역할을 한다고 분석했다.

관계대명사의 유무도 양 언어계통 간의 중요한 차이점으로 지적했다. 인도유럽어에는 다양한 관계대명사가 존재하지만 달단어에는 아예 존재하지 않는다는 것이다.

또 다른 차이점으로는 전치사의 유무를 들었다. 인도유럽어에서는 전치사가 문장에서 중요한 역할을 하지만 달단어는 전치사가 없고, 대신 후치사를 사용하여 그 역할을 대신한다고 설명했다.

이 외에도 명사의 용법, 형용사의 쓰임새 등 다양한 측면에서 두 어족 간의 차이를 상세히 분석하였다.

이렇듯 선교사들은 조선어를 달단어 계통에 속하는 언어로 보고, 달단어와 인도유럽어의 차이를 분석함으로써 조선어의 체계를 정리해 나갔다. 그러던 중 그들은 한 가지 흥미로운 의문을 제기한다. 조선어는 분명 달단어 계통에 속하지만 문법적인 면에서는 드라비다어, 즉 인도 남부의 언어들과 유사한 점이 있다는 것이다.

그들은 조선어와 드라비다어의 문법 체계가 매우 비슷하며, 일부 낱말은 발음까지 유사하다는 점을 신기하게 여겼다. 이러한 유사성 때문에 조선이 과거 인도와 어떤 역사적 인연을 맺고 있었던 것이 아닐까 하는 궁금증을 품게 된다.

하지만 이 의문에 대한 해답은 후대의 역사학자와 언어학자들의 몫이라며 더 이상의 언급은 삼간다.

놀라운 한글 연구

그들 선교사들은 조선어의 자모가 모음 11개, 자음 14개로 구성되어 있다고 분석했다. 모음은 ㅏ ㅓ ㅗ ㅜ ㅡ ㅣ ㆍ 7개 단

모음과 ㅑ·ㅕ·ㅛ·ㅠ 4개 복모음으로 나뉜다고 설명했다. 자음은 ㄱ·ㄴ·ㄷ·ㄹ·ㅁ·ㅂ·ㅅ·ㅇ·ㅈ 등의 단자음과 ㅎ 또는 단자음에 ㅎ이 결합된 ㅊ·ㅋ·ㅌ·ㅍ 등의 유기자음으로 구분하였다. 특히 ㄱ·ㄷ·ㅅ·ㅂ은 더 딱딱하고 날카로운 소리를 나타내기 위해 때때로 겹쳐진다고 분석하였다.

이외에도 이중모음에 대한 설명과 조선어에 없는 음운에 대한 분석도 병행하였다. 예를 들어, 조선어에는 프랑스어의 u 소리나 ch 소리 등이 존재하지 않는다는 점을 지적하였다.

그들은 '글자 쓰기' 편에서 조선어는 두 가지 방법으로 쓸 수 있다고 했는데, 보통체와 필기체(초서체)로 구분하여 설명한다. 보통체는 정자체로 인쇄체에 해당하며 필기체는 빠르게 쓴 날림체를 의미한다.

또한, 조선어에는 마침표·콜론·콤마 등 구두점이 없다는 점을 지적하며 이를 도입해 문장을 더 명확하게 만들고자 했다고 한다.

그들은 품사론을 정립하기도 했다. 조선어의 낱말들을 프랑스의 문법에 따라 명사, 대명사, 동사, 형용사, 부사, 조사 등으로 구분하여 이들 품사가 문장 속에서 어떻게 쓰이는지 설명했다.

특히 조사는 주격, 구격(도구로 사용할 때), 소유격, 여격, 대격(대상에게 붙일 때-목적격), 호격, 처격(장소에 붙일 때-장소격), 탈격(어떤 것으로부터 떨어져 나갈 때), 한정격(한정사) 등으로 정밀하게 세분했는데, 매우 이채롭고 세밀하다. 다음은 그들이 나눈 조사 구분법이다.

주격	이
구격	로
소유격	의
여격	에게
대격	을
처격	에
탈격	에서
한정격	은

이처럼 조사의 격을 8가지로 세분하여 분석했다는 점에서 그들의 연구는 매우 세밀하고 깊이 있는 것이었다. 그들은 조사가 명사 어근에 어떻게 결합하는지 다양한 예를 들어 설명했고, 모음으로 끝나는 명사에는 '이' 대신 '가'를 붙인다는 점도 부연했다. 또한 여격이나 구격에는 '게로서', '게로' 같은 복합 어미가 붙을 수 있다고 하였다. 격음, 경음, 구개음화에 대한 설명과 복수를 만들 때 '들'을 붙인다는 규칙도 언급하였다.

형용사에 대해서는 "조선어에는 엄밀한 의미의 형용사는 없다"고 주장했다. 이는 형용사 역할을 주로 명사가 대신하며 '좋다', '크다', '세다' 같은 형용사도 동사로 쓰이기 때문이라는 것이다. 예컨대, '조선의 말'은 '조선말', '사람의 귀'는 '사람귀'와 같이 명사 두 개를 이어 붙이는 방식이므로 형용사를 별도로 쓸 필요가 없다는 논리다.

동사에 관해서도 매우 세밀한 분석이 이루어졌다. 그들은 "조선어에는 타동사와 자동사가 있지만 그 명칭이 프랑스어와 동일한 의미는 아니다"라고 밝혔다. 예를 들어 '크다', '아름답다' 같은 표현은 의미상 형용사이지만 조선어에서는 동사로 쓰인다는 점에서 이를 '형용동사'로 분류해야 한다고 주장했다.

조선어 동사의 태態에 대해서도 단순히 능동, 수동으로 구분하지 않고 무려 일곱 가지로 나누었다. 즉, 긍정동사, 가정동사, 의문동사, 부정동사, 존대동사, 사역동사, 이유동사로 나눈 것이다.

긍정동사	-이다
가정동사	-으면
의문동사	-느냐
부정동사	'없다'는 '있다'의 부정, '아니다'는 '이다'의 부정
존대동사	-으시다
사역동사	-하다
이유동사	-니까

당시 조선 사람들은 품사의 세분화 개념 자체가 생소했지만 이들 외국 선교사들은 조선어를 철저하게 분석하고 이해하려는

태도로 접근했다.

그들은 동사의 시제에 대해서 "조선어에는 동사적 분사 현재형이 없고 단순한 어근이 그것을 대신한다"고 설명한다. 그러면서 조선어의 동사 시제를 11개로 나누어 다음과 같이 분류하였다.

부정법(원형)	하다
동사적 과거분사	하여
동사적 미래분사	하게
현재	한다
반과거	하더니
단순과거	하였다
대과거	하였더니
미래	하겠다
조건법	하겠더니
과거 미래	하였겠다
조건법 과거	하였겠더니

이처럼 단순히 과거·현재·미래에 그치지 않고, 반과거·대과거·조건법 과거·과거 미래 등 미세한 시제 구분까지 시도한 점

은 경탄할 만하다.

　이 외에도 그들은 명령법, 관계부사, 동명사, 부사, 후치사, 접속사, 간투사에 대해서도 자세히 설명하였다. 명령법은 동사 어근에 '라'를 붙여 '가라', '오라' 등으로 사용하고, 관계부사는 어근에 '는'을 붙여 만들며, 동명사는 동사에 'ㅁ'을 붙여 만든다고 설명한다.

　또한 후치사라는 개념을 도입하여 프랑스어의 전치사를 대체하는 기능으로 설명했으며 '끼리', '위하여', '인하여' 등을 예시로 들었다. 접속사로는 '와', '고', 간투사로는 '애고', '에', '아나', '여보', '야' 등을 예로 들었다.

　이러한 내용을 보면 그들은 단순한 선교사가 아니라 실력 있는 언어학자라 해도 과언이 아니다. 그들의 문법 분석은 오늘날의 기준으로 봐도 매우 치밀하고 오히려 현실적이며 명징하다. 그들의 노력에 경탄과 존경을 보낼 수밖에 없다.

　만약 그들의 작업 결과가 사라지지 않고 온전히 전해졌더라면 그들은 우리 역사에 길이 남을 언어학적 공로자로 기억되었을 것이다. 단어 10만 개가 수록된 중한불 사전과 라한사전이 병인박해로 인해 불태워지지 않았다면 이는 우리 언어 연구에 획기적인 전환점이 되었을 것이다. 그 귀중한 연구 성과가 무자비하게 소실된 사실은 안타깝고도 가슴 아픈 일이다.

　다행히도 달레의 《조선교회사》 서문에 그들의 피땀 어린 노력의 일부분이 남아 있어 오늘날 우리는 그들의 학문적 공헌에 존경과 감사를 전할 수 있게 되었다.

2장 | 프랑스인들이 본 조선

04

조선 침략전쟁에 참전한
화가와 의사가 남긴 기록

    1866년 병인년, 조선은 다시 한번 천주교에 대한 대대적인 탄압을 실시했다. 당시 조선의 실권자였던 흥선대원군은 천주교를 서양의 사악한 종교로 규정하고 프랑스 선교사 9명을 비롯한 수천 명의 천주교도들을 처형하고, 천주교 교리와 관련된 서적과 물품을 압수하여 불살랐다.

    병인박해 이전에도 조선에서는 여러 차례에 걸쳐 천주교도에 대한 대대적인 박해가 있었는데 병인박해는 1791년의 신해박해 이래 여덟 번째 박해 사건이었다. 조선의 천주교 박해 사건 중 비교적 큰 사건을 나열하자면 신해박해(1791년), 신유박해(1801년), 기해박해(1839년), 병오박해(1846년), 병인박해(1866년) 등이 있다. 이

중에서 1866년의 병인박해는 최대 규모였다.

병인박해는 1866년 1월에 시작되어 그해 말까지 지속되었으며 약 2만 명의 천주교 신도가 희생되었다. 또한 당시 조선에 머물던 12명의 프랑스 신부 중 9명이 체포되어 처형되었고, 조선인 신부 최양업과 천주교 지도자 남종삼도 이때 희생되었다.

이렇듯 천주교도에 대한 대대적인 학살이 벌어지는 가운데 가까스로 목숨을 구한 프랑스 신부 페롱, 칼레, 리델 세 사람은 청나라로 탈출하여 프랑스 공사관에 실상을 알렸다.

프랑스는 이 소식을 듣고 1866년 9월에 군대를 파견하여 조선을 침공했는데 이를 병인양요라고 일컫는다. 프랑스 선교사들을 처형한 데 대한 보복의 일환으로 전개된 병인양요는 그해 11월까지 약 두 달 동안 지속되었으며 전투는 주로 강화도 일대에서 벌어졌다.

당시 프랑스 병력은 피에르 구스타브 로즈 제독이 이끄는 극동함대 소속 최정예 부대였다. 극동함대의 병력은 총 1,230명이었으며 해병대와 포병대, 보병 병력이 혼합되어 있었다. 이들은 7척의 군함에 나눠 타고 강화도에 상륙하여 강화도 외성과 주요 시설을 점령한 후 약탈을 일삼았다.

그러자 조선 조정은 순무영 천총 양헌수에게 병력 540명을 맡겨 강화도에 잠입토록 하였고, 양헌수는 정족산성에 입성하였다. 이 소식을 들은 프랑스 로즈 제독은 올리비에 대령에게 병력 160명을 맡겨 정족산성을 공략토록 했다. 하지만 이 전투에서 프

랑스군은 양헌수 부대의 강력한 저항에 밀려 패퇴하였다. 이후 프랑스 군대는 재차 공격을 감행하지 못하고 철수해야만 했다. 한 달이 넘는 장기 원정에 지친 탓에 더 이상 전투를 지속할 수 없는 상황이었다.

이렇듯 두 달에 걸친 프랑스의 조선 침공 전쟁은 패배로 막을 내렸는데 병인양요에 참전했던 두 명의 군인, 앙리 쥐베르Henri Zuber(1844~1909년)와 마르탱이 각각 당시 상황과 조선의 실상에 대한 기록을 남겼다.

쥐베르는 프랑스에서 사관학교를 졸업하고 장교로 극동함대에서 복무하다 조선 침공 전쟁에 참전한 인물이다. 그는 군인이었지만 화가이기도 했다. 그래서 참전 당시 조선의 현장 풍경을 담은 그림 10컷과 지도를 제작했다. 그가 제작한 지도는 서구에서 제작된 최초의 한국 지도로 평가받는다. 그리고 그는 '조선원정 종군기'를 썼는데, 이 기록과 10컷의 현장 스케치는 1873년에 잡지 〈르 투르 뒤 몽드〉에 소개되었다.

쥐베르는 퇴역한 후에는 화가로 활동했고, 1889년 국제미술제전에서 금메달을 수상할 정도로 화가로서 명성을 얻었다. 그는 1909년에 위궤양 수술을 받다 사망했는데 2009년에는 쥐베르 사망 100주년 추모 화집이 출간되었고, 뮐하우스 보자르 미술관에서 그의 회고전이 열리기도 했다.

쥐베르와 함께 조선 원정대에 참전했던 또 한 명의 인물인 마르탱은 베이징 주재 프랑스 공사관 소속 의사였다. 그의 생애에 대한 내용은 자세히 알려져 있지 않지만 조선 원정에서 돌아온 후 군사 잡지 〈스펙타퇴르 밀리테르〉에 '1866년 조선 원정'이라는 제목의 글을 4회에 걸쳐 연재했다. 이후 그의 생애에 대한 자세한 내용은 알려져 있지 않다.

2장 | 프랑스인들이 본 조선
05

강화도를 돌아 한강을 거슬러 오른 1차 원정대

쥐베르는 로즈의 극동함대 7척 중 기함인 프리모게호에 탑승하고 있었다. 당시 프리모게호의 함장은 보세Bochet 대위였다. 그는 《조선원정 종군기》 서두에서 조선 탐사 기회를 '드문 귀한 행운'으로 표현하며, 자신이 "조선 해안으로 들어가 세상에 거의 알려지지 않은 주민들을 만날 수 있었다"고 회고한다. 그만큼 쥐베르는 조선을 방문한 경험을 일생일대의 중요한 체험이자 행운으로 여겼던 셈이다.

그는 조선으로 떠나기 전 나름대로 조선에 관한 제법 상세한 정보를 수집한 것으로 보인다. 조선의 지리적 위치에 대해 북위 34°~42°, 동경 123°~127°에 걸쳐 있는 거대한 반도국으로 소개하고 있다. 또한 청과 조선의 경계를 압록강과 백두산으로 명확히 제시하고, 백두산 꼭대기에 호수가 있다는 사실까지 언급하고 있다.

조선의 면적은 21만 6,000km^2로 비교적 정확히 기술하고 있으며, 이는 프랑스 면적의 절반에 해당한다고 서술했다. 인구는 약 800만~900만 명, 인구밀도는 1km^2당 36명으로 추산하고 있다.

쥐베르는 이 외에도 조선의 기후, 사계절의 특징을 비교적 정확히 파악하고 있으며, 행정 구역이 8도로 나뉘어 있다는 사실과 함께 구체적인 지역명까지 정확히 언급하고 있다. 또 조선 정부 체제를 절대군주제 아래 3정승과 6판서를 두고 있다고 파악하고, 중국과의 외교 및 무역 관계에 대해서도 잘 알고 있었다.

그는 조선의 지도를 직접 작성하기도 했는데 함경도가 다소 작게 그려진 점을 제외하면 놀라울 정도로 정밀하게 그려졌다. 산맥, 강, 섬, 각 도의 경계까지 매우 세심하게 표현되어 있다.

쥐베르는 극동함대의 출전 경위와 조선 영해에 도착한 이후의 활동들을 비교적 상세하게 기술했다. 특히 인상적인 점은 조선의 섬들에 프랑스식 이름을 붙여 불렀다는 것이다. 예컨대 지금의 서해 옹진군 덕적면 일대인 대령도, 소령도, 가덕도, 대덕도 등을 '페리에르 군도'라 명명했고, 입파도는 프랑스 황후의 이름을 따 '유제니섬'이라 불렀다.

이처럼 남의 영해를 마음대로 침범한 것도 모자라 영토에까지 명칭을 붙인 행위는 당시 서구 열강의 제국주의적 야욕을 여실히 보여준다.

프랑스 함대 중 세 척은 중국 발해 연안 체푸항(현 옌타이항) 앞 궁둥섬에 집결하여 조선 천주교 신자들의 안내를 받아 조선으로 향했다. 한강으로 들어가는 입구를 찾기 위해 이들은 분주하게 움직였고, 쥐베르는 이 과정을 설명하며 한강의 지리적 특성을 자세히 기록했다.

그에 따르면, 한강은 바다로 흘러드는 강이며 강화도(약 400km^2 규모)를 지나면서 두 갈래로 나뉜다고 서술한다. 또한 이 강물이 매우 짜기 때문에 조선인들이 '염하'라고 부르며, 유속은 시속 7해리 정도로 매우 빠르다고 기술한다.

프랑스 함대는 이 빠른 유속의 염하를 거슬러 올랐으며, 전함 세 척이 물살을 가르며 전진하자 수많은 조선인이 산꼭대기에 올라 "감탄과 두려움이 섞인 시선"으로 지켜보았다고 쥐베르는 묘사한다.

쥐베르는 조선인들이 세계와 단절된 채 살아온 탓에 유럽 과학의 산물인 증기선을 보고 매우 낯설고 경이롭게 여겼을 것이라고 추정한다.

그는 염하를 따라 이동하며 주변 풍경에 대해 '대체로 밋밋하다'고 표현했고, '민둥산'이라는 표현으로 보아 당시 강화도와 김포 일대의 산들에는 나무가 많지 않았음을 짐작할 수 있다.

이처럼 순조롭게 탐사를 진행하던 중 프리모게호는 암초에 부딪혀 좌초 위기를 맞는다. 이에 답사를 중단하고 다음 날 작은 선박 두 척만 한강을 거슬러 올라 양화진 근처에 도착하게 된다.

그러자 조선군은 작은 나룻배를 띄워 이들의 진로를 방해했고, 불화살과 화승총으로 공격해왔다. 이에 프랑스군은 함포를 발사해 나룻배를 흩어지게 했다. 조선 조정은 프랑스군에 서한을 보내 퇴각을 요청했으나 프랑스 측은 며칠간 측량을 계속하며 머물렀다.

쥐베르는 함선에서 망원경으로 본 서울의 모습을 꽤 상세히 기록했다. 그는 "서울은 바다에서도 보일 정도로 높은 산 아래 자리하고 있으며 아홉 개의 출입문을 가진 긴 성벽에 둘러싸여 있다"고 묘사했다.

그들은 두려움 없이 한강을 탐사했지만 모함인 프리모게호는 또다시 큰 위기에 빠진다. 조수 간만의 차가 워낙 커서 진입 당시 15미터였던 수심이 간조 때는 4미터까지 줄어든 것이다.

그 결과 프리모게호는 하마터면 좌초할 뻔했지만 노련한 해군 병사들의 신속한 대처 덕분에 위기를 모면했고, 밀물을 이용해 급히 한강을 빠져나와 영종도 근처에 정박했다가 체푸항으로 돌아갔다.

이것이 프랑스 군대의 제1차 조선 원정의 전말이다. 이 1차 원정은 본격적인 침공에 앞선 예비 탐사 성격이 짙었다.

2장 | 프랑스인들이 본 조선
06

프랑스 군대의 강화도 점령

고종 3년(1866년) 10월 18일(음력 9월 10일)에 영종도 첨사 심영규가 프랑스 영종도 관할 구역에 들어왔다면서 이런 보고를 하였다.

이달 9일 사시巳時 경에 저들 배 중에서 종선從船(보트) 두 척이 물치도 앞바다로부터 신의 영 경내에 왔기에 군교軍校를 거느리고 즉시 그들의 배 옆에까지 갔더니 그자들이 일제히 총을 쏘아대며 포악한 행동을 하려고 하였습니다. 그들 중 한 놈이 먼저 이런 글을 써서 보여주었습니다.
"너희들은 우리를 무서워하지 말라. 너희들을 해치지 않는다."
그래서 물었습니다.

"너희들은 어느 나라 사람이며 이름은 무엇이고 나이는 몇 살인가?"

그들이 대답했습니다.

"청나라 사람이고, 성은 서가徐哥고, 이름은 복창福昌이며, 나이는 16살이다."

그래서 또 물었습니다.

"당신들은 모두 어느 나라 사람이며, 선주船主의 성명은 무엇인가?"

그들이 대답했습니다.

"프랑스 사람이다. 선주의 성명은 모른다."

"무슨 일로 여기까지 왔으며 언제 돌아가는가?"

"정벌 전쟁을 하려고 왔다."

"당신들과 우리는 본래 원수진 일이 없는데 무엇 때문에 전쟁을 하려고 하며, 전쟁을 치르고 하는 곳은 어딘가?"

"정벌하려는 곳은 바로 한강 어구에 있는 왕경王京이다. 너희들이 우리 사람 9명을 살해하였기 때문에 너희들 사람 9,000명을 살해하려고 한다."

"이게 무슨 말인가? 우리나라에서 너희나라 사람 9명을 죽이지 않았는데 지금 와서 이런 말을 하는 것은 도대체 무슨 말인가?"

"우리는 이미 알고 있다. 너희는 우리를 몹시 속이고 있다."

그리고는 불쾌한 기색으로 곧장 배를 돌려 머물러 있던 곳을 향해 가버렸습니다.

심영규의 보고서 속에 나타난 보트 두 척은 조선을 침략하기 위해 온 로즈 함대의 일부였다. 당시 로즈 함대는 기함 게리에르호를 비롯해 소해정 프리모게호와 라플라스호, 포함 타르디프와 르브르통호, 통보함 데륄레드호와 캉샹호 등 총 7척으로 구성되어 있었다. 이 함선에 실린 대포는 모두 10문이었고, 보트는 13척, 총 병력은 1,230명이었는데, 이 병력에는 일본 요코하마에 주둔해 있던 해병대 300명도 포함되어 있었다. 당시로는 최신식 무기로 무장한 프랑스군이었기 때문에 구식 무기로 무장한 조선군 수만 명과 맞먹는 전력이었다.

프랑스군은 심영규의 보고서가 올라오기 이틀 전인 양력 10월 16일에 이미 강화도 갑곶에 정박한 후, 한강의 수로를 봉쇄하고 강화도에 상륙하여 강화성을 점령한 상태였다. 이에 조선 조정은 순무영을 설치하고 대장에 이경하, 중군에 이용희, 천총에 양헌수를 임명해 프랑스군을 격퇴시키도록 했다. 그리고 순무영 대장 이경하는 프랑스군의 무단 침입을 꾸짖는 격문을 로즈에게 보내 만나자고 하였다.

우리는 너희를 은殷 탕湯 임금이 갈백葛伯에게 하듯이 대해 주었는데 너희는 우리를 험윤獫狁이 주周나라 선왕宣王을 배반하듯이 포악하게 대하고 있다. 그러니 우리가 지인지덕至仁至德하더라도 제멋대로 난동을 부리게 내버려둘 수는 없다. 그러므로 천만千萬의 대병大兵을 거느리고 지금 바닷가에 나와 하늘의 이치를 받들어 토벌의 뜻을 펼치려고 한다. 우선 내일 이른 아침에 서로 대면하자는 약속을 급히 보내니 군사의 곡직曲直과 승패勝敗가 결정되리라. 너희들은 퇴각하여 달아나지 말고 머리를 숙이고 우리의 명령을 들어라.

그러자 곧 로즈의 답변서가 왔다.

프랑스 황제의 명령을 받은 전권 대신은 각초各哨의 용맹한 군사들을 거느리고 준절히 효유曉諭한 일을 당신들 순무사巡撫使는 다 잘 알라. 나는 본 조정 황제의 명을 받고 우리나라 군사들과 백성들을 보호하려고 이곳에 있는 것이다. 올해에 이 나라에서 무고無辜하게 죽임을 당한 사람은 우리나라의 전교사傳敎士로 추중되던 사람이다. 너희는 어질지 못하게 불의로 그를 죽였으니 공격하여 벌을 주는 것이 마땅하다.

그리고 전교사는 매우 어질고 의로운 사람이라 털끝만치도 범죄를 저지르지 않았을 텐데 그를 죽였으니 천리를 어긴 것이다. 그러니 죄악은 세상 법에서 온전히 용서할 수 없는 것이다.

중국에서 지난 몇 해 전에 일어난 일을 듣지 못했는가? 그들이 불인不仁을 행하고 이런 흉악한 행위를 저질렀다가 우리 대국에서 토벌하니 머리를 숙이고 우리의 명령을 따르지 않을 수 없게 되었다. 이번 프랑스 전권대신은 불인불의不仁不義한 나라인 조선을 징벌하기로 정하였으니 만약 귀를 기울여 명을 따르지 않으면 전혀 용서

받지 못할 것이다.

세 사람이 관청을 부추겨 우리나라 전교사를 살해한 것에 대해 엄정히 분별할 것이다.

너희 관청에서는 조속히 전권을 지닌 관원이 이곳에 와서 직접 면대하여 영구적인 장정章程을 확정하라. 재해災害와 흉환凶患이 지금 가까이 닥쳤으니 너희가 재난을 피하려고 한다면 조속히 회답하고 명령을 받드는 것이 마땅하다. 만약 명령을 받들지 않으면 본 대신이 기일을 앞당겨 너희들에게 환난을 줄 것이니, 너희 백성들이 재난을 당하는 근원이 될 것이다. 그때가서 미리 말하지 않았다고 말하지는 마라.

기원 1866년 10월 18일

이 답서를 받아본 조선 조정은 이제 대화로는 사태를 해결할 수 없다고 판단하고 강화도 수복작전에 돌입했다. 그리고 흥선대원군은 일전을 각오하고 다음과 같은 글을 백성들에게 내렸다.

사람이 죽고 나라가 망하는 것은 고금古今의 천지天地의 상경常經이다. 양이洋夷들이 여러 나라를 침략한 것은 본래 있었지만 지금까지 몇 백 년간 이 적들은 감히 뜻을 이루지 못하였다. 그러다가 몇 해 전 중국이 화친을 허락한 다음부터 제멋대로 날뛰는 것이 곱절이나 더해져서 도처에서 포악한 행동을 감행하여 모두 그들의 해를 입게 되었다.

오직 우리나라에 대해서만 감행하지 못한 것은 실로 옛 성인이 하늘에서 음덕으로 도와주기 때문이다. 그들이 이곳에 와서 알게 된 것은 우리의 예의禮義이고 우리가 의지할 바는 여러 사람들의 마음을 하나로 굳게 뭉치는 것이다.

지금 상하上下의 사람들이 의심하거나 겁을 먹는다면 모든 일은 와해瓦解되고 국사國事는 그르치게 된다. 나에게 마음속으로 굳게 정한 세 가지 일이 있으니, 이 군은 맹세를 알고 나의 뒤를 따르라.

첫째, 고통을 참지 못해 화친하는 것은 나라를 팔아먹는 행위이다.

둘째, 그들의 해악을 참지 못하고 교역을 허락한다면 이는 나라를 망하게 하는 행위이다.

셋째, 적들이 도성에 쳐들어왔다고 해서 만약 도성을 버리고 간다면 이는 나라가 위태롭게 하는 행위이다.

2장 | 프랑스인들이 본 조선
07

종군 화가 쥐베르의 눈으로 본 조선

쥐베르를 웃게 만든 갈모

프랑스군이 한강 진입 입구인 갑곶에 정박하고 강화도에 상륙하자 해안가에 살던 많은 주민들이 집과 가축을 버리고 산으로 도주했다. 쥐베르는 이 상황을 묘사하며 "우리의 작전은 아무런 저항도 받지 않고 순조롭게 진행됐다"고 기록했다.

이후 프랑스군이 갑곶에 전초기지를 마련하자 강화도의 조선 관리가 가마를 타고 로즈 제독을 찾아왔다. 그는 로즈에게 강력하게 항의하며 물러갈 것을 요구했고, 프랑스군은 그를 억지로 돌려보냈다. 그때 억수같은 비가 쏟아졌는데 쥐베르는 조선 관리들이

쓴 별나게 생긴 모자를 보고 웃음을 참을 수 없었다고 서술하고 있다.

쥐베르는 당시 비를 맞고 물러가는 조선인들의 모습을 스케치로 남겼는데, 그가 웃음을 참지 못했던 모자는 바로 갈모였다. 갈모는 비가 올 때 갓 위에 덮어쓰는 것으로 원래 명칭은 입모笠帽, 즉 갓모이다. 갓 위에 씌우는 것이라 하여 우모雨帽라고 부르기도 한다. 갈모는 기름종이로 만든 원뿔형 비막이 종이 삿갓이다. 쥐베르는 갈모를 쓴 조선인들의 얼굴이 갈모의 원뿔통 속에 푹 파묻힌 것을 보고 한바탕 웃음을 쏟아냈다. 물론 그는 생소한 그 모습을 비하하거나 흉본 것은 아니었다. 다만 원통 속에 파묻힌 그들이 모두 똑같이 보여 웃음이 났을 뿐이었다.

쥐베르는 갈모를 매우 실용적인 모자라고 생각했다. 날씨가 좋을 때는 접어 주머니에 넣었다가 비가 오면 꺼내 펼쳐 갓 위에 얹기만 하면 되는 매우 기발한 도구라며 칭송했다. 자신들의 우모보다 훨씬 간편하게 조작할 수 있다는 점도 높이 평가했다.

벌레들과의 전쟁

강화도를 점령한 프랑군은 강화부 관아를 장악하는 한편, 늙은이 몇 명을 빼고 모두 달아나고 없는 민가에 여장을 풀었다. 이후 쥐베르는 관아와 성곽을 두루 살피고, 민가 곳곳을 다니며 조선인의 생활환경을 면밀히 살폈다. 그 과정에서 그는 조선에 세 가지 놀라운 것이 있음을 발견했다.

쥐베르를 놀라게 한 첫 번째 존재는 벌레였다. 그는 강화도에 대한 프랑스군의 점령에 대해 가장 강력하게 저항한 것은 조선의 주민도 조선의 군대도 아닌 조선의 벌레들이었다고 썼다.

쥐베르는 조선 민가가 '상상을 초월할 정도로 더러웠다'고 기술하면서 그 집들을 청소하는 과정을 그리스 신화에 나오는 헤라클레스가 아우게이아스의 외양간을 청소한 일에 빗대었다. 그리스 신화에 따르면 아우게이아스의 외양간은 무려 30년 동안 청소하지 않아 그곳 가축의 배설물로 인해 역병이 돌고 농사에도 방해가 될 정도로 더러웠다고 한다. 쥐베르가 조선인의 가옥을 아우게이아스의 외양간에 비유했다는 것은 그들이 점령한 민가가 상상 이상으로 지저분했다는 의미다.

프랑스 군인들은 조선인의 집을 청소하는 데는 성공했지만 또 한 가지 난관이 있었다. 바로 조선인의 가옥에 빌붙어 사는 기생충들이었다. 쥐베르는 그 이름을 구체적으로 밝히지 않았지만 아마도 벼룩과 진드기, 모기, 파리 등이었을 것이다. 그는 이들 벌레의 공격에 대해 "이 난공불락의 해충들은 놈들의 합법적인 집주인들을 대신해 우리에게 복수를 해왔다"고 표현했다. 프랑스 선교사들에게 가장 무서운 존재였던 조선의 벌레들이 프랑스 군인들에게도 가장 무서운 존재였던 것이다.

온돌 예찬

쥐베르는 조선인의 집은 벌레로 득실댔지만 난방 시설은 양호했다고 서술했다. 프랑스군이 강화도를 점령했을 당시엔 이미 10월이었기 때문에 날씨가 추웠다. 그래서 그들은 밤이면 어떻게 해서든 따뜻한 방에서 지내고 싶어 했다. 그런데 조선인의 방은 그들이 상상했던 것 이상으로 난방이 잘 되었다.

그 이유를 살펴보다 프랑스 군인들은 조선의 놀라운 난방 시설을 발견했다. 바로 조선 특유의 온돌 구조였다. 이 뛰어난 난방 시설에 대해 쥐베르는 이렇게 서술하고 있다.

아궁이에서 나오는 연기와 뜨거운 증기는 수직으로 세운 굴뚝을 통해 곧장 빠져나가는 것이 아니라 방바닥 밑에 수평으로 놓인 고래를 통해 방 전체를 돌아 가옥의 반대편에 야트막이 세운 굴뚝으로 나가게 되어 있다. 이러한 구조는 경제적이면서도 상당히 효율성 있는 난방 수단이 될 수 있다. 10월에 이미 기온이 영상 3도로 떨어지면서 추위가 시작된 바람에 우리는 이 난방 시설을 무척이나 고맙게 사용했다.

비록 조선인의 방은 벼룩 같은 벌레들로 득실댔지만 벌레보다 무서운 것은 추위였고, 그 추위를 잊게 해준 것이 바로 온돌방이었다.

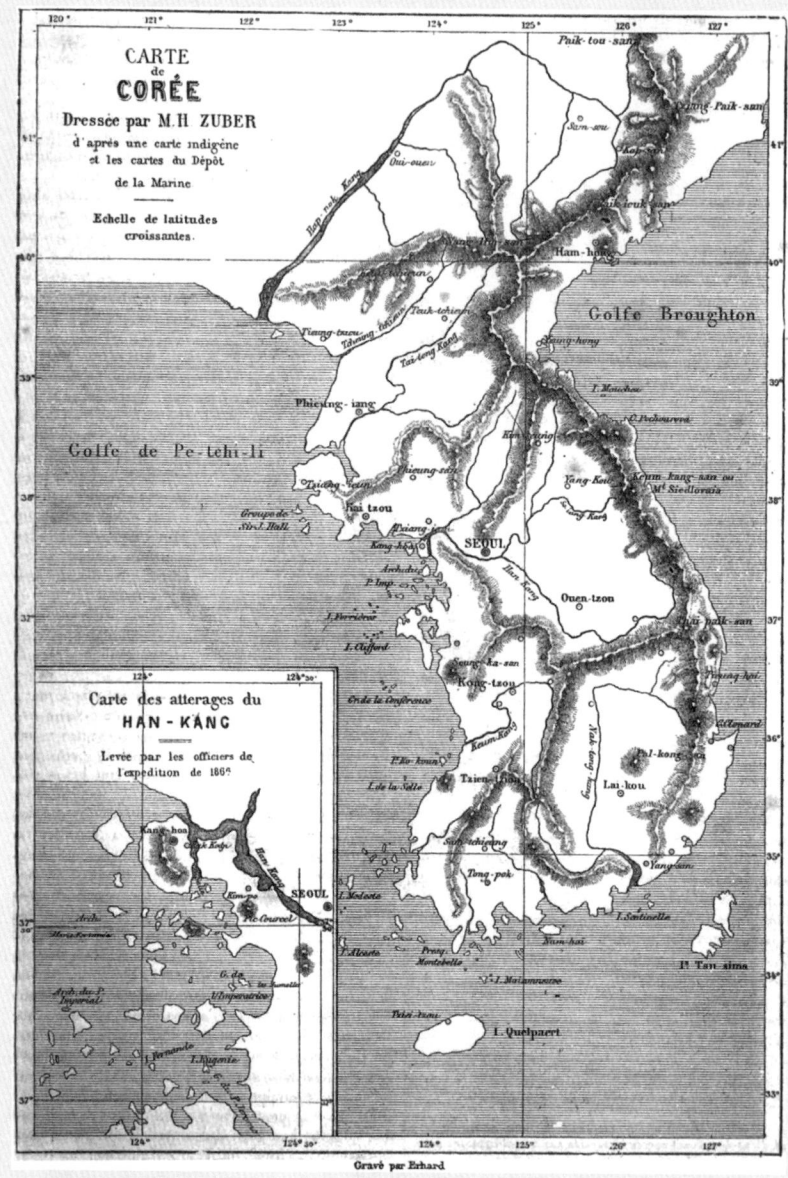

▲ 쥐베르가 그린 조선 전도

쥐베르의 자존심을 상하게 한 것

쥐베르는 프랑스가 매우 선진적인 문명국임을 자부했고, 자신 또한 그 위대한 문명국의 지식인임을 자랑스러워했다. 하지만 온돌방 같은 과학적인 난방 시설 앞에서는 자칫 자존심에 상처를 입었다. 그런데 그의 자존심을 더욱 상하게 한 것이 있었다.

그는 조선의 민가를 돌며 "가옥들이 모두 형편없이 초라해서 보기에도 마음이 아팠다"고 회고했다. 하지만 막상 민가 안을 살펴보고는 생각이 많이 달라졌다. 겉모습은 초라하기 그지없었지만 방 안에는 칠기로 된 가구와 고운 돗자리, 그림 병풍, 각종 장신구들이 아기자기하게 놓여 있었다. 그리고 그 초라하고 찌그러진 움막 같은 집 안에서 그는 놀라운 것을 발견했다. 그것은 한순간에 그의 자존심을 무너뜨렸다. 바로 책이었다. 그는 이렇게 토로한다.

우리가 경탄하고 또한 우리의 자존심을 상하게 하는 유일한 사실은 극동의 모든 국가들에서 발견되는데, 그것은 바로 아무리 가난한 집이라도 집안에 책이 있다는 점이다. 극동의 나라들에서는 글을 읽지 못하는 사람이 거의 없으며, 또 글을 읽지 못하면 주위 사람들로부터 멸시를 받는다. 만일 문맹자들에 대한 그런 비난을 프랑스에 적용한다면 프랑스에는 멸시받아야 할 사람들이 헤아릴 수 없이 많을 것이다.

쥐베르가 말한 극동의 나라는 중국, 조선, 일본을 가리킨다. 이 세 나라의 백성들은 대개 글을 아는 반면, 문명국임을 자부하는 프랑스 사람들은 대개 글을 모른다는 사실에 그는 몹시 자존심이 상하고 부끄러웠던 것이다.

쥐베르는 조선에 오기 전 여러 자료를 검토하면서 조선이 고유한 문자를 가지고 있다는 사실도 알게 되었다. 이 조선의 문자에 대해 그는 "완벽하게 자모를 갖춘 이 기호체계의 언어는 극동의 다른 어느 나라에서도 찾아볼 수 없는 독특한 언어"라고 높게 평가했다. 하지만 대부분의 백성이 이 글자를 쓰고 읽을 수 있다는 사실은 알지 못했다.

강화도의 민가를 살피며 그 사실을 깨닫고, 그는 다시 한번 경탄하고 동시에 자존심이 상했던 것이다.

2장 | 프랑스인들이 본 조선

08

패퇴하는 프랑스군,
강화되는 조선의 쇄국정책

강화도를 빼앗긴 조선군은 강화도 건너편인 김포 통진에 진을 치고 반격 기회를 엿보았다. 그 무렵인 10월 26일(음력 9월 18일), 로즈는 병력 120명을 동원해 문수산성을 정찰하도록 했다. 신식 무기로 무장한 프랑스군 120명에 맞선 아군은 순무영 초관 한성근과 집사 지홍관을 비롯한 별파진 군사 50명이었다.

당시 프랑스군은 보트 네 척에 나눠 타고 문수산성 남문 쪽으로 향했는데, 네 척 중 두 척의 보트에서 병사들이 내리려 할 때 한성근과 그 부하들이 일제히 총격을 가해 기습했다. 이 공격으로 프랑스군 수십 명이 부상을 입었다. 하지만 곧 전열을 정비한 프랑스군에 밀려 한성근 부대는 후퇴할 수밖에 없었다. 이후 프랑스군은 문수산성에 불을 지르고 강화도로 돌아갔다. 이 전투로 프랑스군은 27명의 사상자를 냈고, 조선군은 세 명이 전사하고 두 명이 부상을 입었다. 화력과 병력 면에서 훨씬 우세했던 프랑스군의 피해가 더 컸던 셈이다.

당시 상황은 고종실록 9월 19일 기사에 다음과 같이 기록되었다.

순무영에서 '방금 선봉 이용희가 18일 신시에 치보한 것을 보니, 「겸차 초관 한성근이 집사 지홍관과 별파진 군사 50명을 거느리고 문수 산성을 방어하고 있었는데, 그날 사시(오전 10시)쯤에 문수 산성 별장이 치보하기를, "작은 서양배 네 척이 조수를 타고 곧장 산성 남문으로 향하였다." 하였습니다. 이에 급히 군사 1초哨를 보내어 가서 구원하도록 하였다 합니다. 군사가 중도에 채 미치지 못한 상태에서 지홍관과 한성근이 헝크러진 머리에 짧은 옷을 입고 앞뒤로 도착하여 하는 말이, 이양선 두 척이 앞에서 정박하려고 할 때 한성근이 홀로 앞장서서 크게 고함을 치면서 먼저 총을 쏘아 한 번에 몇 발을 쏘니 그 소리가 나자마자 적들 중에 배에 쓰러진 자가 몇 명 되었습니다. 50명의 총수가 그 뒤를 이어 곧바로 일제히 총을 쏘자 두 척의 배에 있던 적들이 태반이나 쓰러졌는데 그 수가 대략 50~60명이 되었다고 합니다.

그 사이 어느덧 뒤따라오던 두 척의 배에 타고 있던 적들이 한꺼번에 육지에 올랐는데, 그 수가 무려 100명이나 되었습니다. 미처 탄

약을 장전할 겨를도 없이 갑자기 저놈들의 탄알에 맞아 죽은 사람이 3인이고, 어깨나 팔에 부상당한 사람이 또한 2인이었습니다. 워낙 중과부적이라 몸을 돌려 달아나 돌아왔는데, 오면서 돌아보니 적들이 산성의 남문에 불을 지르고 곧장 도로 건너갔습니다.'라고 하였습니다.

적들이 이미 경내에 침입하였으나 모두 섬멸하지 못하고, 도리어 우리 군사들을 부상당하게 하고 우리 성문을 불지르도록 하였으니 출정 장수의 직책을 맡은 사람으로서 황공하여 대죄했습니다. 화재 입은 형편에 대해서는 앞으로 상세히 탐문하여 치보하겠다 하였습니다.' 하니, 이렇게 전교하였다.

"대죄하지 말고 빨리 승전보를 아뢰도록 하라."

순무영에서 보고한 전사자 3인은 별파진 군사 최장근, 김달성, 오준성이었으며 문수진의 백성 오돌중도 전사하였다. 한편 문수산성 전투에서 27명의 사상자를 낸 프랑스군은 이에 대한 보복으로 강화도 일대 군사 진지를 불태우고 민가를 노략질했다. 그 과정에서 광성보 문루와 용진진의 화약고가 소실되었다. 이후에도 프랑스군은 강화도 곳곳의 창고와 민가를 불태웠다.

이런 상황에서 순무영 천총 양헌수는 11월 7일(음력 10월 1일) 프랑스군 몰래 병력 540여 명을 이끌고 강화도로 잠입하여 정족산성에 주둔하였다. 이 소식을 접한 로즈는 올리비에 대령에게 병력 160명을 맡겨 정족산성을 공격하게 했다. 올리비에는 조선군을 얕보고 야포 없이 소총만으로 공략에 나섰으나 조선군의 강한 저항에 밀려 패퇴하고 말았다. 이 전투에서 프랑스군은 여섯 명이 전사하고 수십 명이 부상을 입었으며, 조선군은 한 명이 전사하고 네 명이 부상을 입었다.

이 승전 소식은 음력 10월 3일 대궐에 전달되었으며, 보고 내용은 다음과 같았다.

"이달 초하룻날, 적병 60여 명이 산성에 들어와 지형을 정탐하고 중들이 쓰던 기명器皿만 파괴한 뒤 물러갔습니다. 그날 밤 우리 군사가 잠입한 사실을 적은 몰랐습니다.

다음 날, 동문과 남문을 점령할 계획으로 적의 두령이 말을 타고 나귀에 짐바리와 술·음식을 싣고 와서 양문으로 나누어 들어오려 하자, 우리 군사가 좌우에 매복하고 있다가 일제히 사격을 가했습니다. 적은 여섯 명이 전사하였고, 아군은 한 명이 전사했습니다. 도망치는 적들이 짐바리와 술·음식·무기 등을 모두 버리고 간 바람에, 이를 수거해 보관 중입니다. 추후 자세히 조사해 보고하겠습니다."

양헌수는 이 보고 이후에도 정족산성에 주둔하며 프랑스군의 재공격에 대비하였다. 그러나 뜻밖에도 로즈 함대는 11월 10일 함대를 이끌고 강화도에서 철수했다. 한 달이 넘는 장기 원정에 지친 탓에 더는 전쟁을 지속할 수 없었던 것이다. 철수하면서 로즈는 강화도 외규장각에 불을 지르고, 그곳에 보관돼 있던 서적 5,000여 권을 불태웠다. 또한 의궤 297책을 비롯한 340여 권의 책과 은궤 수천 량을 약탈해 갔다.

프랑스군이 철수하자, 흥선대원군은 자신감에 가득 차 천주교 탄압과 쇄국정책을 더욱 강화하였다. 그의 강경한 신념은 훗날 척화비에 새겨진 문구에 명확히 드러난다.

'서양 오랑캐가 침범하는데 싸우지 아니하면 화친하는 것이고, 화친을 주장하는 것은 나라를 파는 것이다.'

2장 | 프랑스인들이 본 조선

09

북경 외교가에서
웃음거리가 된 프랑스

　원정을 마치고 중국으로 돌아간 로즈는 자신이 선교사 학살에 대한 보복을 성공적으로 수행했다고 자랑했다. 하지만 프랑스 공사대리 벨로네를 비롯한 북경의 외교관들은 이를 실패로 간주했다. 당시 북경 외교가는 프랑스를 조롱하는 분위기였다. 유럽의 강국이라던 프랑스가 신식 함포를 장착한 전함 7척을 이끌고 조선에 갔다가 극동의 약소국 조선에게 패했다는 사실만으로도 조롱받기 충분했다. 게다가 로즈 제독은 조선을 침공하기 위해 일본 주둔 병력과 함대까지 동원했으나 원시적인 무기로 무장한 조선군에게 졌으니 그야말로 망신이었다.
　당시 청나라 조정과 백성은 프랑스의 패퇴 소식을 매우 기뻐했다. 베이징 주재 프랑스 공사관 소속 의사 마르탱은 '1866년 조선 원정'에서 다음과 같이 전하고 있다.

로즈 제독의 함대가 패퇴한 이후로 공사대리(벨로네)의 머릿속에 조선은 오직 불쾌한 기억으로만 자리 잡고 있었다. 한편, 그는 청국 정부가 조선과 공모한 것이 아니냐는 의혹을 숨김없이 표현했고, 청국 정부는 자신의 결백을 확언했다. 어쩌면 청국의 결백 선언이 사실일 수도 있겠지만 그렇다고 해서 청국이 드러내 놓고 좋아할 것까지는 없었는데, 청국 정부와 백성은 프랑스의 조선 원정 실패에 대해서 굉장한 쾌감을 즐기고 있었다.

마르탱의 말처럼 프랑스군의 조선 원정 실패는 청나라 백성들에게 대리 만족을 안겨주었다. 유럽 강국이라던 프랑스가 조선군에게 패배했다는 사실 하나만으로 마치 자신들이 프랑스를 물리친 듯한 기쁨을 느낀 것이다. 마르탱은 이와 관련해 이렇게 적었다.

로즈 제독의 패전 소식은 즉시 청국 전역으로 퍼져나갔다. 베이징 조정은 그 소식에 통쾌해 하면서도 프랑스 공관과의 공식적인 관계에서는 기쁨을 애써 감추려 했다. 그러나 지방의 행정관들은 기회가 있을 때마다 이를 놓치지 않고 프랑스인들이 패하여 조선인들 앞에서 도망쳤다며 프랑스인들이 이제 무적의 상대가 아니라고 떠들었다.

이 패전은 청나라의 분위기뿐 아니라 프랑스의 극동 정책에도 영향을 주었다. 프랑스는 로즈의 실패 이후 다시는 극동에 군사적 개입을 하지 않았고, 미국이 제너럴셔먼호 사건의 보복을 위해 함께 조선을 공격하자는 제안도 거절했다.

조선 원정 실패는 청나라 사람들에게 또 다른 자신감을 심어주었다. 프랑스마저 패한 조선이 자신들의 속국이라는 점에서 청나라 백성은 프랑스를 두려워할 이유가 없다고 느끼게 되었다. 이러한 자신감은 1870년 6월 톈진 사건으로 이어진다. 당시 프랑스 선교사가 세운 교회에서 아이들을 유괴한다는 소문이 돌자 비신자들과 충돌이 벌어졌고, 격분한 주민들이 교회와 프랑스 영사관을 불태우며 프랑스인과 천주교인을 살해했다. 마르탱은 이 사태를 두고 '조선이 프랑스에 복수한 셈'이라 표현했다.

또한 그는 톈진 사건의 주모자들이 "프랑스군이 조선에서 참패했던 일을 군중에게 상기시키며 선동했다"고 전했다. 이처럼 프랑스의 조선 원정 실패는 청나라 백성들에게 '싸우면 이길 수 있다'는 의지를 심어준 계기가 되었다.

제3장

미국인들이 본 조선

3장 | 미국인들이 본 조선

01

무작정 조선 땅으로 밀고 들어온 미국 상선

조선 땅을 무단 침입한 미국 상인 프레스턴

고종 3년(1866년) 8월 16일(음력 7월 7일), 대동강 하류 지역인 황해도 황주 삼전방의 송산리 앞바다에 이양선(서양배)이 나타났다. 이 배는 미국 상선으로, 미국 상인 프레스턴의 소유인 제너럴셔먼호였다. 프레스턴은 텐진 주재 영국 회사 메도즈 상사로부터 비단과 유리그릇, 천리경, 자명종 등의 상품을 사서 제너럴셔먼호에 싣고 체푸항(옌타이)에서 무작정 조선 땅으로 향했다. 그리고 황해를 건너 평양까지 갈 목적으로 황주 앞바다에 도달한 것이었다.

다음 날 황주목사 정대식이 프레스턴 일행을 만났다. 명백한 불법 침략이었지만 제너럴셔먼호의 선주 프레스턴과 선장 페이지는 당당했다. 비록 상선이었지만 제너럴셔먼호는 대포 2문을 갖추고 있었고, 승선자들은 모두 총으로 중무장한 상태였다. 여차하면 힘으로 눌러서라도 조선에 물품을 팔아보겠다는 심산이었다.

황주목사 정대식은 그들에게 매우 온건한 태도를 보이며 그들이 조선을 방문한 목적과 필요로 하는 사항들을 모두 알아내 황해감사에게 보고했다. 또한 정대식은 그들이 요구하는 쌀과 소고기, 채소 등의 생필품도 제공했다. 이후 프레스턴 일행은 곧장 대동강을 타고 평양으로 향했고, 사흘 후인 음력 7월 11일에 평양에 도착했다. 그리고 수일간 대동강에 정박하며 통상을 요구하게 된다. 불법적으로 영해를 침범한 것도 모자라서 내륙으로 들어와 통상을 요구하는 어처구니없는 일을 저지른 것이었다.

제너럴셔먼호 이전에도 미국 상선이 조선과 접촉한 일은 여러 차례 있었다. 1853년에는 사우스아메리카호가 일본으로 항해하던 중 길을 잘못 들어 부산항에 열흘간 머문 것을 시작으로 1855년, 1865년, 1866년에도 한 차례씩 미국 상선이 조선과 접촉했다. 그때마다 조선은 미국 선원들을 따뜻하게 대우하며 도움을 주었다. 심지어 난파된 상선에서 살아남은 선원들을 정중히 대접한 뒤, 본국으로 돌려보내기 위해 청나라에 인도하기도 했다. 따라서 제너럴셔먼호가 나타나기 전까지 조선은 미국 상선에 대해 적대적인 태도를 취한 적이 없었다.

사실, 미국도 한때 조선을 강제로 개항시키려는 계획을 세운 적이 있었다. 1844년 청나라와 왕샤 조약을 맺고 불평등한 통상을 개시했을 무렵, 미국 의회는 조선도 개방시켜야 한다는 안건을 마련했다. 하지만 조선을 개방하는 것이 미국에 실질적인 이익이 되지 않는다는 이유로 보류했다. 이후 미국은 조선에 개방 압력을 넣은 적이 없었다. 그런데 프레스턴은 아무런 법적 근거도 없이 무작정 조선 땅으로 밀고 들어온 것이다.

프레스턴이 무작정 평양까지 들어올 수 있었던 데에는 나름대로 믿는 구석이 있었다. 당시 항간에는 프랑스가 함대를 이끌고 쳐들어올 것이라는 소문이 파다하게 퍼져 있었다. 그해 봄에 벌어진 병인박해로 프랑스 신부 9명이 처형되었고, 그 소식을 접한 프랑스 공사관은 조선 정벌을 선언한 상태였다. 이러한 프랑스 공사관의 태도는 청나라를 통해 조선에 전해졌고, 이내 조정에서 흘러나온 프랑스군의 조선 정벌설은 공공연한 사실로 받아들여지고 있었다. 그 때문에 조선 백성들은 겁에 질려 있었다.

프레스턴은 이런 상황에서 조선이 감히 자신들을 공격하지 못할 것이라고 판단했다. 만약 이번에 자신들마저 건드리게 되면 프랑스뿐 아니라 미국까지 군대를 이끌고 올 수 있다고 겁만 줘도 조선 조정이 벌벌 떨 것이라 여겼던 것이다.

하지만 당시 조선 조정은 프랑스가 함대를 이끌고 쳐들어올지도 모른다는 불안감 때문에 연안에 출몰하는 이양선에 대한 감시를 더욱 강화하고 있었다. 또한 이양선과 접촉하는 조선 백성들을 엄하게 단속하고, 만약 이양선과 접촉하다 발각되면 그 자리에서

목을 베어 효수하라는 특명까지 내려진 상태였다.

제너럴셔먼호가 황주를 떠나 평양 영내인 대동강에 정박하고 있던 1866년 7월 10일, 의정부에서 대원군에게 올린 다음 의견은 당시 조선 조정의 이양선에 대한 태도를 명확하게 보여준다.

이양선이 내양內洋에 출몰하는 것만도 이미 놀랄 만한 일인데 양서兩西 연안의 포구에 제멋대로 왕래하는 것은 또 근래에 없던 일입니다. 해안 방어가 허술한 데 대해서는 진실로 말할 것도 없겠으나 이러한 때에 단속하는 방도를 허술하고 느슨하게 해서는 더욱 안 되겠습니다.

연해의 각 고을과 진영에서 주의해서 관찰하고 파수把守하는 등의 일을 각별히 명령하여, 혹시라도 안일함을 꾀해 헛되이 세월만 보내는 일이 없도록 해야 하겠습니다. 지금 이렇게 해선들이 동에 번쩍 서에 번쩍 나타나는 판국에, 우리나라 사람이 화응하는 자가 없을런지 어찌 알겠습니까? 무릇 행동거지가 수상한 무리를 엄하게 기찰하고, 만약 현장에서 붙잡힌 자가 있으면 공초를 받은 뒤에 즉시 그 자리에서 효수하여 대중을 경계시키라는 뜻을 각 도의 수장에게 똑같이 명령하는 것이 어떻겠습니까?

대원군은 이 건의를 받아들여, 이양선의 영해 침입을 철저히 단속하고 강하게 대응하도록 명령했다. 사실, 당시 조선을 찾은 서양 선박은 제너럴셔먼호뿐만 아니었다. 7월 10일에는 강화도 교동도 근처에 영국 상선이 나타나 교역을 요구하다 거절당하자, 무작정 강화도 월곶진에 정박하며 서울로 가서 통상하게 해달라고 떼를 쓰고 있었다. 또 7월 14일에는 평안도 연안에 이양선 6척이 동시에 나타나 조선 백성들을 두려움에 떨게 했다. 제너럴셔먼호는 그런 상황에서 평양까지 들어와 무역을 허락해달라고 떼를 쓰고 있었으니 조선 조정으로서도 난감한 일이 아닐 수 없었다.

황주 목사 정대식의 보고서

당시 제너럴셔먼호와 황주목사 정대식이 접촉하여 대화를 나눈 상황은 고종실록 7월 15일 자에 황해감사 박승휘가 올린 장계에 다음과 같이 상세하게 나와 있다.

황주목 삼전방 밖에 있는 송산리 앞바다에 이양선이 와서 정박하였습니다. 8일 인시寅時(새벽 3~5시)쯤에 곧 이양선이 정박하고 있는 곳까지 가서 형리 이기로와 병영 관리 신몽신 등으로 하여금 우선 지방관이 사정을 묻는 이유를 말하게 하였더니, 와서 만나보겠다고 대답하였습니다. 그래서 저 사람들의 배 가까운 곳에 우리 배를 정박시켰던 것입니다.
그러자 그쪽 사람들 수십 명이 각기 총칼을 지니고서 뱃머리에 정렬해 선 다음 비로소 배에 오르는 것을 허락하였습니다. 그들 네 명은 혹 기대어 앉거나 혹은 배 고물에 앉은 후에 우리더러 함께 앉자고 하였습니다.

그 후 우리가 글로 써서 어느 나라 사람이며 무슨 일로 여기까지 왔느냐고 물었더니 서면으로 대답하기를, "우리들은 서양의 세 나라 사람들입니다. 윗자리에 앉은 토머스Robert Jermain Thomas(한국 이름 최난헌崔蘭軒)와 호가스는 다 같이 영국 사람이며, 프레스턴은 미국 사람이며, 페지는 덴마크 사람입니다."라고 하였습니다.

거의 모두가 움푹 들어간 눈, 높이 솟은 콧마루, 파란 눈, 노란 머리카락을 지니고 있어 확실히 서양인이라는 것은 의심할 바 없었습니다. 그런데 토머스라는 사람은 중국말을 잘할 뿐만 아니라 우리나라 말도 조금 알고 있었는데 알아들을 수 있는 말도 있고 알아들을 수 없는 말도 있어서 의사소통은 전적으로 이팔행이라는 사람한테 맡겼는데, 배 안의 일은 그가 모두 주관하였습니다.

이른바 이팔행과 조반량은 중국인들로서 영국인이 데려다가 자기 막료로 삼은 사람들이었으며, 그 나머지 24명은 혹 태국인이거나 광동 상해현 사람들로서 길안내를 하거나 품팔이를 하거나 뱃일을 하는 자들이었는데 모두 종복이라고 하였습니다. 그들의 이름을 물으려고 하니, "우리 배 안의 일과 관계되는 것이지 당신들과는 관계가 없다."라고 하였습니다.

덴마크의 위치를 물어보니, "서양에 있으며, 두 나라와의 거리는 1,500리이다. 세 나라 사람들은 다 같이 장사를 하고 있으며, 이번 7월 1일 산동에서 출발하여 백령도 · 초도곶 · 석도席島를 거쳐 방향을 바꾸어 평양으로 가는 길이다. 우리 배가 모양은 전선 같지만 실은 통상을 하려고 한다. 귀국의 종이, 쌀, 금, 삼參, 초피貂皮 등을 우리들이 가지고 온 양포洋布, 기명器皿과 바꾸면 서로 해롭다는 생각은 별로 들지 않을 것이다. 물품 교환이 일찍 끝나면 곧 평양에서부터 뱃머리를 돌리겠지만 그렇게 되지 않으면 비록 서울로 가더라도 통상한 뒤에야 돌아가겠다."라고 하였습니다.

그래서 묻기를, "이미 평양에 가서 통상을 하겠다고 하였는데, 거기에 가면 우리나라 사람으로서 그에 호응하여 교역을 하는 자가 있는가?"라고 하니, 없다고 대답하였습니다.

그래서 또 말하기를, "먼바다에 와서 정박한다면 혹 이상한 일이 아니라고 받아들일 수도 있겠지만 당신들은 남의 나라 앞바다에까지 넘어 들어왔다. 우리나라에서는 본래부터 국법으로 금지되어 있는 만큼 앞으로 전진해 갈 수 없다."라고 하였더니, "누가 감히 우리를 막겠는가? 우리는 곧바로 가려고 한다. 만약 서풍을 만나면 바람을 따라 곧 떠나겠다."라고 하였습니다.

"너희들의 배에 함께 온 사람들이 있는지 여부를 알고 싶다."고 하니, "이 문제에 대해서는 우리들이 자세히 말해 줄 수 없으며, 또한 이는 우리들의 문제가 아니라 바로 나랏일과 관계되는 문제이다."라고 하면서 더는 대답하지 않았습니다.

배의 모양과 규격을 보면 안은 하얗게 칠하고 밖은 검게 칠하였는데 그 위에 옻칠을 하듯이 기름을 발랐으며 위에는 흰 가루가 있었습니다. 사면을 판자로 만든 집이 두 칸 있었는데 한 곳에는 관인盲人들이, 한 곳에는 종복들이 거주하였습니다. 그리고 각각의 판옥 벽면에는 창문이 있었는데 모두 유리가 끼워져 있었습니다. 두 개의 돛대는 모두 소나무로 만들었는데 잘 다듬고 그 위에 기름칠을 하였으며, 배의 위에는 백양목의 네모진 깃발을 달아 세웠고 돛은 흰색의 올이 굵은 서양 비단으로 만들었습니다.

좌우 두 켠에 각각 대포 1문씩을 설치하였으며 수레와 나무 바퀴 위에는 철통을 놓았는데, 윗부분은 좁고 밑은 넓었습니다. 세 차례에 걸쳐 시범적으로 쏘아 보였는데, 그 소리가 마치 요란한 천둥이 치는 것 같아 사람들의 이목을 몹시 놀라게 하였습니다.

이 밖에 밤에 순찰할 때 메는 장총이 세 자루 있었는데, 총구멍 끝머리에 1척쯤 되는 칼이 꽂혀 있었습니다. 조총은 차고 다니는 자그마한 것과 메고 다니는 큼직한 것 등 셀 수 없이 많았습니다.

환도環刀는 서양인 네 명이 각각 한 자루씩 차고 있었는데, 모두 번쩍번쩍 빛이 났습니다. 방 안에는 책과 그림책, 금琴과 종鍾, 고약膏藥 등 잡다한 물건들이 펼쳐져 있었는데, 한 번 죽 훑어보아서는 이루 다 기억할 수 없었습니다.

그리고 종복들이 거처하는 방을 보려고 하자, 예의상 가서 볼 필요가 없다고 하며 막아서 보여주지 않았습니다.

배 밑에는 작은 배를 매어 놓았는데, 우리나라의 작은 고깃배 모양이었으며 푸른색이었습니다. 거기에 실은 물품들은 양목洋木 등 무역할 물품들이라고 말하였으나 배 안은 보지 못하게 하여 물품을 실은 실태와 그 수량에 대해서는 분명히 알 수 없었습니다.

그런데 서로 말을 주고받을 때에 갑자기 "청하건대, 당신들이 사람을 보내서 우리에게 쌀, 소고기, 닭, 채소, 땔나무 등의 물품을 준다면 양포洋布로 답례하겠다."라고 글로 써서 주었습니다.

만약 중국인이나 각국 사람들이 표류하다가 우리나라에 다다른 경우라면 으레 객관에 데려다 양식을 제공하겠지만 서양인들이 함부로 우리나라 앞바다에까지 넘어 들어온 것은 뜻밖의 일이라 또한 아랫사람으로서 마음대로 처리하기 어려운 점이 있었습니다. 그래서 대답하기를, "이처럼 외진 마을에서 갑자기 그런 물품을 마련하는 것은 어렵고, 또 순풍을 기다려 곧장 출발한다는 것은 더욱 시행하기 어려운 일입니다."라고 하였습니다.

그러자 토머스는 화난 얼굴빛을 드러내며 "집어치우시오. 집어치우시오. 당신들이 만약 주려는 생각만 있다면 우리 배가 비록 간다고 해도 또한 당신네 나라 땅 가까운 곳이며, 강을 따라가는 것도 역시 어려운 일이 아니니 어찌 이곳이냐 저곳이냐에 구애를 받겠는가?"라고 하며 필담을 나누던 종잇장을 가져다가 접어 품속에 넣고는 이어 떠나자고 재촉하였습니다.

그래서 어쩔 수 없이 떠나는 배에서 곧 마련해 보내겠다고 대답하였더니 화가 풀려 기뻐하면서 필담을 나누던 종잇장을 꺼내주고는 "다시 물품을 보내주면 틀림없이 답례할 것이다."라고 말하였습니다.

그래서 꼭 답례할 것까지는 없다고 말하고 쌀 1석, 소고기 30근, 달걀 60알, 채소 20묶음, 땔나무 20단을 헤아려 들여보냈습니다.

그런데 그들의 배가 떠나기 전에 앞질러 돌아오기 어렵겠다 싶어 나루터 근처에 머물러 있으면서 그들의 동정을 살펴보았습니다.

서양인들의 이름, 연령, 거주지, 옷차림과 배의 크기, 여러 가지 기계들과 물건들에 대하여 다 적어서 문서로 만들어 올려보냅니다. 그런데 배에 올라 말을 나눌 때 많은 시간을 지체하여 글로 써서 보고하는 것이 날짜를 경과하게 되었으니 황송함을 금할 수 없습니다.

그날, 음력 7월 8일 신시申時(오후 3~5시)에 그들의 배가 평양으로 떠나갔습니다. 가는 뱃길에 일부러 수리首吏(이방)로 하여금 쌀과 고기 등 물품을 배에 싣고 그들이 정박해 있는 곳까지 따라가게 하고, 그들에게 물품을 제공하라는 뜻을 신칙하여 보냈습니다.

평양 만경대 앞까지 밀고 올라온 제너럴셔먼호

제너럴셔먼호는 8월 20일(음력 7월 11일)에 평양에 도착하여 평양 경내 초리방 사포구에 정박하였다. 평양 서윤 신태정이 이에 대한 보고를 받고 급히 사포구로 갔더니 그때 제너럴셔먼호는 이미 평양부 신장 포구로 옮겨 간 상태였다.

신태정이 다시 신장 포구에 도착했을 때는 이미 늦은 밤이었다. 그래서 다음 날 아침 9시쯤, 신태정이 제너럴셔먼호에 다가가서 들어온 목적을 물었더니 "그들은 무역 외에 다른 의도는 없다"고 대답했다. 이에 신태정이 서양과의 무역은 법으로 엄하게 금지되어 있어서 지방관이 마음대로 허가해 줄 사안이 아니라고 하였다.

이후 신태정과 제너럴셔먼호 측의 통역을 맡은 토머스 사이에 대화가 진행됐는데 그 내용은 고종실록에 다음과 같이 기록되어 있다.

> 그랬더니 토머스가 말하기를, "귀국은 무엇 때문에 천주교인들을 쫓아내는가? 지금 우리 예수교耶蘇聖教는 천도天道를 체험하고 인심人心을 바르게 하여 나쁜 풍속을 교화시키기 때문에 인의충효仁義忠孝가 모두 갖추어져 있다."라고 하였습니다.
> 그래서 이 두 가지 종교는 모두 우리나라에서 법으로 금하고 있기 때문에 백성들이 감히 마음대로 익히지 못한다고 대답해 주었습니다.
> 그는 또 말하기를, "프랑스의 큰 배는 이미 수도에 갔는데, 우리 배만은 그렇게 하지 못하고 있습니다."라고 하므로 대답하기를, "큰 배가 수도에 갔다고 말하는 의도를 알 수 없습니다. 언제쯤 철수해 갈 겁니까?"라고 하니, 머리를 끄덕이며 대답하지 않았습니다.
> 또 황주에서 얻은 식량과 찬거리로 겨우 며칠간 버텼으니 쌀과 고기, 계란과 시목柴木(땔나무) 등을 도와주기를 원한다고 했습니다. 멀리 떨어져 있는 나라 사람들을 너그럽게 대해야 하는 도리로서는 냉담하게 대할 수 없어서 쌀과 고기 등의 물건을 공급해 주었습니다.

이 대화에서 드러나듯, 토머스는 은근히 프랑스인들의 참수 문제를 끄집어내 신태정에게 두려움을 주려 했음을 알 수 있다. 또한 프랑스의 큰 배들이 수도를 향해 갔다고 말함으로써 프랑스가 조선을 정벌하려 한다는 인상을 주려 했다는 점도 파악할 수 있다. 그러면서 식량과 생필품을 요구하여 받아냈다.

그리고 오후 다섯 시쯤 제너럴셔먼호 선원들은 수심을 파악하는 작업을 한 뒤, 다음 날 새벽 만경대 아래에 있는 두로도라는 섬에 정박하였다. 불법적으로 침입한 것도 모자라 식량을 요구하고, 마음대로 남의 영토를 휘젓고 다닌 것이다.

그럼에도 조선 관리들은 그들을 함부로 대하지 않았다. 자칫 성급하게 몰아냈다가 외교적인 문제가 발생할 것을 염려했던 것이다.

선원들과 평양 관민들의 충돌

제너럴셔먼호 선원들이 마음대로 수심을 측정하는 것을 방치해 둘 수 없었기 때문에 제너럴셔먼호 선원 6명이 보트를 타고 수심을 측정하는 동안, 평양 순영 중군 이현익이 시종 유순원과 심부름꾼 박치영과 함께 작은 배를 타고 그들 뒤를 따라다녔다.

그러자 제너럴셔먼호 선원들이 갑자기 이현익의 배를 끌고 가 조선인 세 사람을 제너럴셔먼호에 억류하는 사태가 벌어졌다. 이 소식을 듣고 서윤 신태정이 밤새도록 그들을 설득하며 이현익을 풀어줄 것을 요청했다. 하지만 제너럴셔먼호 측은 끝내 이현익을 돌려보내지 않았다. 심지어 대포와 총을 쏘아대며 평양 백성들을 위협하기까지 하였다.

이에 평양 백성들이 강변에 모여 이현익을 돌려달라며 항의를 하기 시작했다. 그리고 급기야 돌을 던지고 활과 조총을 쏘며 그들을 공격하였다. 당시 상황을 평양 감사 박규수는 이렇게 보고했다.

> 그날 사시巳時(오전 10시경)쯤에 그들의 배가 또 출발하여 상류로 거슬러 올라가면서 대완구大碗口와 조총을 마구 쏘아댔으며, 황강정 앞에 이르러 그곳에 정박하였습니다.
> 그 후 그들 다섯 명은 작은 푸른빛 배를 타고 물의 깊이를 탐지하기 위하여 오탄鳥灘 일대를 거슬러 올라갔는데, 온 성안의 백성들이 강변에 모여들어 우리 중군을 돌려보내 달라고 소리 높여 외쳤습니다.
> 그들이 성안에 들어가서 분명히 알려주겠다고 하자, 모든 사람이 분함을 참지 못하고 돌을 마구 던졌으며, 장교와 나졸들이 혹 활을 쏘아대기도 하고, 혹은 총을 쏘아대기도 하며 여러모로 위세를 보였습니다. 그러자 그들은 도망쳐 돌아갔으며, 그 큰 배는 이에 양각도 하단으로 물러가 정박하였습니다.

이후에도 이현익 일행을 돌려보내지 않자, 퇴역 장교 출신인 박춘권이 수하들과 함께 배를 타고 제너럴셔먼호에 돌진하여 이현

익을 구출하여 돌아왔다. 하지만 이현익의 시종 유순원과 통인 박치영은 제너럴셔먼호 선원들에 의해 강물에 던져져 생사를 알 수 없는 지경이 되었다.

불타는 제너럴셔먼호

이렇듯 제너럴셔먼호 선원들의 무모한 행동이 지속되는 가운데 점차 대동강의 수심이 얕아지면서 제너럴셔먼호는 양각도 서쪽 모래톱에 걸려 움직일 수 없는 사태에 직면하였다. 사실 제너럴셔먼호가 대동강을 타고 올라올 당시에는 장마로 인해 수위가 높아진 상태였는데, 며칠 뒤 수위가 원상태로 회복되자 졸지에 모래톱에 좌초되는 처지가 된 것이다.

상황이 이렇게 되자 제너럴셔먼호 선원들은 불안감에 휩싸인 나머지 평양 시가지를 향해 대포를 발사하고, 마구잡이로 총을 쏘아댔다. 그 바람에 평양 백성 7명이 죽고, 5명이 다치는 사태가 벌어졌다. 그러자 평안감사 박규수는 제너럴셔먼호를 공격하여 소멸시키기로 결정하고, 조정에 이런 장계를 올렸다.

"평양 방수성에 정박한 이양선이 상선을 약탈하며 총을 쏘아대는 통에 우리 사람 7인이 피살되었고, 부상자 또한 5인이나 되었습니다.

그러면서 감영과 평양부에 명령을 내려 그때그때의 상황에 따라 대처하게 해서 곧 소멸하겠습니다."

조정에서도 박규수의 의견에 동의하고, 상황에 따라 알아서 조치하고 무찔러 없애도록 할 것을 결정하였다. 그러자 박규수는 마침내 8월 30일(음력 7월 21일)에 화공으로 제너럴셔먼호를 불태워 버렸다. 박규수는 이 과정을 이렇게 보고했다.

> 평양부에 와서 정박한 이양선에서 더욱 미쳐 날뛰면서 포를 쏘고 총을 쏘아대어 우리 쪽 사람들을 살해하였습니다.
> 그들을 제압하고 이기는 방책으로는 화공 전술보다 더 좋은 것이 없으므로, 일제히 불을 질러 그 불길이 저들의 배에 번져가게 하였습니다.
> 그러나 저쪽 사람들인 토머스와 조능봉이 뱃머리로 뛰어나와 비로소 목숨을 살려달라고 청하므로, 즉시 사로잡아 묶어서 강안으로 데려왔습니다.
> 이것을 본 군민軍民들이 울분을 참지 못해 일제히 모여들어 그들을 때려죽였으며, 그 나머지 사람들도 남김없이 죽여 버렸습니다. 그제야 온 성안의 소요가 비로소 진정될 수 있습니다.
> 겸 중군인 철산 부사 백낙연과 평양 서윤 신태정은 직접 총포탄이 쏟아지고 있는 위험을 무릅쓰고, 마음과 힘을 다하여 싸움으로써 결국 적들을 소멸시켰으니, 모두 그들의 공로라고 할 만합니다. 포상의 특전을 베풀어 주심이 어떻겠습니까?

제너럴셔먼호를 공격할 당시 박규수는 제너럴셔먼호에 포격을 가한 뒤, 대동강 물에 식용유를 풀었다. 또한 여러 척의 작은 배에 기름을 끼얹은 뒤 섶을 가득 실어 불을 붙이고 제너럴셔먼호에 부딪치게 하는 방식으로 불을 질렀는데, 당시 제너럴셔먼호에 타고 있던 승무원들은 불에 타 죽거나 물에 빠져 죽었다고 한다.

하지만 이것으로 제너럴셔먼호 사건이 종결된 것은 아니었다. 사건 발생 후 미국은 제너럴셔먼호 사건의 진상을 조사하기 위해 두 차례에 걸쳐 탐문을 실시하였고, 결국 5년 후인 1871년에 조선을 응징하기 위해 해병대를 파견하기에 이른다.

3장 | 미국인들이 본 조선
02

보복 전쟁을 일으킨 미국

조선을 압박하는 미국 정부

제너럴셔먼호가 격침된 이후 1866년 11월, 청나라 예부에서 제너럴셔먼호 사건과 관련하여 조선이 처신을 잘할 것을 요구하는 다음과 같은 공문을 보내왔다.

미국 사신 윌리엄스衛廉土, Williams S.W.의 편지에 의하면, 8월에 두 개의 돛을 단 배 한 척이 고려국에 갔다가 좌초되었는데 고려국의 장선들이 불사르고 선주와 선원 24인을 붙잡아 가서 살았는지 죽었는지 모르겠다고 한다. 고려에서 혹시 그들을 중국으로 보내줄지 모르니 봉천부 관리에게 신칙하여 잘 보살펴 달라고 청하였다. 지금 조선에서 배를 공격해 불태웠다는 것이 사실인지는 모르겠으나 단지 한 가지 일로 풍문을 판단할 길이 없다. 프랑스가 군사를 일으켜 조선으로 나가려는 것을 일찍이 영국과 미국 두 나라가 저지하였으나 프랑스는 듣지 않는다고 한다. 조선에서도 분별 있게 처리해야 많은 적을 만드는 일을 피할 수 있을 것이다.

청나라에서 이런 공문을 조선에 보낼 무렵, 미국 국무부는 로버트 슈펠트Robert W. Shufeldt를 조선에 파견하여 제너럴셔먼호 사건의 진상을 조사하게 했다. 슈펠트는 훗날 1882년 조미수호통상조약 체결을 이끈 인물이다.

당시 슈펠트에게는 또 하나의 임무가 주어졌는데, 전라도 여수에 속한 섬인 거문도에 미군 해군 기지 설립을 위한 조사도 병행하라는 것이었다. 미국은 제너럴셔먼호 사건을 빌미로 조선과 통상 협약을 성사시키고, 거문도를 해군 기지로 삼으려는 속셈이었다.

슈펠트가 와츄세트호를 타고 조선 연안에 도착한 것은 1867년 1월 23일(음력 1866년 12월 18일)이었다. 그는 황해도 장연長淵 앞바다를 대동강 하구로 착각하고, 그곳 월내도月內島에 정박하였다. 이때 와츄세트호의 승선 인원은 약 40명이었으며, 그중 39명이 월내도에 내려 주민들을 붙잡고 조선 조정에 보내는 서찰 한 통을 내밀었다. 황해감사 박승휘가 이 서찰을 조정에 올리자, 의정부에서는 고종에게 다음과 같은 의견을 올렸다.

"이양선이 정박하고 편지를 주는 것이 비록 화친하자는 말이기는 하나, 정상은 헤아리기 어려우므로 서로 사정을 살필 때 되도록 상세히 알아보도록 할 것입니다. 편지는 되돌려줄 필요 없이 즉시 의정부에 올려 보내고, 회답 편지는 경흥부慶興府에서 행했던 사례에 따라 해당 현감에게 써 보낼 것이며 이양선의 동정에 대해서는 자세히 보고하도록 할 것입니다."

당시 조선 조정은 병인양요(1866년)로 인해 서양 세력에 대해 매우 적대적이었다. 따라서 슈펠트의 통상 요구는 받아들여질 수 없었고, 그는 성과 없이 철수해야 했다. 이후 미국은 전함 새넌도어호를 파견하여 제너럴셔먼호의 생존 선원을 돌려보내라고 요구하였으며 동시에 대포를 쏘며 무력 시위를 감행했다.

황해병사 이민상은 1868년 3월 25일, 다음과 같은 보고서를 올렸다.

장연長淵 이도방 오리포의 동임이 보낸 치보에, '이양선異樣船에 탄 놈 20여 명이 그 배의 종선을 타고 오리포 어귀에 와서 정박하고는 글을 써서 보였는데, 스스로 미국 배라고 칭하였고, 청하는 것은 닭·개·돼지·양이었습니다.

20여 명 가운데 5명이 본 동네에 들어왔는데, 옷 색깔은 푸르고 머리는 사방을 깎았으며 정수리에서 한 가닥으로 머리를 땋아 등 뒤로 늘였습니다. 그들은 오늘 요구를 들어주지 않으면 내일 다시 오겠다고 하였습니다.' 하였습니다.
이양선異樣船에 탄 자들이 육지로 올라와 노략질한 것만도 극히 통분하고 고약하기에 신의 영문에서 포수들을 징발하여 보냈습니다.

이민상의 보고대로 미국인들은 다음 날 다시 왔고, 오리포의 훈학 임병정이 그들을 만나 물었다.

"당신들은 어느 나라 사람이며, 무슨 일로 왔는가?"

그러자 미국인이 대답했다.

"나는 미국 사람이며, 재작년에 미국 배가 여기에서 없어졌으므로 우리들이 그 배의 종적을 찾아보려고 왔다."

이후 미국인들은 청나라 등주 사람 이광내를 내세워 조선의 도읍과 주변 지리에 대해 물었으나 임병정이 대답하지 않자, 그들은 물러갔다. 그리고 곧 새넌도어호는 함포 사격을 하며 무력 시위를 벌였다.

이에 대해 수군방어사 이기조는 평양 감사 박규수에게 다음과 같은 보고를 올렸다.

이달 21일 묘시卯時경에 오리포에 가서 높은 곳에 올라 바라보니, 그들의 배가 그사이에 벌써 장연에 옮겨가 정박하고 있었습니다. 거리가 멀어 그들과 대면하여 사정을 파악하기가 곤란한 데다가 연방 대포를 쏘므로 내왕하는 배들이 접근할 수 없었습니다. 그래서 동정을 파악하기 위해 본 포구에서 기다리다가 다음 날 영리한 교리를 시켜 문정問情하고서 오게 하였습니다.

그가 돌아와서 보고하기를, '밤 2경(오후 9시~자정)에 그들의 배가 정박해 있는 곳으로 가보니 배의 위아래에 등과 촛불이 휘황하였습니다. 사람들은 콧마루가 우뚝하고 눈은 움푹 들어갔으며 머리카락은 더부룩하고 입고 있는 옷은 모두 검은색이었습니다.

문정問情한다는 의사를 적어 보이며 이르기를, "당신은 어느 나라 사람이며, 무슨 일로 여기에 왔고, 이곳에 정박해 벌써 하룻밤을 지냈는데 그 목적이 무엇인가?" 하니, 그는 손을 내저으며 전혀 글을 모르는 시늉을 하였습니다.

조금 뒤 우리말을 약간 아는 한 사람이 와서 말하기를, '우리 배는 미국의 전함인데 평양을 찾아가려 한다. 훗날에는 서로 이야기할 일이 있겠지만 지금은 대답할 말이 없다.'고 하였는데, 말투와 얼굴빛이 매우 거칠었습니다. 큰 배 안에서 연달아 대포 소리를 내어 결국 접근하지 못하고 돌아왔습니다.'

이후 다시 그들이 조선에 온 사정을 알아보니, 새넌도어호에서는 제너럴셔먼호 사건의 진상을 조사하기 위해 왔다고 하였으며 제너럴셔먼호에서 살아남은 선원이 있으면 돌려보내라고 요구하였다.

이에 흥선대원군은 서찰을 보내 살아남은 선원은 없다고 통보하였다. 그러자 새넌도어호는 포를 쏘아대며 위협하였고, 조선 측에서도 포와 소총으로 강력하게 대응하였다. 결국 새넌도어호는

"다시 돌아오겠다"는 말을 남기고 물러났다.

조선 원정에 앞서 교섭을 요구하는 미국 공사

1867년 3월, 워싱턴 주재 프랑스 공사 베르테미는 미국 국무장관 시워드로부터 조선에 관한 특별한 제안을 받았다.

시워드는 미국이 곧 조선을 원정할 계획인데 프랑스가 협력해줄 수 없느냐고 제안하였다. 그는 프랑스가 미국의 원정에 협력한다면 로즈 제독의 조선 원정 실패로 인해 실추된 프랑스의 영향력을 회복할 수 있을 것이라는 말도 덧붙였다. 또한 얼지 않는 항구를 얻기 위해 조선을 탐내고 있는 러시아가 조선을 흡수하기 전에 프랑스가 선수를 칠 수 있는 계기가 될 수도 있다고 설득하였다.

미국 국무부의 제안에 대해 베르테미 공사는 긍정적으로 수용했다. 그는 프랑스 외교부에 자신의 의견을 전달하면서 조선에서 희생당한 프랑스인들에 대한 보상금을 얻기 위해서는 무력을 사용하는 강압적 방법이 필요하다는 입장을 피력했다. 말하자면 다시 조선 원정을 감행해야 한다는 뜻이었다.

베르테미는 워싱턴으로 가기 전에 베이징에 주재한 경험이 있어 로즈의 조선 원정 실패가 프랑스의 위상을 얼마나 실추시켰는지를 뼈저리게 느낀 인물이었다. 그는 이 현실을 타개하기 위해 조선에 대한 무력 사용이 필요하다고 판단하였다.

그러나 베르테미의 강한 희망에도 불구하고 프랑스 정부는 미국 국무부의 제의를 받아들이지 않았다. 당시 프랑스 해군부장관 리고 드 주누이Rigault de Genouilly 제독은 조선에 대한 새로운 원정은 없다고 잘라 말했다.

프랑스가 동반 원정을 거부하자, 미국은 독자적으로 조선을 정벌하기로 결정했다. 하지만 미국의 조선 원정은 급속히 실행되지 않았다. 당시 미국 정가는 1865년 에이브러햄 링컨 대통령의 암살, 부통령 앤드루 존슨의 탄핵 위기 등으로 매우 혼란스러운 상황이었다. 이로 인해 조선 원정은 한동안 보류되었고, 결국 1870년에 이르러서야 실행이 결정되었다.

미국 정부로부터 조선 정벌 명령을 받은 사람은 프레드릭 로우Frederick F. Low였다. 그는 1870년 베이징 주재 미국 공사로 부임했고, 미해군 아시아 함대 사령관 로저스John Rodgers 제독과 상의하여 1871년 5월을 원정 시기로 결정했다.

로우는 정벌에 앞서 청나라 총리아문總理衙門을 통해 조선에 미국의 의사를 전달하고자 하였다. 그가 보낸 공문에서는 제너럴 셔먼호 승선자들이 조선의 관리들과 백성들에 의해 살해된 것을 비판하고, 재발 방지를 촉구하며, 향후 미국 선박 조난 시 구조 문제에 관한 교섭을 제안하였다. 이에 대해 조선 조정은 청나라 총리아문에 다음과 같은 회신을 보냈다.

미국 사신이 보낸 서신을 자세히 살펴보니, 그것은 순전히 병인년

(1866년)에 그 나라의 상선 두 척이 우리나라의 경내에 들어왔다가 한 척은 풍랑을 만났다 구원되었으나 한 척은 사람도 죽고 화물도 없어졌는데, 이처럼 서로 판이하게 하나는 구원되고 하나는 피해를 당한 까닭을 알 수 없으니 그 원인을 알고 싶으며, 뒷날 그 나라의 상선이 혹시 우리나라 영해에서 조난당할 경우 원칙에 입각하여 구해주고 화목하게 서로 대우하자는 등의 말이었습니다. … (중략) …

이번에 미국 사신의 편지에서 한 척은 구원되고 한 척은 해를 입었는데 그 이유를 알 수 없다고 한 것은 무슨 말입니까? 그들의 이른바 '돌봐 주어야 할 처지로 볼 때 상인과 선원들은 그렇게 심하게 하고 싶지 않았는데 그 나라에서 마음껏 멸시하고 학대하였다.'고 한 것은 실로 사해의 모든 나라들이 똑같이 그렇게 여길 것입니다. 그 나라가 남의 멸시를 받고 싶지 않은 것이나 본국이 남의 멸시를 받고 싶지 않은 것이나 처지를 바꾸어 놓고 생각하면 실로 다름이 없는 것입니다. 이로부터 평양의 강에서 배가 사라진 것으로 말하면 변론을 기다릴 것 없이 그 까닭을 똑똑히 알 수 있는 것입니다. 미국 상선이 만약 우리나라 사람들을 멸시하고 학대하지 않았다면 조선의 관리들과 백성들이 어찌 남에게 먼저 손을 대려고 하였겠습니까?

… (중략) … 조난당한 객선은 전례에 따라 구호할 것이니 다시 번거롭게 의논할 필요가 없으며 기타 문제도 따로 토의하여 판명할 것이 없으니 오가는 수고를 할 필요가 없습니다. 삼가 바라건대, 이러

한 내용으로 그 나라 사신을 잘 타일러서 의혹을 풀어줌으로써 각각 편안하고 무사하게 지내게 한다면 더없이 다행이겠습니다.

강화도를 침략한 미군과 처참하게 패배한 조선군

제너럴셔먼호 사건을 빌미로 조선과 통상 협약을 맺자는 미국의 요청을 조선이 일언지하에 거절하자, 주청 미국 공사 로우 Frederick F. Low는 마침내 조선 정벌을 단행하기로 결정했다.

미국은 프랑스 신부 리델Ridel을 길잡이로 삼아 군함 다섯 척에 해병대 150여 명, 수병 1,230여 명을 태우고 조선 침략을 감행했다. 동원된 함선은 일본 나가사키[長崎]에 정박해 있던 프리깃함(호위함) 기함 USS 콜로라도호를 비롯하여 아래스카호, 파로스호, 모노캐시호, 베니치아호 등이었다. 이 다섯 척의 함대에는 최신식 대포 85문이 적재되어 있었다.

1871년 5월 16일(음력 3월 27일), 나가사키를 출발한 미국 함대는 남해를 거쳐 서해로 올라와 아산만 풍도 앞바다에 정박하였다. 이후 보트를 내보내 강화도 인근의 수심을 측정하고, 공격로를 확보하려 하였다.

미국 함대가 풍도에 정박한 것은 출발한 지 5일만인 5월 21일(음력 4월 3일)이었다. 이와 관련하여 수원유수 신석희는 다음과 같은 보고를 올렸다.

이달 3일 유시酉時(오후 6시)쯤, 이양선 다섯 척이 풍도의 뒷바다 북쪽 남양南陽 경계(화성군)에 정박하였습니다. 특별히 감시하고 계속 보고하겠습니다.

5일 신시申時(오후 4시)쯤, 이양선 네 척이 남쪽 바다 배리도 안에 와서 섰습니다. 이 섬은 풍도와 멀리 떨어져 있기 때문에 감시를 따로 하여야 합니다. 그러므로 따로 영리한 장교를 선정하여 두 곳에 나누어 보내 자세히 감시하고 계속 상세히 보고하게 하였습니다.

이후 경기 감사 박영보가 미군과 접촉하여 무슨 일로 왔는지를 묻자, 그들은 "단지 장사하러 왔으며, 사람을 죽이는 사단은 없을 것"이라고 대답했다. 하지만 조선 조정은 이를 믿지 않았다. 미군이 필시 침략할 것이라 판단하고, 어재연을 진무 중군에 임명하여 침입에 대비하도록 했다.

그 무렵 미국 함대는 강화도 근처에 정박해 공격 기회를 엿보고 있었다. 삼군부는 이에 대한 보고를 받고 강화도 인근 병력과 화력을 증강하기 시작하였다. 그런 가운데 6월 1일(음력 4월 14일)에 마침내 첫 전투가 벌어졌다. 이날, 미국 함대 중 두 척이 강화도 염하로 접어드는 손돌목을 지나자 광성보에 있던 조선 수군이 포격을 가했고, 미군도 응사하여 접전이 벌어졌다.

손돌목 전투 이후, 미군은 광성보 앞에 함대를 집결시키고 대대적인 포격을 개시하였다. 이에 조선군도 응사하였고, 포격에 맞은 미군 함대 일부가 경미한 손상을 입었다. 이에 비해 조선군 측에서는 포군 오삼록이 전사하였다.

이렇듯 몇 차례 교전을 치른 후, 미군은 일시 퇴각하면서 로우 공사의 이름으로 통상을 요구하는 편지를 조선 측에 보냈다. 그러나 조선 조정은 교섭을 거부하고 즉시 물러날 것을 요구하였다. 미군은 일단 물치도로 물러나 2~3일을 기다린 뒤에도 답신이 없으면 재차 공격하겠다고 경고하였다.

하지만 조선이 여전히 강경한 태도로 나오자, 미군은 6월 10일(음력 4월 23일) 대대적인 함포 사격을 가한 뒤 상륙작전을 감행하였다. 24척의 보트에 나눠 탄 미군 650여 명이 초지진을 습격하였고, 조선군은 사력을 다해 방어했으나 하루도 버티지 못하고 궤멸당하고 말았다. 이어 미군은 6월 11일, 광성진으로 진격하였다. 당시 상황을 진무사 정기원은 이렇게 보고하였다.

적의 괴수가 북쪽 대모산 꼭대기에 올라가면서 육지로 대포를 실어다가 앞에서 길을 인도하며 마구 쏘아대고, 소총으로도 일제히 사격하였다. 그리고 미시未時(오후 2시)에는 적의 괴수가 광성진으로 꺾어 들어가 성과 돈대를 포위하였다. 그러므로 광성진에서 일제히 조총을 쏘아대며 혼전을 벌였는데 한참 뒤에 광성진은 붕괴되고, 적들이 광성진의 위아래 돈대를 점령하였다.

덕진에 정박 중이던 적선도 광성진을 향해 기동하면서 손돌목 남성두에서 연이어 대포를 쏘니, 적선도 닻을 내리고 무수히 포를 발사하여 손돌목의 성이 거의 파괴되었다. 적들은 광성진을 점령하고, 진사鎭舍 화약고에 불을 지른 뒤 병거지를 실어갔다. 그리고 손돌목 위 성 안에서도 포격이 이어졌다. 바다와 육지에서 동시 공격이 이루어졌기에 적은 수의 병사로는 대응할 수 없었고, 좌우도 서로 의지할 수 없는 형편이 되어버려 결국 덕포진으로 진지를 옮길 수밖에 없었다.

8시간 동안 벌어진 이 치열한 전투에서 조선군은 진무 중군 어재연 등 240여 명이 전사하고, 100여 명은 염하로 뛰어들어 자결하였으며, 20여 명은 포로로 붙잡혔다. 이에 비해 미군은 장교 한 명과 사병 두 명이 전사하고, 부상자는 10명에 불과했다. 그야말로 미군의 일방적인 승리였다.

이같은 미군의 일방적 승리는 양측이 가진 무기의 성능 차이 때문이었다. 미군의 대포는 후장식(뒤에서 장전하는 방식)으로 단순한 철환이 아닌 충돌 시 폭발하는 작열탄을 사용하고 있었다. 이는 현대전에서 사용하는 포에 가까운 것으로 당시로서는 최첨단 무기였다.

반면 조선군의 포는 병자호란 시기 청나라를 통해 유입된 전장식 홍이포紅夷砲였으며, 포탄도 단순한 철환으로, 충격을 가해 구조물을 파괴하는 수준에 그쳤다. 결국 조선의 포는 미군의 철선에 약간의 피해만 줄 수 있었지만 미군의 포는 조선 진영을 초토화시키는 가공할 위력을 발휘하였다.

개인 화기 또한 차이가 컸다. 조선군은 화승총(조총)을 사용했는데, 이는 16세기부터 사용하던 구식 총기로, 화약에 불을 붙여야만 발사가 가능했다. 반면 미군은 뇌관총percussion rifle을 사용하여 불을 붙일 필요 없이 발사 속도와 위력이 훨씬 뛰어났다.

미군이 사용하던 뇌관총은 조선군의 화승총보다는 몇 단계나 더 발전된 최첨단 총이었다. 화승총 다음 단계로 발전된 것이 방아쇠를 당겼을 때 철제 바퀴가 돌면서 발생하는 마찰 스파크로 불을 붙이는 치륜총이었고, 그 다음 단계가 부싯돌로 격발되는 수석총이었다.

그런데 뇌관총은 공이치기가 뇌관을 쳐서 화약을 점화하는 방식으로, 수석총보다도 발전된 현대식 무기였다. 즉, 조선군은 인원 면에서 열세인 데다 무기 면에서도 미군에 현격히 뒤처진 상태였다. 같은 숫자의 군대가 싸웠다 해도 상대가 되지 않을 전력 차이였고, 숫자마저 열세인 조선군이 이긴다는 건 불가능에 가까웠다. 그야말로 다섯 살 아이가 성인과 싸우는 것과 다를 바 없었다.

당시의 패전 상황을 광성진 양곡 담당 아전 전용묵은 이렇게 보고했다.

> 오늘 묘시卯時(오전 6시)에 서양놈들 400~500명이 덕진진으로부터 곧장 광성진에 침입하였으므로 중군이 어영군과 본 군영의 별무사들을 동원해 보내어 중도에서 방어하게 하였습니다. 그런데 이양선에서 쏘아대는 대포알은 비 오듯 날아왔고, 육지의 적들이 쏘아대는 조총알은 우박 쏟아지듯 떨어졌습니다. 좌우로 적들이

달려드는 바람에 우리 군사들은 막아내지 못하여 선두 부대가 곧 패하게 되었고, 뒤의 부대도 이어 패하였습니다. 서양놈들은 이 기세를 타서 곧바로 올라와 장대將臺를 포위하였는데 그 형세는 철통같았습니다. 우리 큰 진지에서의 대포소리는 여전히 끊어졌으니 지금 이때의 군사형세로 말하면 그 위험이 경각에 다다랐습니다.

광성보 전투에서 압승을 거둔 미군은 광성보를 점거하고 어재연의 장군기인 수자기를 탈취한 후, 성조기를 게양하며 승리를 자축했다. 이어 미군은 광성진 관아를 불태우고, 전사한 조선군의 시체를 불태운 뒤, 초지진으로 퇴각하여 거점으로 삼고 주둔하였다.

더욱 강화되는 쇄국정책

이렇듯 일방적인 승리를 거두자, 청국 주재 미국 공사 로우는 이쯤 되면 조선 조정이 굴복하고 통상 협상에 임할 것으로 판단했다. 하지만 조선은 중군 김선필을 진무 중군으로 임명하고 대병을 동원하여 미군을 격퇴하기로 결정했다. 또한 대원군은 서울을 비롯한 각 지역에 척화비를 세워 결사항전을 명령하고, 강화도의 패전 소식으로 서울의 민심이 흉흉해지자 도성 백성들이 4대문 밖으로 나가는 것을 금지시켰다.

한편, 강화도에서는 초지진 첨사 이렴이 6월 11일 밤, 야음을 틈타 수하들을 이끌고 초지진을 포위한 후 기습전을 감행하였다. 이에 놀란 미군은 초지진을 버리고 함선으로 퇴각하였으며 이어 강화도 앞바다의 섬 물치도까지 물러났다. 당시 미군 함대는 무리하게 염하로 진입했다가 여러 척의 배가 암초에 부딪쳐 큰 어려움을 겪고 있었고, 거센 물살과 격심한 조수의 변화 탓에 더는 머물 수 없는 상황이었다.

물치도로 물러난 미국 측은 잡아간 조선 병사들을 빌미로 20일 가까이 통상을 요구하였으나 조선 조정에서 결사항전의 뜻을 전달하며 미국의 침략을 강력히 비난하자, 미군은 결국 포로들을 석방한 뒤 자진 철수하였다.

이로써 미군의 조선 침략전쟁인 신미양요는 종결되었다. 신미양요는 미국 아시아 함대의 첫 전투이자 첫 승전이었으며 미국은 이를 자축하며 참전 군인 15명에게 명예훈장을 수여하기도 했다. 그러나 미국은 강화도 전투에서의 승리 외에는 어떠한 외교적 성과도 얻지 못했다. 당시 미국이 조선 원정을 감행한 목적은 제너럴셔먼호 사건에 대한 사과와 배상을 얻고, 이를 빌미로 조선을 개항시켜 통상 협약을 체결하려는 데 있었다. 이는 중국·일본·동남아시아 국가들에 적용했던 무력 기반의 압박 외교, 즉 포함 외교정책Gunboat Diplomacy의 일환이었다.

하지만 미국은 그러한 목적을 전혀 실현하지 못하고 철수하면서 그야말로 의미 없는 살생극만 저지르고 떠나게 된 셈이었다.

미국이 이를 일방적인 승전으로 평가한 것과 달리 조선은 신미양요를 패전으로 간주하지 않았다. 오히려 전 백성이 일치단결하여 서양의 강국 미국을 물리쳤다는 데서 자부심을 가졌다. 결국 신미양요는 조선 백성들로 하여금 서양 세력에 대한 경계심만 더욱 심화시키는 계기가 되었으며, '개국은 곧 망국'이라는 쇄국주의자들의 주장에 힘을 실어주는 결과를 낳았다.

3장 | 미국인들이 본 조선
03

조미통상조약의 체결과
미국인의 자유 왕래

청의 중재로 미국과 통상조약 체결

이렇듯 1871년의 신미양요는 미국에 대한 조선의 적대감만 강화시키는 결과를 낳았다. 하지만 1873년에 쇄국정책을 주도하고 있던 흥선대원군이 밀려나고 고종이 친정을 하면서부터 상황은 급변했다. 조선은 1876년에 일본과 강화도조약을 체결하여 문호를 개방하였고, 이에 따라 미국도 종래의 무력시위를 통한 강제 개항 방법을 버리고 평화적인 방법으로 조선과 수교하려는 시도를 하였다.

미국 정부가 조선과의 조약 체결을 위한 임무를 맡긴 인물은 슈펠트 제독Robert W. Shufeldt이었다. 그는 1866년에 제너럴셔먼호 사건을 빌미로 조선에 미국과의 수교를 압박했던 인물이었다. 그는 일본에게 조선과의 중재를 부탁했지만 일본은 쉽게 미국과 조선의 수교를 중재하지 않았다. 그 때문에 슈펠트는 다른 중재자를 찾아야만 했는데 그때 청나라 북양대신 이홍장李鴻章이 긍정적인 신호를 보냈다. 당시 청나라는 미국을 이용하여 일본의 조선 침략과 러시아의 남진을 저지하고자 했고, 그 일환으로 미국과 조선의 수교에 도움을 주려 한 것이다.

이후 슈펠트는 1880년에 이홍장을 만나 조선과의 수교를 적극적으로 알선하겠다는 약속을 받아내는 데 성공했다. 슈펠트는 곧 이 내용을 미국 정부에 보고했고, 미국 정부는 슈펠트를 조미조약 체결을 위한 특사로 삼았다.

한편 이홍장은 조선 정부에 밀서를 보내 미국과의 조약 체결이 매우 요긴한 일임을 역설했다. 이에 조선 조정에서는 찬반양론이 맞섰는데 고종과 왕비 민씨를 위시한 외척 세력은 미국과의 수교에 우호적이었다. 하지만 위정척사파의 완강한 반대가 있었기 때문에 고종은 청의 힘을 빌려 비밀리에 미국과의 수교를 진행했다. 그 결과, 1882년 5월 22일 제물포에서 조선 전권대신 신헌과 김홍집, 미국 전권 특사 슈펠트 사이에 '조미수호통상조약'이 체결되었다.

이 조약은 조선이 서구 국가와 맺은 최초의 조약이었고, 이 조약이 물꼬가 되어 1883년에는 영국과 조영수호통상조약, 독일과는 조독수호통상조약을 맺었으며 1884년에는 이탈리아와 조이통상조약, 러시아와 조러통상조약, 1886년에는 프랑스와 조불통상조약을 잇따라 맺었다. 이로써 조선은 당시 패권을 다투던 세계 열강들과 모두 조약을 맺고 문호를 개방하기에 이른다.

미국 공사관 개관과 미국인의 자유 왕래

조미수호통상조약이 맺어지자, 미국 정부는 곧 조선에 공사를 파견했다. 첫 주조미국공사로 파견된 인물은 루시어스 하우드 푸트Lucius Harwood Foote(1826~1913년)였다. 푸트는 조선 정부로부터 덕수궁 서편에 있던 민계호와 민영교의 집을 사들여 공사관으로 꾸몄다. 당시 푸트는 이 집들을 2,200달러에 사들였는데 이후로 주변의 집들도 여러 채 사들여 공사관의 공간을 확장했다.

당시 푸트는 조선의 집들은 실내에서 모자가 천장에 닿는다고 불편을 호소하며 양식 건물을 짓게 해달라고 미국 정부에 공사관 건축 자금을 요청했다. 하지만 미국 정부는 "조선에서는 실내에서 모자를 쓰지 않지 않느냐"는 말로 푸트의 자금 요청을 거절했다. 그 때문에 푸트는 한옥을 계속 미국 공사관으로 쓸 수밖에 없었다고 전한다.

미국의 첫 조선 주재 공사관으로 온 푸트는 뉴욕 원필드 출신으로 목사였던 루시어스 푸트와 일렉타 하우드의 아들이며, 부인은 로즈 프로스트 카터Rose Frost Carter였다. 그는 1856년부터 4년간 캘리포니아주 지방 판사, 1861년부터 4년간 미합중국 관세국장, 1878년부터 1881년까지 칠레 발파라이소 총영사를 지냈으며 1883년에 조선 주재 특명공사로 임명되어 서울에 부임하였다. 그는 1885년 2월까지 조선에 머물렀으며 머무는 동안엔 '복덕' 또는 '복특'이라는 한국식 이름을 사용했다.

이렇듯 서울에 미국 공사관이 설치되고 공사가 파견됨에 따라 공사관에 근무할 인력도 함께 배치되었고, 미국 선교사들도 그들과 함께 입국하였다. 이로써 미국인들은 자유롭게 조선을 왕래할 수 있게 되었다. 그리고 그 미국인들 중에는 당시 조선의 상황을 기록하여 책으로 남긴 인물도 여럿 등장하는데 그들 가운데 조선에 대한 책을 처음 출간한 인물은 호러스 뉴턴 알렌Horace Newton Allen이었다.

3장 | 미국인들이 본 조선
04

조선에 온 최초의
개신교 선교사 알렌

신분을 감추고 의사로 활동하다

알렌(1858~1932년)은 표면상으론 미국의 조선 주재 공사관 소속 의사였지만 실제로는 종교적인 사명을 안고 파견된 인물이었다. 한국 이름 안련安連으로 알려진 그는 1884년 9월에 입국했는데 합법적인 절차를 거쳐 조선에 파송된 최초의 개신교 선교사였다. 하지만 그는 조선 정부가 어떤 태도를 취할지 알 수 없었기에 표면적으로는 공사관의 서기관 또는 공사관 소속 의사라고 속이고 입국하였다.

그는 미국 오하이오주 델라웨어에서 출생하여 웨슬리언 대학교에서 신학을 전공하였다. 그가 대학을 다니던 시절, 미국의 개신교회는 전국을 휩쓴 제2차 대각성운동의 영향 아래 있었고, 많은 대학생이 외국 선교 현장으로 나가는 일이 흔했다. 알렌 또한 그런 열망을 품고 있었으며 기독교 전파를 위해 의료 선교 봉사에 나서기로 결심하고, 이를 위해 신시내티에 있는 마이애미 의과대학에 진학하였다.

그는 1883년에 의사 면허를 취득하고, 졸업 직후 결혼하여 아내와 함께 중국으로 떠났다. 미국 장로교회 의료 선교사로 중국 상하이에 파송된 것이었다. 하지만 그의 상하이 생활은 순탄치 못했다. 그는 미국 장로교 선교본부에 조선 파송을 요청하였고, 허락을 받아 1884년 9월 16일 조선에 입국하였다.

하지만 그는 신변의 안전을 위해 선교사라는 신분을 숨겨야 했다. 당시 조선 사회는 천주교에 대해서는 어느 정도 알려져 있었지만 개신교는 거의 알려지지 않은 상태였기에 그가 개신교를 직접 소개할 경우 어떤 위험에 처할지 알 수 없는 상황이었다. 그래서 그는 미국 공사관 소속 의사로 활동해야만 했다.

그가 이러한 선택을 한 것은 당시 조선 주재 공사였던 푸트의 조언에 따른 것이었다. 당시 조선의 왕 고종은 개신교 선교를 허용하긴 했으나 교육과 의료 봉사에 한정하였다. 이러한 정치적 상황을 고려하여 푸트는 당분간 선교사 신분을 감출 것을 요구하였고, 알렌 역시 이를 수용한 결과였다.

민영익을 치료하고 광혜원 설립을 제안하다

알렌은 미국 공사관에 머무르면서 백방으로 개신교를 전파할 기회를 엿보았다. 그런 가운데 그에게 뜻밖의 행운이 찾아왔다. 그가 조선에 온 지 80일쯤 되던 날인 1884년 12월 4일 밤, 조선 정치권에 엄청난 사건이 발발한 것이다.

이날 그는 저녁 무렵에 왕진을 다녀왔고, 밤 산책을 했다. 유난히 날씨가 좋은 데다 달빛마저 밝아 아내 패니와 함께 밤나들이에 나선 것이다. 그리고 밤 10시 30분쯤 집으로 돌아와 잠자리에 들었는데 갑자기 누군가가 대문을 두드리는 바람에 일어나야 했다.

그를 깨운 사람은 미국 공사관의 비서였던 스커더였다. 스커더는 묄렌도르프Paul Georg von Möllendorff의 집에 중상을 입은 환자가 있다며 급히 가줄 것을 요청했다. 묄렌도르프는 독일인으로서 조선 정부의 고위 관직을 지낸 사람이었다.

스커더는 묄렌도르프의 집으로 가는 길에 정변이 발생했다는 사실을 알렌에게 설명했다. 또한 정변 과정에서 왕비의 친정 조카이며 조선에서 가장 영향력 있는 젊은 정치인인 민영익이 자객에게 칼을 맞고 쓰러졌다고 했다. 김옥균 등의 급진개화파에 의한 갑신정변이 발발하여 민영익을 비롯한 외척 세력에 대한 공격이 벌어진 것이었다.

알렌이 묄렌도르프의 집에 도착하여 민영익의 상태를 확인해보니 중상이었다. 민영익은 오른쪽 귀 측두골 동맥에서 오른쪽 눈

두덩이까지 칼자국이 나 있었고, 목 옆쪽 경정맥도 세로로 상처가 나 있었지만 경정맥이 잘리거나 호흡 기관이 절단된 것은 아니었다. 상처는 등 뒤로도 나 있었는데 척추와 어깨뼈 사이로 근육, 표피를 자르며 깊은 상처가 생겨 있었다. 예리한 칼자국이 난 부위는 구부러져 있었다.

알렌은 곧 피가 흐르고 있던 측두골 부위와 귀 뒤의 연골, 그리고 목 부분과 척추 주변을 빠르게 봉합했다. 이후 팔꿈치에서 팔뚝까지 이어진 약 8인치 길이의 깊은 상처도 봉합하는 데 성공했다. 민영익의 상처는 그 외에도 왼쪽 팔에 두 곳 더 있었다. 손목 바로 윗부분과 팔뚝에서 피가 흐르고 있었던 것이다. 피를 닦고 살펴보니 힘줄과 새끼손가락 인대가 끊어져 있었다. 알렌은 이곳까지 치료하고 한숨을 돌릴 수 있었다.

하지만 여전히 다른 곳에서도 피가 흘러나오고 있었다. 오른쪽 넓적다리와 무릎에도 깊은 상처가 있었고, 머리 정수리에는 둔기에 맞은 듯한 커다란 혹이 부풀어 올라 있었다. 상처를 하나씩 찾아내 치료하면서 알렌은 밤을 꼬박 새웠다. 그리고 마침내 민영익의 목숨을 건졌다.

이후로 한동안 민영익을 치료했고, 민영익은 알렌의 치료 방식에 매우 흡족해했다. 민영익은 치료비로 알렌에게 거금 10만 푼을 주었고, 고종과 왕비 민씨도 하사품을 내렸다. 그가 선물로 받은 것은 비단실로 수놓은 최상품 병풍과 고려청자였다.

한편 민영익은 자기보다 두 살 많은 알렌을 "친형으로 모시겠다"며 깍듯이 대접했다. 이렇게 민영익과 가까워지자 알렌은 조선에 서양식 병원을 개원할 포부를 가졌다. 민영익이 도와주기만 하면 병원 설립은 어렵지 않을 것으로 판단했다. 그의 바람처럼 민영익은 서양식 병원 설립을 적극 지원했고, 고종과 왕비 민씨 또한 적극적이었다. 그 덕분에 1885년 음력 2월 29일, 한성 재동에 조선 최초의 서양식 병원인 광혜원House of Extended Grace을 열 수 있었다.

3장 | 미국인들이 본 조선

05

한국 최초의 서양식 국립병원 제중원

제중원의 탄생 과정

제중원은 우리나라 최초의 서양식 국립 병원이다. 1885년(고종 22년)에 처음 문을 열었는데 개원 당시의 명칭은 광혜원廣惠院이었다. 이름 그대로 백성들에게 널리 의료의 혜택을 주기 위한 병원으로 자리매김하는 것이 목적이었다.

광혜원의 개원은 개화혁신 작업의 일환으로 추진되었다. 조선 조정은 1876년에 강화도조약을 맺고 개화혁신을 서둘렀는데 서양식 병원을 개원하는 것도 이때 구상된 것이다.

광혜원의 모델이 된 것은 일본의 서양식 병원이었다. 조선 조정은 강화도조약 후 문호를 개방하면서 일본의 신문명을 시찰했는데 이를 위해 1881년에 조사시찰단을 일본에 파견했다. 그 과정에서 일본에 건립된 서양식 병원을 탐색하였고, 결국 국가 차원에서 광혜원 설립을 모색하게 되었다.

광혜원은 병원 기능 외에도 의과 교육기관의 기능도 겸하도록 설계되었다. 말하자면 국립 병원이자 의학대학 구실을 하게 할 요량이었다. 이는 전의감典醫監 같은 국가 의료기관이 교육 기능도 병행했던 전례를 따른 것이었다.

이와 관련하여 조선 조정은 1884년에 국가기관지 〈한성순보〉 사설에 서양의학 교육기관 설립과 양의洋醫 양성의 필요성을 역설하기도 했다.

그러나 광혜원 설립은 설계 단계부터 어려움을 겪었다. 인력 수급과 자금 조달이 문제였다. 서양의사를 양성하려면 당연히 서양 의사를 채용해야 했는데 마땅한 인물이 없었고, 설사 의사를 채용해도 운영 자금을 조달할 수 없었다. 당시 조선 조정의 재정 상태는 매우 열악했기 때문이다. 그러나 민영익이 적극적으로 추진하고, 고종과 왕비 민씨 또한 호의적이었기 때문에 가까스로 광혜원의 설립은 현실화될 수 있었다.

광혜원이 건립된 곳은 지금의 헌법재판소 부근, 홍영식의 집이었다. 홍영식은 갑신정변에 가담했다가 처형되었으며 대역 죄인으로 몰려 그의 재산은 몰수된 상태였기에 그 집이 광혜원으로 사용될 수 있었던 것이다.

물론 광혜원의 원장은 민영익을 치료했던 선교사 알렌이 맡았다. 병원 건설안을 낸 것도 바로 그였다. 알렌의 병원 건설안은 당시 미국 공사관 부 해군무관으로 대리공사를 맡고 있던 포크George C. Foulk에 의해 조선 조정에 제출되었다. 포크는 1885년 1월 27일, 알렌의 병원 설치안을 제출하면서 조선 조정에 다음과 같은 내용의 서한을 전달했다.

"본인은 미국 공사관부 의사 알렌 박사가 서울에 병원을 설치하겠다는 제의를 했다는 사실을 알리면서 귀국 정부가 이에 선처해주시기 바랍니다. 알렌 박사의 제의는 아주 훌륭한 생각이며 그것은 순전히 비이기적 동기이기 때문에 귀국 국민의 복지 향상에 크게 기여하게 될 것입니다. 본인은 알렌 박사가 최근 서울에서 벌인 진료 사업이 훌륭한 성과를 거두었으므로 이제 새삼스럽게 알렌 박사의 성격과 능력에 대해 찬사를 늘어놓을 필요는 없습니다. 알렌 박사의 병원 개설안을 호의적으로 수락해 주시기 바라며 이는 곧 미국 국민이 조선 신민의 복지를 향상시키는 우의의 표징이 될 것입니다."

포크는 이 서한과 함께 알렌의 병원 설치안을 조선 조정에 제출했다. 알렌이 제출한 병원 설립안의 핵심은 조선에서 서양식 병원이 필요하며 조선 조정에서 병원을 열어주기만 하면 봉급도 받지 않고 자비로 운영해보겠다는 것이었다. 다만 병원의 명칭은 '조선왕실병원'으로 하겠다는 조건을 덧붙였다.

알렌의 예상대로 병원 건설안은 민영익에게 전달되었고, 병원 설립 계획은 빠르게 현실화되었다. 그의 계획은 개화 지식인들뿐 아니라 한성의 한의사들까지 찬성했다.

알렌은 조선에서 의사 생활을 원활히 하기 위해 조선어 교사를 들여 조선어 공부도 했다. 그런 가운데 1885년 2월 20일, 조선 조정으로부터 병원 설립안의 승인을 통보받았고, 4월 10일(음력 2월 29일)에 광혜원을 개원하여 알렌이 초대 병원장으로 취임하였다.

그런데 광혜원이라는 명칭은 설립 2주 만에 폐기되고, '제중원濟衆院'으로 간판을 바꾸었다.

세브란스 병원으로 이름이 바뀌다

제중원의 운영비용은 조선 조정에서 지원했는데 이와 관련하여 고종실록 22년(1885년) 3월 20일에는 다음과 같은 기록이 남아 있다.

통리교섭통상사무아문에서 아뢰었다.
"제중원이 지금 이미 설치되었으니 원院 안의 수용需用에 대하여 조치하지 않을 수 없습니다. 전 혜민서와 활인서에 호조와 선혜청에서 획송劃送한 쌀, 돈, 무명의 조목을 제중원에 옮겨 배정하여 공용公用을 넉넉하게 하도록 하는 것이 어떻겠습니까?"
이에 윤허하였다.

이렇게 국가 비용으로 운영된 국립병원 제중원은 백성들에게 인기를 얻었다. 개원한 날에만 환자 20명이 찾아왔는데 그중에는 절단 수술을 해야 할 환자도 세 명이나 있었다. 그만큼 제중원은 개원 초부터 조선 백성들의 강한 신뢰를 얻었다는 뜻이다.

알렌의 명성이 날로 높아지자 환자 수는 점점 늘어났고, 하루에 260명 이상 찾아오는 날도 있었다. 그쯤 되자 알렌은 혼자 모든 환자를 감당할 수 없다고 판단하고, 미국 감리교회 선교사 스크랜턴W. B. Scranton의 도움을 받기도 했으며 추가로 파견된 헤론J. H. Heron과 함께 진료하기도 했다. 또 개원 이듬해인 1886년에는 미국에서 여의사 엘러스A. J. Elless가 파견되었다. 제중원에 부인부를 신설하고 왕실 여인들을 진료하기 위해서였다.

이후 제중원을 찾는 환자가 점점 늘어나자 조선 조정은 병원을 확대 이전했다. 그래서 1886년 10월경, 한성 남부 동현의 왕실 소유 부지(지금의 을지로 입구와 2가 중간 지점, 구 한국외환은행 본점 자리)로 제중원을 옮겼다. 이 무렵 제중원 산하에 제중원 의학당을 개교하여 의료 인력을 양성하려 했지만 별다른 성과는 거두지 못했다.

그런데 이듬해인 1887년 가을, 제중원 진료진에 변화가 일어났다. 알렌은 미국 특파전권대사로 임명된 박정양의 수행원이 되어 미국으로 떠났고, 헤론이 원장 역할을 맡게 되었다. 또 부인부를 맡고 있던 엘러스는 결혼으로 제중원을 떠났고, 여성 의사 호르톤L. S. Horton이 새로 부임했다.

박정양이 미국에서 돌아왔을 때 알렌도 함께 돌아왔지만 그 무렵의 알렌은 병원 진료에는 참여하지 않고 미국 공사관 서기 업무에 주력했다. 그리고 1890년, 헤론이 병으로 사망하자 캐나다에서 파견된 빈턴C. C. Vinton이 원장이 되었다. 빈턴은 이후 3년간 홀로 병원 업무를 전담하다가 1893년에 추가로 파견된 에비슨O. R. Avison, 魚丕信에게 업무를 넘기고 떠났다.

하지만 제중원은 1894년 6월, 갑오개혁의 일환으로 실시된 행정관제 개혁에 따라 내무아문 산하 위생국衛生局에 편입되면서 종두種痘 및 의약·전염병 예방 업무를 맡는 관청형 기관으로 바뀌었다. 그러자 제중원은 미국의 선교사업 기관으로 분리되었고, 경영권도 미국 북장로교 선교부로 이관되었다.

이후 미국인 사업가 세브란스L. H. Severance의 재정 지원으로 1904년, 남대문 밖 도동桃洞에 현대식 건물을 새로 지은 뒤, 간판을 '세브란스 병원'으로 바꾸면서 제중원은 역사 속에서 완전히 사라지게 되었다.

3장 | 미국인들이 본 조선

06

알렌의 조선, 조선인

알렌의 첫인상

알렌이 조선에서 처음 본 도시는 부산이었다. 1884년 9월 14일에 상하이를 떠난 그는 일본을 경유하여 9월 16일에 부산에 도착했다. 그가 부산으로 오는 길은 순탄하지 않았다. 일본 장기도와 부산항 사이에서 태풍을 만나 하마터면 배가 좌초될 뻔했기 때문이다. 다행히도 그가 탄 배는 대형 여객선이었기에 태풍에 휩쓸리지는 않았다. 하지만 그는 뱃멀미에 몹시 시달려야 했다. 평소 멀미를 하지 않았던 터라 멀미약인 브롬화물Bromide을 복용하지 않은 상태였다.

부산에 도착한 그는 부산항을 살펴보고는 매우 훌륭한 항구라고 생각했다. 하지만 당시 부산항에는 전기 시설도 없고, 편의 시설도 없어 매우 불편했다. 항구 주변은 왜인들로 넘쳐나서 그의 생각에는 부산이 '왜색 도시' 같았다. 부산항 중심지에는 조선인은 거의 살지 않고 왜인들만 보였다. 그는 그곳에서 며칠 머문 뒤 다시 배를 타고 제물포항(인천)으로 향했다.

당시 제물포항의 모습에 대해 그는 "슬래브 판잣집, 진흙 오두막집, 헛간, 토담, 술집 등으로 뒤엉킨 잡다한 도시"라고 표현하고 있다. 또한 이곳도 부산과 마찬가지로 "일본인이 우세하고 가장 좋은 요지를 차지하고 있다"고 쓰고 있다.

이렇듯 제물포에는 여러 나라 외국인들이 거주하고 있었다. 물론 대다수는 일본인이었고, 서양인은 손에 꼽을 정도였다. 당시 알렌은 제물포에 거주하던 서양인의 이름을 일일이 나열하며 이렇게 쓰고 있다.

"이곳 제물포에 거주하는 서양인으로는 세무사 스트리프링, 선장 슐츠, 항무관 마샬과 웰츠, 그리피드, 르데지, 보조원 러시아인 한 명, 프랑스인 한 명, 미국 유학을 한 중국인 한 명, 그리고 상인 쿠퍼, 월터, 클라크, 스태스 등이다. 그 외에 영국 영사 칼스, 독일 영사 부들러, 그리고 그 밖에 두세 명의 모험가들이다. 또 세관에는 러시아인의 부인 한 사람, 중국인 부인, 스페인 여자 등이 있는 바, 이들이 제물포에 사는 외국인 여자들 전부이다."

이런 제물포에 이틀을 머문 알렌은 9월 22일에 당나귀를 타고 서울로 출발했다. 오전 8시에 제물포를 출발한 그는 정오 무렵 한 주막에 들렀고 거기서 나반이라는 외국인을 만났다. 나반은 광산업자였는데 조선에 금이 풍부하다는 이야기를 늘어놓았다. 알렌은 그와 헤어진 뒤 다시 당나귀를 타고 서울로 향했고, 오후 4시 15분에 한강 나루터에 도착했다. 그러니까 제물포를 나선 지 8시간 15분 만에 서울에 도착한 셈이었다. 그리고 45분을 더 걸어 오후 5시에 남대문에 도착했다.

그는 다음 날 주한 미국 특명전권공사 루시어스 푸트를 만나 미국 공사관 소속 무급 의사로 임명되었다. 이후 그는 조선의 고위 관직인 통리교섭통상사무아문 협판을 지낸 독일인 묄렌도르프를 방문해 조선의 정세를 파악했다.

서울에 도착한 후, 알렌은 본격적으로 조선인들을 접하게 되는데 그는 조선인에 대해 "조선인들의 느린 행동에 짜증이 났다"고 기록하고 있다. 그는 서울에서 기거할 집을 구하고 있었는데 그 과정이 너무 느리게 진행되어 초조했던 것이다.

그는 거처를 마련하고 꾸며지는 동안 지낼 곳이 없어 매우 곤란했다. 그래서 "구두를 베개 삼아 목판 마룻바닥에서 잠을 자야 했다"고 적고 있다. 밤에는 추위에 떨어야 했고, 옷이 제대로 없어 단벌로 버텨야 했다. 음식도 제대로 갖춰 먹지 못했고, 입에 맞는 음식을 구하기란 더더욱 어려웠다.

이렇게 서울에 대한 알렌의 첫 느낌은 춥고, 배고프고, 외롭고, 암담함 그 자체였다.

서울에서 가족과 함께 살다

알렌은 10월 11일, 상하이에 있는 가족을 데려오기 위해 다시 제물포로 갔다. 그리고 일본 장기도를 거쳐 10월 17일에 상하이에 도착했고, 20일에 아내 파니Fannie M. Allen와 젖먹이, 그리고 중국인 유모와 요리사를 데리고 상하이를 출발하여 26일에 제물포에 도착했다.

이튿날인 27일, 이들 가족이 제물포에서 서울로 올라올 때의 장면을 보면 당시 조선의 운송 수단이 한눈에 드러난다. 알렌의 아내 파니는 가마를 탔고, 유모와 젖먹이 또한 가마를 탔다. 이렇게 여자는 가마를 타고, 남자인 알렌과 중국인 요리사는 조랑말을 탔다. 그리고 데리고 간 가축이 하나 있었는데 새끼 염소였다. 그 새끼 염소와 손가방은 조랑말에 실었다.

그렇게 10시간 이상을 여행한 끝에 그들은 밤이 되어서야 서울 집에 도착했다. 다행히 도착했을 때 집수리는 잘 끝난 상태였고, 알렌의 아내 파니는 집이 조용하고 아담하다며 매우 기뻐했다. 그리고 도착한 다음 날인 28일, 알렌은 집문서를 취득함으로써 비로소 서울의 집주인이 되었다.

알렌은 조선에서 좀 더 원활한 생활을 하기 위해 11월 27일에 조선어 교사를 초빙했다. 물론 조선 사람이었다. 그런데 알렌은 이내 그를 해고하고 말았다. 해고 사유는 조선어 선생의 친구들이 워낙 많이 찾아와 제대로 공부할 수 없었기 때문이었다. 당시 서울에는 서양인들이 많지 않았고, 조선의 선비들 중에는 서양인에게 호기심을 가진 사람이 많았다. 그런 까닭에 호기심 많은 선비들은 조선어 선생을 핑계 삼아 시도 때도 없이 알렌의 집을 드나들었던 것이다.

알렌은 그렇게 11월을 보내고 12월을 맞이했는데 12월 초에 바로 갑신정변이 발발했다. 그리고 갑신정변 당시 심각한 부상을 입은 민영익을 치료한 공로로 조선의 첫 국립 서양 병원인 제중원 濟衆院의 초대 원장으로 부임하게 되었다.

고무장화, 전기 치료, 머릿기름

알렌의 일기엔 당시 조선의 왕실 사람들이 외국인들을 어떻게 대했는지를 보여주는 단적인 사례가 있다. 그 내용을 소개하자면 이렇다.

알렌은 1885년 2월 10일(음력 12월 26일)의 일기에서 매우 짜증스러운 일이 있었다고 쓰고 있다. 민영익이 자기 고무장화를 보더니 대뜸 달라고 했다는 것이다. 알렌은 주기 싫었지만 민영익의 요구를 거절할 수 없어 깨끗하게 닦아서 주었다. 그런데 민영익이 신어보더니 자기에게 너무 크다며 돌려주고는 그것보다 더 좋고 발크기에 맞는 것으로 하나 사 달라고 한 것이다. 물론 돈은 별도로 주지 않았다. 민영익은 지난번에 자기가 준 10만 푼, 즉 1,000냥의 일부를 고무장화 사는 데 쓰라고 했다.

알렌은 민영익의 부탁을 매정하게 거절할 수 없는 처지였다. 또 여전히 부상의 후유증을 앓고 있는 그를 치료해야만 했다. 당시 민영익은 칼에 맞아 뺨이 마비된 상태였는데 알렌은 건전지를 이용해 민영익에게 전기 치료를 해주고 있었다.

알렌의 말에 의하면 당시 조선 선비들도 전기에 대한 지식은 있었다고 한다. 하지만 전기를 통해 치료를 하자, 이를 구경하고 있던 사람들이 모두 기적이 일어난 것처럼 놀랐다고 한다.

하지만 민영익은 치료비를 별도로 주고 있지는 않았다. 민영익은 그저 알렌을 집안에 예속된 의사인 양 부리고 있었으며, 알렌은 그런 현실이 짜증스러웠다. 게다가 고종은 사람을 보내 다소 엉뚱한 부탁을 했다. 시종을 보내 머릿기름을 좀 줄 수 없겠느냐고 한 것이다. 얼마 전에 알렌은 미국 포크 대리공사와 함께 궁궐에 가서 고종을 배알했는데 그때 머리에 향기 나는 머릿기름을 바르고 갔다. 고종이 그 냄새가 좋았는지 좀 보내 달라고 한 것이다. 사실, 알렌도 머릿기름이 많지는 않았다. 그러나 국왕의 부탁이니 거절할 수도 없었다. 그래서 자기가 가지고 있던 박하 기름을 보내 줬다.

알렌은 이런 기록들을 통해 민영익과 고종 때문에 꽤 스트레스를 받고 있음을 은근히 드러내고 있다. 사실, 알렌의 입장에서 보면 어처구니가 없는 일이었다. 목숨을 구해준 은인에게 1,000냥과 선물 몇 개를 주고는 아무렇지도 않게 공짜로 치료를 받고, 비싼 물건을 거저 달라고 하고 있었다. 당시 조선 돈으로 1,000냥은 큰돈이었지만 달러로 환전하면 1달러가 10냥의 가치가 있었으니 100달러에 불과한 돈이었다. 그런데 그 100달러로 마치 알렌을 고용한 듯이 행동했으니 알렌으로서는 어이가 없었을 것이다. 하지만 조선 왕실의 심기를 건드릴 수는 없는 노릇이니 알렌은 그들의 요구를 순순히 들어줄 수밖에 없었다.

알렌은 이런 고초 때문에 민영익에게 여러 차례 자신을 그만 놓아 달라고 간청했다. 민영익이 그 요청을 받아들이지 않자 "그러면 매일 진료하지 않게만 해달라"고 간청한다. 마침내 민영익의 허락이 떨어지고, 알렌은 며칠에 한 번씩만 왕진하게 되었다. 그렇게 민영익이 다친 이후 처음으로 왕진을 가지 않아도 되는 날이 1885년 2월 25일이었다. 이날 일기에서 알렌은 "민영익 집으로 가지 않아도 되는 날"이라고 기록할 정도로 기뻐했다.

철길을 베개 삼아 자는 조선인들

알렌은 자신의 일기 외에도 《조선 견문기》라는 책을 남겼다. 그 책에는 조선에서 겪은 여러 문화적 충격과 이색적인 풍경들이 담겨 있는데 그중에서도 인상 깊은 대목은 조선 사람들과 철길에 관한 이야기다.

조선에 철도가 생긴 것은 1899년 경인선이 개통되면서부터

다. 따라서 철길과 관련된 조선인들의 반응은 모두 그 이후에 벌어진 일들이다. 알렌에 따르면, 조선 사람들은 처음 보는 기차를 무척 신기해했고, 정거장마다 구경꾼들이 몰려들었다.

그런데 기차를 단순히 구경만 한 게 아니었다. 알렌은 조선인들이 기차 레일을 독특한 용도로 활용한 사례도 함께 기록하고 있다. 특히 무더운 여름철, 열차 기관사들은 새벽만 되면 신경을 바짝 곤두세워야 했다. 그렇지 않으면 자칫 사람을 치어 죽일 수도 있었기 때문이다.

당시 조선에는 기차에 대한 안전 개념이 제대로 자리 잡지 않았고, 특히 가난한 하층민들 사이에서는 믿기 힘든 일이 벌어지곤 했다. 여름밤, 기차 운행이 끝난 뒤 일부 사람들이 철길에 들어가 레일을 베개 삼아 잠을 자는 일이 종종 있었던 것이다. 오늘날에는 상상조차 어려운 일이지만 경인선 주변 지역에서는 흔한 풍경이었다.

이 때문에 기관사들은 새벽마다 혹시 잠들어 있는 사람이 있을까 봐 서행하며 운전해야 했고, 곳곳에서 급정거를 하는 일도 잦았다. 실제로 운이 나쁘면 목이 잘린 시신이 발견되기도 했다.

사람들이 레일을 베개처럼 여긴 데는 나름의 이유가 있었다. 레일 높이가 전통적인 목침과 비슷했을 뿐 아니라 철로는 밤이 되면 시원해졌기 때문에 더위에 지친 이들에게는 더없이 편한 잠자리였던 것이다.

알렌의 기록에 따르면, 어떤 가족들은 돗자리를 깔고 참형 자세로 나란히 철로에 누워 잠을 청하기도 했다. 그래서 기관사들은 한여름 새벽마다 경적을 울려 사람들을 깨우곤 했고, 아무리 소리를 질러도 일어나지 않는 사람들 때문에 열차를 급히 멈춰야 하는 일이 반복됐다.

다행히 대부분의 경우 사람을 치는 일은 없었지만 가끔 급정거에 실패해 잠든 사람을 그대로 지나치는 사고도 발생했다. 그런 날이면 기관사는 목이 잘린 시신을 뒤로한 채 끔찍한 충격 속에 하루를 시작해야 했다. 그 때문에 한여름의 새벽이면 기관사들은 늘 극도의 긴장 상태에서 열차를 몰아야만 했다.

명성황후를 진료하다 일어난 사고

알렌은 제중원의 원장이 되면서 동시에 어의御醫 자격도 갖게 되었다. 그 덕분에 왕족들과 가까이 지내게 되었고, 고종과 명성황후를 직접 진료하기도 했다. 그는 《조선 견문기》 12장 '의학 노트' 편에 명성황후를 진료했던 일을 기록해두었는데 내용이 매우 흥미롭다.

어의로 임명된 이후에도 몇 년 동안은 왕비를 직접 뵙지 못하다가 시간이 흐르며 왕실과 더욱 가까워졌고, 마침내 왕비 민씨와 대면해 대화를 나누고 직접 치료까지 하게 되었다.

그러던 어느 날, 민씨가 병을 앓는다는 연락이 와서 알렌이 궁에 들어가 진료를 하게 되었는데 당시 상황을 그는 이렇게 묘사하고 있다.

환관 한 사람이 칸막이를 통해 신중히 천으로 감싼 왕비의 팔을 내미는데 다만 팔위의 맥박이 1인치 정도만 보일 뿐이었다. 그리고는 왕비의 혀를 칸막이에 뚫린 구멍으로 내밀어서 나의 검진을 받으려 했다. 그들은 중국에서와 마찬가지로 의사는 양쪽 팔목을 손가락으로 짚고 혀를 살펴보는 형태로 진찰을 할 것으로 생각했기 때문이다.

이런 방식으로는 정확한 진단이 어려웠다. 당시 명성황후는 불면증에 시달리고 있었지만 맥과 혀만 보고는 이를 치료할 수 없었다. 결국 병은 나아지지 않았고, 알렌은 그 뒤로 불면증 치료를 위해 아편이 섞인 약을 처방한 것으로 보인다.

그런데 다음 날, 일이 커지고 말았다.

수술을 집도하던 알렌 앞에 궁중에서 파견된 무관들이 들이닥쳤고, 그중 우두머리는 수술실까지 들어와 알렌을 몰아세우며 추궁했다.

"중궁 전하께서 그대가 올린 약을 드시고 수면에 빠졌는데 아직도 잠에서 깨어나지 못하고 계시오. 어찌 된 일이오?"

알렌은 무릎을 덜덜 떨면서 혹 왕비가 아편에 대한 이상 체질이라면 큰일이다 싶었다. 그리고 속으로 이렇게 뇌까렸다.

'왕비처럼 신성한 몸에 금보다 질 낮은 쇠붙이(청진기)를 댈 수도 없고, 피하 주사를 놓을 수도 없으니 정말 답답한 일이다.'

자칫하면 목숨까지 잃을 수도 있다는 불안감이 밀려왔다. 자신이 죽는다면 남편과 아버지를 한꺼번에 잃게 될 아내와 아들은 어찌 될까. 눈앞이 캄캄해졌다. 알렌은 가까스로 정신을 가다듬고 조심스럽게 물었다.

"왕비 전하께서 언제 약을 드셨습니까?"

"5시오."

"어제 저녁 5시입니까?"

"아니요, 오늘 아침 5시오."

그 대답을 듣고 알렌은 안도의 한숨을 내쉬었다.

"그렇다면 오후쯤이면 깨어나실 겁니다. 그때까지는 절대 잠을 깨우지 마시오."

다행히도 왕비 민씨는 오후까지 푹 자고 나서 무사히 깨어났던 것으로 보인다.

미국을 방문한 조선 사절단

1887년 11월에 조선 정부는 미국에 공사관을 마련하고 공사를 파견했다. 이때 파견된 최초의 주미공사는 박정량이었고, 공사에 파견된 조선의 수행원은 12명이었다. 이때 박정량 일행의 안내를 맡았던 알렌은 그들을 인솔하여 워싱턴을 방문했다. 그리고 미국 정부는 그들을 환대하는 파티를 열었다. 그 파티장에는 미국 관료와 저명한 인사들의 부인과 딸들도 참석했는데 박정량은 그들을 보자 알렌에게 이렇게 물었다고 한다.

"저 여인들은 모두 기생들입니까?"

"아닙니다. 저들은 관료들과 워싱턴의 저명한 인사들의 부인과 딸입니다."

이 말에 박정량은 매우 놀라면서 다시 물었다.

"내가 저 여인들을 똑바로 쳐다보아도 됩니까?"

"물론입니다."

그래서 그 여인들을 정면에서 바라보게 되었는데 박정량과 조선 사절단은 너무 놀라 고개를 돌리고 말았다. 여인들은 모두 앞가슴이 패인 옷을 입고 있었기 때문에 차마 정면에서 쳐다볼 수 없었던 것이다.

이후, 파티가 무르익었을 때 왈츠곡이 흐르자 여인들이 모두 남자들과 어울려 춤을 추기 시작했다. 박정량과 조선 사절단은 그 모습을 보고 다시 한번 너무 놀라 어찌할 바를 몰랐다고 한다. 당시 조선 사절단을 놀라게 한 것은 미국 여인들만은 아니었다. 미국 여인들보다 더 조선인들을 놀라게 한 것은 엘리베이터였다.

조선 사절단이 처음으로 엘리베이터를 탄 것은 샌프란시스코에 있었던 패리스 호텔이었다. 당시 엘리베이터는 요즘 것과 달라서 엘리베이터마다 조종수가 있었다. 하지만 조선인 사절단은 자신들이 들어간 작은 방에 있던 남자가 그런 역할을 하는 사람인 줄은 꿈에도 몰랐다. 그저 호텔에 도착하여 알렌의 안내에 따라 작은 방에 모두 들어갔는데 그곳에 특이하게 생긴 한 남자가 있었을 뿐이었다.

당시 조선인들은 그 작은 방에 자신들을 몰아넣은 것을 몹시 기분 나쁘게 생각했던 모양이다. 그래서 작은 방에 모여 있으면서 몹시 의아한 표정으로 알렌을 쳐다보고 있었다. 그런 가운데 엘리베이터 조종수가 로프를 잡아당긴 것이다. 그러자 순식간에 그들이 서 있던 방이 공중으로 치솟아 올랐고, 그들은 모두 기겁하며 소리쳤다.

"지진이다, 지진!"

이후, 알렌이 엘리베이터에 대해 설명하여 그들을 진정시켰지만 그들은 다시는 엘리베이터를 타고 싶어 하지 않았다. 그래서 다른 호텔을 갔을 땐 엘리베이터를 타지 않았으면 한다며 낮은 층의 방을 요구했다고 한다.

그런 일들을 겪으며 박정량과 함께 미국에 머물던 알렌은 1890년에 조선으로 다시 돌아와 미국 공사관 서기관이 되었고, 이어서 총영사와 대리공사로 재직했다. 그리고 1904년에는 고종으로부터 1등 훈장인 태극대수장을 받기도 했다. 그리고 1905년에 을사늑약이 체결되자 미국으로 돌아가 의사 생활을 하다가 1932년에 생을 마감했다.

3장 | 미국인들이 본 조선

07

여의사 릴리아스가 본 조선

의료 선교사로 파견되다

알렌 이후 한국에는 여러 명의 개신교 선교사들이 파견되었다. 그들 가운데는 여성도 있었는데 릴리아스 스털링 호턴Lillias Sterling Horton(1851~1921년)도 그중 하나였다. 릴리아스는 1851년 미국 뉴욕주 바니에서 태어나 시카고에서 어린 시절을 보냈고, 시카고 여자의과대학(현재 노스웨스턴대학교 의과대학 전신)을 졸업했다. 그녀는 의료 선교에 뜻을 품고 미국 장로교 선교국에 소속되어 의사 신분으로 조선에 파견되었다.

그녀가 조선에 온 것은 1888년이었고, 당시 37세의 나이 많은 처녀였다. 조선에서는 서양 여의사를 구하기 어려웠기 때문에 그녀는 곧 고종의 왕비 민자영의 관심을 끌었다. 하지만 그녀가 조선에 도착했을 당시 이미 왕비의 총애를 받고 있던 서양 여의사 애니 엘러스가 있었기 때문에 그녀가 유일한 존재는 아니었다.

어쨌든 릴리아스는 왕비의 부름을 받고 대궐로 들어가 엘러스와 함께 왕비의 주치의가 되었다. 동시에 왕비 민씨의 현명한 조언자이자 친구 역할도 하게 되었다.

이처럼 조선 왕비의 측근이 된 그녀는 이듬해인 1889년에 결혼했다. 남편은 여덟 살 연하의 호레스 그레이트 언더우드로, 그는 결혼 4년 전인 1885년에 이미 조선에 입국해 선교사로 활동하고 있었다. 결혼 후 그녀는 남편의 성을 따라 릴리아스 호턴 언더우드로 불리게 되었다.

이후 릴리아스는 의사로서, 선교사로서, 왕비의 친구이자 조언자로서 활발한 활동을 이어갔다. 그리고 이러한 자신의 경험을 토대로 책을 썼다. 1903년에 완성된 그 책의 제목은 《상투 튼 사람들 속에서 15년Fifteen Years among the Top-Knots》이었다.

이 책에서 그녀는 당시 조선의 생활상과 자신의 역사적 경험들을 담담한 수필체로 풀어냈다. 궁중 생활 중 겪은 다양한 에피소드와 명성황후에 관한 이야기, 조선 사람들에 대한 인상, 외국인으로서의 생활환경, 초대 교회의 어려움, 청일전쟁과 을미사변, 아관파천, 독립협회의 활동 등 격변기 조선의 역사적 사건들을 섬세하게 기록해 놓았다.

조선에 대한 그녀의 첫인상

릴리아스가 조선의 제물포항에 도착한 것은 1888년 3월이었다. 아직 추위가 가시지 않은 초봄이라 육지는 눈으로 뒤덮여 있었고, 바닷가는 흔히 상상할 수 있는 모래사장이 아니라 개펄이었다. 더욱이 그 개펄에서는 비릿한 악취까지 풍겨 그녀를 몹시 불쾌하게 만들었다.

또한 그녀에게 처음 다가온 조선인들은 험상궂은 얼굴에 거친 태도, 그리고 알아듣기 힘든 말투를 지껄이고 있었다. 그런 조선인들에 대한 첫인상을 그녀는 이렇게 표현하고 있다.

그들의 거칠고 검은 머리는 길고 헝클어져 있었는데 어떤 사람은 머리를 가늘게 꼬아서 땋은 상태였다. 그러나 대다수는 새의 볏을 서투르게 흉내 낸 듯한 상투를 정수리에 묶었으며 헝클어진 머리카락이 목줄기에 흩어져 있었다. 또한 얼굴은 굶주리고 더러운 인상을 주었다. 그들은 복장을 제외하고는 청국인이나 일본인과 크게 다르지 않았으며 대개는 그들보다는 키가 크고 모든 특징으로 볼 때 몽골 인종이었다.

그들의 의복은 짧고 헐렁한 조끼와 길고 자루 같은 바지로 이뤄진 더럽고 하얀 토속 옷이다. 가난한 하층민들의 경우엔 한 달에 두 번 이상 옷을 갈아입는 적이 없었다. 이들이 나의 사랑스런 조국의 '작은 숲과 교회당이 있는 언덕' 대신에 내가 선택하여 온 이 나라의 국민들이었다.

이렇듯 릴리아스에게 조선의 첫인상은 거칠고, 더럽고, 냄새 나는 이상한 땅이었다. 특히 그녀가 처음 밟은 조선의 땅, 제물포항은 그녀의 표현에 따르면 '조선에서 가장 불결하고 누추한 곳'이었다.

그러나 서울에 도착한 후에는 그녀의 기분이 조금 나아졌다. 민가와 거리는 누추하고 더러웠지만 자신이 머물게 된 선교사들의 집은 기풍 있는 기와집에 정원까지 갖춘 안락한 공간이었기 때문이다. 더구나 그녀는 도착하자마자 왕비의 주치의가 되었고, 곧 신임을 얻어 조선에서의 삶에 비교적 잘 적응하게 되었다.

서양 사람들이 아이들을 잡아먹는다는 괴소문

이렇듯 조선 왕실에서는 그녀를 비롯한 서양인들에게 매우 호의적인 편이었지만 일반 평민들은 서양인들을 무서워했다. 심지어 서양인들이 어린아이들을 잡아가 의료용으로 쓰기 위해 심장과 눈을 떼어 간다는 괴소문이 돌기까지 했다.

릴리아스가 조선에 도착했을 땐 서양인들이 사악한 조선인들을 고용하여 어린아이들을 유괴해 죽인다는 소문이 파다하게 퍼져 있는 상황이었다. 사실 이런 괴소문은 청나라에도 널리 퍼져 있던 것이었다. 심지어 청나라 천진에서는 이 소문을 믿은 중국 사람들이 서양인들을 학살하는 사태까지 벌어졌고, 그 괴소문은 결국 조선까지 번져왔다. 마침내 조선에서도 서양인들에 의한 이른바 '어린이 유괴 소동'이 일어났다.

서양인들이 조선의 어린이들을 유괴하여 죽이고 심장과 눈을 떼어 간다는 소문은 순식간에 전국으로 퍼졌다. 미국 선교사를 비롯한 서울의 서양인들은 이 소문의 진원지를 일본인들이라고 판단하고 일본 공사관에 강하게 항의했다. 하지만 일본 공사는 일본인들이 그런 소문을 퍼뜨린 적은 없다고 발표했고, 동시에 서양인들이 조선 어린이들을 유괴하고 있는 것이 사실일 수도 있다는 말까지 했다. 이 때문에 서양인들에 대한 조선 사람들의 적개심은 더욱 불타올랐다.

이후, 조선 사람들은 서양인들이 조선의 어린아이들을 잡아먹는다고 믿게 되었다. 그리고 아이들을 잡아먹는 장소로 서양인이 운영하는 병원이 지목되었다. 병원에서 아이들을 도살해 중요 장기는 약을 만드는 데 쓰고, 남은 고기는 먹어치운다는 것이었다.

릴리아스도 이 괴소문의 피해자가 될 뻔하였다. 그녀는 외출했다가 진료소로 돌아오던 중에 큰 봉변을 당할 뻔했던 것이다. 가마꾼들이 그녀를 태우고 오던 중에 일군의 험악한 사람들이 가마를 둘러싸더니 소리쳤다.

"만약 이 여자를 병원에 데려다 주면 너희들도 모두 죽일 것이다!"

이후로 그녀는 가마꾼이 없어 가마를 타고 다닐 수 없게 되었다. 그래서 별수 없이 말을 타고 다녔는데 그때는 항상 언더우드 선교사가 함께 다니며 그녀를 보호했다.

이렇듯 서양인들은 거리를 함부로 나다닐 수도 없게 되었다. 심지어 아이를 데리고 다니는 조선 사람들조차 서양인의 사주를 받은 유괴범으로 오인되어 두들겨 맞는 사태가 벌어지기까지 했다.

결국 미국 공사관은 미국인과 유럽인들을 보호하기 위해 제물포에 머물고 있던 미국 해병대원 100명을 서울로 불러들였다. 또한 조선 정부에서도 외국인들을 위협하거나 서양인들이 아이를 잡아먹는다는 소문을 퍼뜨리는 자는 사형에 처해질 것이라는 포고령을 내리고, 거리마다 포졸들을 배치하여 사람들이 모이지 못하도록 했다. 덕분에 가까스로 서양인들의 '어린이 유괴 소동'은 끝이 났다.

릴리아스의 눈에 비친 명성황후

릴리아스는 고종의 왕비 민자영에 대한 인상을 글로 남겼는데 전체적인 외형에 대해서는 "약간 창백하고 아주 가냘프며 다소 뚜렷한 얼굴과 명석하고 날카로운 눈매를 가진 여인"이라고 묘사하고 있다. 그래서 "언뜻 보기에는 아름답게 보이지는 않지만 어느 누가 보아도 그 얼굴에서 힘과 지적이고 강한 성격을 읽을 수 있다"고 표현했다. 또 "말을 할 때면 쾌활하고 순수할 뿐 아니라 기지가 돋보여서 그녀의 용모까지 더 밝게 만들어준다. 단순한 육체적인 아름다움보다 훨씬 더 크고 놀라운 매력이 있다"고 덧붙이고 있다.

릴리아스는 민씨의 성품에 대해서도 고상한 정신적 자질을 지닌 인물이라 평가했으며 지식 면에서는 중국 고전에 밝고 다른 나라에 대해서도 많은 지식을 갖추고 있다고 보았다. 그런 까닭에 그녀는 능력 면에서도 '섬세하고 유능한 외교가였기에 적대적인 무리들의 허를 찌르곤 했다'고 서술했다.

그러면서 명성황후에 대한 종합적인 평가를 이렇게 내렸다.

> 그녀는 폭넓고 진보적인 정책에 탁월성을 보였고, 애국적이었으며, 조국의 최대 이익을 위해 헌신했고, 동양의 왕비들에게 기대되는 것보다는 훨씬 더 적극적으로 백성에게 이익을 주고자 했다. 또 왕비는 온화한 마음을 가지고 있으며 작은 어린 아이들을 소중히 아꼈고, 그와 관계된 사람들, 즉 적어도 우리 선교단에게는 세심한 배려를 해주고 있어서 유럽의 모든 고위층 숙녀들로부터 존경을 받았다.

이렇듯 릴리아스는 명성황후에 대해 매우 긍정적인 평가를 내리고 있다. 또한 그녀는 명성황후가 매우 검소했다고 회고했다. 단적인 예로 명성황후는 목걸이나 브로치, 팔찌 같은 장신구를 착용하는 일이 거의 없었고, 반지도 종류가 다양하지 않았으며 시계조차 차지 않았다고 한다.

가장 든든하고 믿음직한 존재, 조선의 가마꾼

릴리아스는 장거리를 이동할 땐 항상 가마를 타고 다녔다. 그녀가 가마를 처음 이용한 것은 조선에 도착해 제물포역에서 서울까지 이동할 때였다. 그녀가 탄 가마는 네 명의 가마꾼이 두 명씩 번갈아 가며 메고 다녔는데 그들의 걸음 속도가 대단했다.

그들은 그녀를 가마에 태우고 오전 8시에 제물포항을 출발하여 4시간을 걸은 후 점심을 먹고, 다시 걸어서 오후 4시에 한양의 미국 선교단 처소에 도착했다. 시간으로 계산하면 총 8시간이지만 점심시간 1시간을 제외하면 실제 이동 시간은 7시간이었다. 당시 제물포항에서 서울까지의 거리에 대해 릴리아스는 28마일이라고 기록하고 있다. 28마일은 약 $45km$다. 따라서 당시 가마꾼들은 $45km$를 도보로 7시간 만에 주파한 것이니 대략 시간당 $6.5km$의 속도로 이동한 셈이다.

일반적으로 군인들이 행군할 때 1시간에 $5km$를 목표로 삼는데 대개 50분 걷고 10분 쉬는 방식이다. 그런데 그 가마꾼들은 가마를 멘 채 1시간에 $6.5km$를 걸었으니 그들의 걷는 속도가 얼마나 대단했는지 알 수 있다. 1899년에 경인철도가 개통되었을 당시 인천역에서 서울역까지는 2시간 30분이 걸렸다고 한다. 이런 사실을 감안하면 가마꾼들의 이동 속도가 얼마나 빨랐는지 알 수 있다.

릴리아스는 결혼을 하고 1889년 3월 14일에 신혼여행을 떠나게 되는데 이때도 그녀는 가마를 타고 다녔다. 더구나 이때 그녀가 타고 다닌 가마는 2인이 메는 가마였다. 하지만 가마꾼은 4인이었다. 이들 4인은 2인씩 교대하면서 가마를 메고 다녔는데 메고 다니는 방식에 대해 릴리아스는 이렇게 설명하고 있다.

힘센 두 명의 가마 인부가 나를 메고 다녔다. 가마 위의 긴 막대기에는 가죽끈이 달려 있었고, 그 끈은 운반 인부의 어깨에 걸려 있어 무게는 주로 긴 막대를 잡은 손보다는 그들의 어깨 위에 쏠렸다. 인부는 모두 네 명이었는데 두 명은 가마를 메고, 두 명은 10분마다 30초가량 가마 밑에 튼튼한 장대를 넣어 그들의 지친 어깨의 무게를 감해주었다. 매 3마일씩 갈 때마다 그들은 들어주는 사람과 나르는 사람의 자리를 바꿨는데 그런 방식으로 우리는 이 사람들을 지치게 하지 않고 하루에 30마일 이상을 쉽게 갔다.

말하자면 네 명의 가마꾼이 두 명씩 나눠서 3마일, 즉 약 5km씩 번갈아 메고 다녔는데 아침 8시부터 저녁 무렵인 오후 5시까지 30마일, 즉 약 50km를 어렵지 않게 이동했다는 뜻이다. 오전 8시에서 오후 5시까지 9시간 중 점심시간 1시간을 제외하면 하루

8시간 동안 50㎞ 이상을 주파한 셈인데 이는 앞의 계산처럼 시속 약 6.5㎞를 이동했다는 의미다. 정말 대단한 속도가 아닐 수 없다.

그런데 가마꾼들은 가마를 메고 다니면서도 서로 농담을 주고받고 장황한 이야기들을 나누었다고 한다. 또한 그들 부부가 혹 지루할까 봐 재미있는 이야기까지 들려주었다고 한다. 그런 상황을 그녀는 이렇게 쓰고 있다.

나는 그들이 아주 거친 사람들이어서 우리를 여러 번 곤경에 빠뜨리지 않을까 염려했다. 그들은 농담을 잘했고 활기도 넘쳤으며 자기 나라의 풍속에 대해 장황하면서도 믿지 못할 허풍들을 늘어놓곤 했다. 때로는 여정의 지루함을 잊도록 우리 신혼부부에게 농담을 들려주기도 했다. 그들은 우리가 짐 속에 대단한 물건을 가지고 다닌다고 떠들고 다녔는데 그 때문에 시골 주민들은 우리에 대해 경외하고 존경하는 마음을 가지기도 했다.

언더우드 부부는 이런 가마꾼들 덕분에 무사히 신혼여행을 마칠 수 있었다. 사실, 그녀가 조선 신혼여행으로 조선 땅 구석구석을 돌아보고자 했을 때 선교단 사람들은 모두 반대했다. 그때까지 어떤 서양 여인도 조선 땅을 여행한 적이 없었기 때문에 그들은 릴리아스가 필시 조선인들로부터 봉변을 당할 것이라며 만류했다. 심지어 그녀의 길을 가로막고 억지로 여행을 저지하기까지 했다. 여행의 목적은 단순한 관광이 아닌 선교단의 지부를 건설할

장소를 물색하려는 의도가 더 컸다. 선교단 사람들은 아무리 선교단 지부가 중요하다고 하더라도 목숨이 위험한 상황을 초래해서는 안 된다고 했다.

하지만 그녀는 용감하게도 여행길에 나섰다. 또한 그녀의 남편 호레스도 걱정하지 말라며 그녀를 거들었다. 당시 서양인 남자들조차 한성 밖 10마일 이상을 나간 사람은 드물었다. 다만 그녀의 남편 호레스는 일찍이 황해도와 평안도까지 다녀온 일이 있었기에 조선 내륙을 여행하는 것이 그렇게 위험한 일이 아니라고 그녀를 안심시켰다.

그러나 단순히 사람들만이 문제는 아니었다. 당시 조선의 산에는 호랑이와 표범, 이리가 득실거렸다. 그런 짐승들에 의한 공격을 받는 것도 매우 공포스러운 일이었다. 거기다 불결하기 짝이 없는 여관 시설과 전염병, 무례한 조선인들과 오염된 물 등의 위험도 도사리고 있었다. 하지만 그 모든 위험한 요소와 공포심도 그녀의 호기심을 이기지는 못했다. 그녀는 용기 있게 여행길에 올랐다. 그럼에도 공포와 두려움이 사라진 것은 아니었다. 또한 여행 중에 겪게 될 불편함에 대한 염려도 있었다.

그런데 막상 여행을 다니면서 그녀는 자신의 염려가 기우였음을 깨달았다. 얼핏 보기에 큰 덩치에 험상궂을 것 같았던 가마꾼들은 재미있고 친절한 여행 안내자였고, 그들과 함께 있기만 하면 어느새 조선 사람들이 외국인인 자신들을 존경스러운 눈빛으로 우러러보았기 때문이다.

또한 그들은 조선 정부로부터 어느 지역에서든 관찰사의 도움을 받을 수 있는 특별한 인증서까지 지참한 상태였다. 그 인증서를 내밀면 말을 교환하고 옷을 새로 얻을 수 있었으며 필요로 하는 조선의 돈을 받을 수 있었다. 거기다 그들이 머문 주막에서는 방값을 따로 청구하지 않았다. 그저 그들 일행이 먹은 밥과 말들이 먹은 먹이 값만 계산하면 방은 공짜로 제공되었다.
　당시로선 그들 신혼부부에게 모두가 말리는 위험하기 짝이 없는 신혼여행이었지만 가는 곳마다 가마꾼들이 나서서 그들을 대단한 사람들로 인식시켰고, 덕분에 그들은 조선 시골 사람들의 존경을 받으며 곳곳을 구경할 수 있었다. 그런 의미에서 보자면 당시 가마꾼은 단순한 운송 수단이 아니라 여행 가이드이자 경호원 역할까지 했으니 그들에겐 가장 든든하고 믿음직한 존재였다.

불결하고 시끄러운 여관방

　비록 릴리아스는 용기를 내서 조선 내륙 지방에 대한 여행에 나섰지만 많은 사람들의 염려처럼 그녀의 여로는 결코 녹록치 않았다. 그녀가 처음으로 맞닥뜨린 난관은 숙소였다.
　언더우드 부부의 신혼여행 행로는 한양을 출발하여 송도(개성)와 평양을 거쳐 관서지방과 관북지방을 돌아보면서 의주까지 다녀오는 것이었다. 이 과정에서 그들은 여러 숙소를 경험했는데 대개는 마을 어귀에 있는 주막에서 숙박했고, 때로는 관청이나 민가에 머무르기도 했다.

그들 일행이 처음으로 숙박한 곳은 한양과 송도 사이에 있는 어느 작은 마을이었는데 아마도 지금의 파주 근처였던 것으로 보인다. 이곳에서 릴리아스는 처음으로 조선의 여관방을 경험했다. 그리고 그녀는 자신의 책에 그 여관방에 대해서 매우 상세하게 묘사해 놓았는데 한마디로 너무 보잘것없고 불결하다는 내용이다.

조선의 주막에 대한 그녀의 첫인상은 '불결하고 좁으며 고약한 냄새와 불편함' 그 자체였다. 그들이 머문 주막은 여성용 방 하나와 사랑방뿐이었는데 그녀와 남편은 여성용 방을 사용했고, 나머지 남자들은 사랑방에서 잤다. 즉 기독교 조교, 마부 두 명, 요리사, 하인 두 명, 가마꾼 네 명은 다른 방에서 마치 '상자에 있는 정어리'처럼 빽빽하게 잤다.

그녀는 자신이 첫날 지낸 방에 대해 갖은 불만을 늘어놓았다. 방은 너무 작고 문에 바른 종이는 손때가 묻어 시커멓고 더러웠으며 방바닥에는 해충들이 득실거렸다. 그녀는 그 방이 온갖 미생물과 박테리아, 세균들로 인해 설사병, 천연두, 콜레라, 발진티푸스 등 전염병이 옮을 수 있는 곳이라고 묘사하고 있다.

거기다 방바닥이 너무 뜨거워 견딜 수가 없었다고 한다. 그녀의 말을 빌리면 그 뜨거운 정도는 '점화 직전'인 섭씨 70도에 육박했다. 그녀는 그런 방바닥의 뜨거움과 득실대는 세균들을 피해 깨끗한 짚을 1피트 정도 바닥에 깔고, 그 위에 요를 깔아 잤다. 그래도 방바닥의 뜨거움을 견딜 수 없어 세 번이나 깨서 다시 짚을 깔아야 했다.

그녀는 제대로 깊은 잠을 잘 수가 없었다. 주막마다 개와 고양이, 닭, 돼지, 오리 같은 가축들이 마당을 기어 다니며 온갖 소리를 내고, 소와 말이 외양간에서 게걸스럽게 먹이를 먹는 등 시끄러워 쉽게 잠을 청할 수 없었다.

그래서 아예 바깥에 나가 마루에서 잘까 생각도 해보았지만 그것은 더 끔찍한 상상을 불러일으켰다. 마루는 별도의 문이 없어 언제든지 짐승이 침입할 수 있는 곳이었다. 조선의 밤은 호랑이와 표범이 어슬렁거리고 다녔고, 그런 맹수가 아니더라도 족제비와 쥐, 뱀이 득실거렸다. 그러니 마루에 나가서 잔다는 것은 상상만 해도 끔찍한 일이었다.

소름끼치는 구멍

조선의 여관에 머물면서 릴리아스가 가장 소름끼쳤던 것은 더러운 방도, 목숨을 노리는 맹수도, 징그러운 쥐와 구렁이도 아니었다. 그녀가 가장 공포스럽게 느낀 것은 사람들의 눈이었다.

어느 마을이든 그들이 도착하면 그들(외국인)을 구경하기 위해 온 동네 사람들이 몰려나왔다. 특히 서양 여자는 그들 시골 사람들에겐 너무 신기한 구경거리였다. 그런데 그들의 구경은 단순히

쳐다보는 것에서 그치지 않았다. 그들이 여관으로 들어서는 순간 온 동네 사람들이 여관을 포위해버렸고, 이후로 그들 일행이 여관을 떠날 때까지 그 포위 행렬은 풀리지 않았다. 심지어 그것은 밤에도 지속되었다.

사람들은 서양 여자를 마치 아주 신기한 동물이라도 본 것처럼 생각했고, 그 때문에 온갖 호기심을 간직한 눈으로 그녀를 훔쳐보았다. 그들은 밤에 그녀의 방문 창호지를 손가락으로 뚫고 안을 들여다보았는데 그녀는 그 눈빛 가득 찬 구멍들 앞에서 공포에 질려 방 안에 갇혀 있어야만 했다.

그녀는 그들이 꼭 야수나 기형적인 인간 쇼를 보듯 자신을 보고 있다는 사실에 아연실색했다. 그 때문에 낮이나 밤이나 문지기를 둬야만 했다.

사실, 당시 조선에서는 남의 방을 훔쳐보는 문화가 성행했다. 특히 결혼한 신랑 신부의 첫날밤을 훔쳐보는 일은 공공연히 이뤄졌다. 신방에 들어간 신랑 신부를 훔쳐보기 위해 손가락에 침을 묻혀 방문 종이를 뚫는 일은 예사였다.

하지만 그런 문화를 전혀 모르는 서양인의 입장에서 보면 조선인들의 그런 행동은 그야말로 끔찍하고 소름끼치는 일이 아닐 수 없었다. 특히나 여성의 입장에서 보자면 엄청난 공포에 사로잡힐 수밖에 없었다. 거기다 평안도 운산의 어느 마을에서 그녀의 숙소 문을 부수고 침입한 사건까지 겪었으니 릴리아스가 얼마나 황당하고 무서웠을지 쉽게 상상할 수 있을 것이다.

이후로 릴리아스는 항상 방문과 창문에 숄과 비옷을 걸어두어 구멍을 통해 안을 들여다보지 못하게 했다.

신혼부부, 강도를 만나 죽을 고비를 넘기다

릴리아스 부부가 신행여행 중에 가장 위급했던 순간은 강도를 만났을 때였다. 그것도 떼강도였다. 그들이 강도를 만난 것은 평안북도 강계에서 의주로 가는 길에서였다. 그들이 가던 길은 강계부사가 알려준 길이었는데 지름길일 뿐 아니라 매우 한적하고 조용하며 안전하여 걷기에 좋은 곳이라고 했다.

소문으론 그 길에 산적이 자주 출몰한다고 했다. 그렇지만 부사의 조언도 있고 하여 그들은 시간을 절약하기 위해 그 지름길을 택했다.

부사의 말대로 그 길은 인적이 드물고 한적했으며 풍광이 아름다웠다. 산은 모두 나무로 뒤덮여 있고, 사람의 흔적은 많이 보이지 않았으며 어쩌다 가끔 산간 지역에서 농사를 짓는 농부를 발견할 뿐이었다. 어느덧 밤이 되어 그들은 여섯 가구만 사는 작은 산간마을에 도착했다. 그곳은 마을이라기보다는 관아에서 행인들의 안전을 위해 지어놓은 간이 역참 같은 곳이었다. 하지만 워낙 지나가는 사람들이 드물어서 그곳을 지키는 사람들은 몇 명 되지 않았는데 그들마저도 릴리아스 일행을 보자 달아나 버렸다. 그 바람에 그들은 썰렁하고 허술한 막사 안에서 스스로 불을 피우고 끼니를 해결해야 했다.

다음 날 그들은 서둘러 길을 떠났다. 강계부사가 길 안내와 경호를 위해 함께 가도록 붙여준 군관과 릴리아스 부부가 먼저 길을 나섰고, 군관 휘하의 포졸 몇 명과 기독교 조수, 그리고 마부와 짐말은 뒤에 출발했다. 그들은 서로 어느 정도 거리를 두고 움직인 셈인데 강도들이 그 틈을 노렸다. 강도들은 우선 뒤에 출발한 마부와 짐말, 그리고 포졸들을 제압한 후 먼저 출발한 릴리아스 부부와 군관을 뒤쫓았다. 그리고 그들 부부가 다음 숙소에 도착했을 때 누군가 달려와서 강도들이 뒤쫓고 있다는 사실을 알렸다. 이에 남편 언더우드는 가방에서 권총을 꺼내 호주머니에 넣고 그들의 습격에 대비했다.

하지만 권총 하나로 그들을 상대하기엔 수가 너무 많았다. 강도의 무리는 무려 30명이나 되었다. 그들은 모두 몽둥이를 들고 있었으며 이미 뒤따르던 마부들까지 결박당한 상태라 쉽게 권총을 쓸 수는 없었다.

한편, 그들 무리가 몰려오고 있는 것을 발견한 가마꾼들은 일단 적의 숫자가 너무 많다는 사실을 감지하고 몸을 숨겼다. 이후, 언더우드 부부는 포박되었다.

그들의 요구 사항은 당연히 돈이었다. 마부들이 물건을 훔쳤으므로 언더우드 부부가 배상해야 한다고 했다. 언더우드 선교사가 그들의 요구를 거부하자 그들은 사람들을 하나하나씩 떼어놓으며 모두 다 죽일 것처럼 위협했다. 그러고는 그들 부부를 제외한 모두 밧줄로 묶어서 가둬버렸다.

그런 가운데 언더우드 부부는 아침 일찍 간신히 몸만 빠져나왔다. 가마꾼들이 강도들의 감시가 허술한 틈을 타 언더우드 부부를 빼내어 달아났던 것이다. 이후, 그들은 수십 킬로미터의 산길을 걸었고, 결국 가장 가까운 현청으로 달려가 도움을 요청했다.

운 좋게도 그곳 현감은 언더우드 부부가 서울에서 알던 사람이었다. 그는 즉시 병사들을 동원하여 강도 소탕에 나섰지만 그들 모두를 체포하는 데는 실패했다. 다만 일부를 사로잡았고, 빼앗겼던 물품 중 일부도 되찾았다. 그들에게 잡혀 있던 마부들과 기독교 조수, 포졸과 군관도 구출해왔다. 마부들은 팔이 부러졌고, 기독교 조수는 몽둥이에 맞아 등에 큰 상처를 입고 있었다. 그들을 수행하던 포졸과 군관들도 모두 심각하게 부상당한 상황이었다.

언더우드 부부는 엄청난 위험을 겪었지만 그야말로 하늘의 도움으로 목숨을 건질 수 있었다. 물론 이번에도 용감무쌍한 가마꾼들의 활약이 컸다.

먹는 데 집착하는 조선인

릴리아스는 조선인이 음식에 매우 집착한다고 생각했다. 그녀가 보기에 조선 사람들은 잔치가 벌어지면 잔치상에 마련된 모든 음식을 먹어치우느라 여념이 없었다. 심지어 음식이 남으면 옷소매에 넣거나 보자기에 싸서 가져가곤 했다.

음식과 관련하여 릴리아스 같은 서양인들이 가장 이해할 수 없었던 것은 조선인들이 잔치에 초대를 받으면 잔칫날 하루 배 터지게 먹기 위해 며칠을 굶는다는 것이었다.

그녀는 이런 조선인의 모습을 일본인의 손님 초대 모습과 비교하기도 한다. 그녀의 말에 따르면, 일본인이 손님을 초대해서 차려 내는 음식상은 매우 단출했다고 한다. 일본인은 '아주 극단적으로 미각을 발휘하며 손님을 위해 작은 컵 몇 개와 맛있고 진귀한 고급 요리가 담긴 접시 몇 개를 내놓는 것'이 보통이었다고 한다. 그러면서 일본인들은 음식보다는 지적인 담소를 나누는 것을 손님에 대한 적절한 접대라고 여긴다고 하였다.

물론 이 일본인들의 손님 초대 방식은 릴리아스가 직접 경험한 일은 아니었다. 일본인의 초대에 다녀온 지인에게서 들은 내용인데 그 지인은 일본인과 조선인의 차이를 이렇게 들려주었다.

"조선 사람들은 하루에 100원을 벌고 1,000원어치를 먹지만 반대로 일본인들은 하루에 1,000원을 벌고 100원어치를 먹는다."

하지만 릴리아스는 이 말에 전적으로 동감하지 않는다고 했다. 하지만 일본인이 한국인에 비해 매우 검소한 것은 사실이라고 적고 있다.

혼란의 세월, 1894~1896년

릴리아스를 비롯한 서양인들이 조선에서 가장 큰 혼란을 겪은 시기는 동학혁명, 청일전쟁, 을미사변, 아관파천 등의 굵직한 역사적 사건이 벌어졌던 1894년부터 1896년까지였다. 릴리아스는 당시 서울에서 생활했기 때문에 이 시기의 조선이 얼마나 혼란스러웠는지 직접 목도했고, 그 내용들을 자신의 책에 기록해 두고 있다.

그녀는 1894년 6월에 청일전쟁이 일어났을 때 일본군이 서울을 포위하는 장면을 직접 경험했다. 그녀와 선교단 일행들은 그 6월의 어느 날 이른 아침에 총소리와 함께 일본군이 왕궁을 장악한 사실을 깨달았다고 했다.

이렇게 되자 서울의 외국 공사관들은 모두 자국 군대를 서울로 불러들였다. 당시 미국, 러시아, 영국, 독일의 해군이 제물포항에 머물러 있었는데 그들 중 일부를 불러들인 것이다. 미군 40명, 러시아군 50명, 영국군 40명, 독일군 9명이 서울로 진주했다. 물론 군인의 수는 얼마 되지 않았지만 그 군인들은 모두 중무장한 상태였다고 한다.

이런 상황에서 가장 혼란에 빠진 사람은 조선인이었고, 조선인 중에서 고위층 양반들은 일본군들을 피해 달아나기 바빴다고 한다. 그들은 다른 신분으로 위장하여 각국의 외국 공관에 숨기도 하였고, 시골로 몸을 숨기기도 하였다. 또한 평민 중에 상당수가 시골로 몸을 피했으며 그로 인해 서울의 모든 가게는 문을 닫았고, 많은 사람이 피난 행렬에 합류했다.

이렇듯 서울과 왕성이 순식간에 일본군에 의해 장악되었고, 설상가상으로 그해 겨울부터 서울에 전염병이 창궐했다. 이런 가운데 왕비 민씨는 은밀히 릴리아스를 궁궐로 불러들였다. 당시 왕비는 여러 외국 공사관과 접촉하며 모종의 기회를 노리고 있었다.

일본은 왕비의 이런 행동을 매우 의심스러운 눈초리로 바라보았고, 결국엔 왕비의 행동에 비교적 우호적이었던 이노우에 가오루가 일본으로 소환되고 미우라 고로가 일본 공사가 되어 조선에 왔다.

이후 미우라는 일본인들을 동원하여 궁궐을 침범한 후 왕비를 죽여 시신을 불태우는 만행을 저질렀다. 릴리아스는 그날을 1895년 10월 8일이라고 기록했고, 그날 아침에 왕궁에서 총소리를 들었다고 했다.

을미사변이라는 엄청난 사건이 휩쓸고 지나간 뒤, 고종은 한동안 음식도 먹지 않고 불안과 공포 속에서 지내야 했다. 그런 상황에서 릴리아스의 남편 언더우드 선교사가 국왕의 호출을 받고 대궐로 들어갔다. 당시 고종은 안전을 도모하기 위해 특별히 미국 기독교 선교단에 부탁하여 매일 미국인들이 왕궁에 머물게 해달라고 요청한 상태였다. 고종은 미국인이 궁에 머무르고 있어야 일본군이 다시 궁을 침범하지 못할 것이라고 판단했다. 언더우드가 왕궁에 들어가 밤을 새우게 된 것도 그 때문이었다. 말하자면 고종은 미국인들을 일종의 경호원으로 활용한 셈이었다.

릴리아스 말에 따르면 남편들이 대궐에 들어가 밤을 새우는 동안 그들의 부인들도 잠을 자지 않고 밤을 새우는 경우가 많았다고 한다. 그만큼 당시 조선 궁궐은 위험한 곳이었다.

사실, 을미사변은 왕족들과 고위층 양반들을 엄청난 불안감에 휩싸이게 했다. 그들은 대부분 외국 공사관에 숨어서 지냈으며 심지어 고종의 아들 의화군(의왕 이강)은 언더우드 부부의 집에 숨어 있었다.

릴리아스는 의화군이 자신의 집에서 피난살이를 해도 좋겠느냐고 의사 타진을 해왔을 때 기꺼이 그를 받아들였다고 한다. 하지만 의화군이 자신의 집에서 머문 후부터 그들 부부는 항상 스파이들의 감시를 받았다고 회상한다.

이런 상황에서 대궐에 갇혀 있던 고종을 구출하려는 시도가 진행되었다. 이는 대개 근왕세력들에 의해 계획되었는데 그 과정에서 이들은 언더우드 선교사를 찾아와 조언과 도움을 구했다. 하지만 당시 언더우드 부부는 근왕파를 돕는 것에 매우 신중했다. 릴리아스의 기록에 의하면, 당시 내각을 장악하고 있던 세력은 이미 근왕파의 움직임을 간파하고 있었기 때문이다.

하지만 고종의 왕궁 탈출 계획은 이후에도 지속되었고, 결국 1896년의 아관파천으로 이어졌다. 고종은 러시아공사관으로 탈출하기 위해 치밀한 계획을 세웠다고 한다. 이에 대해 릴리아스는 이렇게 쓰고 있다.

우리가 왕의 측근에게서 들은 이야기에 따르면, 나라의 일에 지치고 마음 아파했던 왕은 여인들의 거처에서 침거하며 그곳에서만 시간을 보냈다. 그 때문에 정적들의 밉살스러운 간첩 행위를 어느 정도는 피할 수 있었다. 그러나 그들은 두 여인을 파견하여 교대로 낮과 밤에 왕을 감시하게 했다. 한 여인은 대원군의 아내로 밤에 왕을 감시하였고, 또 다른 여인은 낮에 감시하라는 임무를 받았다. 그러나 그들의 감시망은 충분히 빠져나올 수 있는 것이었기에 왕궁에 유폐된 왕을 탈출시키기 위한 계획이 두 명의 궁녀에 의해 성공적으로 수행되었다.

릴리아스의 말에 따르면, 고종은 탈출하기 전날 밤에 자신을 감시하던 자들에게 잔치를 베풀어주고 술을 한껏 먹인 뒤에 그들이 곯아떨어지자 새벽에 세자와 함께 탈출을 감행했다. 왕궁을 탈출할 당시 왕과 세자는 여인용 가마를 이용했다. 이미 가마꾼들을 매수해둔 터라 가마꾼들은 여인들을 태우고 집으로 돌아가는 것처럼 행동하며 유유히 대궐을 빠져나왔다고 한다.

당시 러시아 공사관엔 제물포에 머물고 있던 러시아 해병대원 160명이 배치되어 있었다. 그리고 가마에 탄 왕과 세자는 대궐을 빠져나온 뒤, 러시아 공사관으로 무사히 들어감으로써 고종의 왕궁 탈출 계획은 완성되었다. 릴리아스는 당시 고종이 러시아 공사관에 도착한 시간을 1896년 2월 11일 아침 7시나 8시쯤이라고 적고 있다.

릴리아스는 이렇듯 1894년 12월 청일전쟁부터 을미사변, 아관파천 등의 역사적 사건들을 자신이 아는 범주에서 상세하게 기록하였다. 또한 그 과정에서 남편 언더우드 선교사가 어떤 역할을 했는지, 또 고종이 미국 기독교 선교단에 어떻게 의지했는지 담담하게 서술하고 있다.

릴리아스는 고종의 아관파천 이후 조선은 완전히 러시아의 수중에 넘어갔다고 적고 있다. 하지만 러시아 공사관에 머물고 있던 고종은 적어도 왕궁에 있을 때보다는 자유롭게 지냈다고 한다. 물론 그것은 모두 미국인인 그녀의 시선에 한정된 말이다.

이렇듯 릴리아스는 조선의 몰락 상황을 몸으로 직접 체험하며 조선에서의 삶을 지속하였고, 1903년에는 자신의 조선 생활을 담은 《상투 튼 사람들 속에서 15년》을 출간했다. 그리고 그녀는 이후에도 계속 한국에 남아 일제강점시대를 경험하다가 1921년에 생을 마감했다.

제4장

영국인들이 본 조선

4장 | 영국인들이 본 조선

01

조선 땅을 밟은 최초의 영국인, 베질 홀

베질 홀의 《조선 서해 탐사기》

네덜란드인 하멜이 조선을 다녀간 이후, 조선을 방문한 최초의 서양인들은 대개 프랑스 외방전교회 소속 선교사들로 알려져 있다. 하지만 그들보다 20년 먼저 조선 땅을 밟은 서양인들이 있었다. 비록 그들은 조선 본토에 발을 딛지는 못했지만 조선의 영해인 황해와 일부 섬들을 탐사했다. 그리고 그들 중 한 명인 베질 홀 Basil Hall은 당시의 경험을 《조선 서해 탐사기 Account of a Voyage of Discovery to the West Coast of Corea》라는 책으로 엮었다.

베질 홀은 1788년 영국에서 태어났다. 그의 아버지 제임스 홀은 영국의 귀족 출신이었고, 케임브리지대학에서 지질학과 화학을 가르치던 교수였다. 덕분에 베질은 유복한 환경에서 자랐고, 에든버러대학을 졸업했다. 대학 졸업 후인 1812년에 그는 해군에 입대하여 초급 장교가 되었는데 이때 그는 주로 북아메리카 지역에서 근무했다. 이후 그는 프리깃함 볼테이지호에서 장교로 복무하면서 동인도회사 소속이 되었다. 이 시기에 그는 배를 타고 중국 광둥성을 둘러볼 기회를 갖게 되는데 귀국길에 조선의 서해를 탐사하게 되었던 것이다.

그가 조선 서해안을 탐사한 시기는 1816년 9월 1일부터 10일까지였다. 당시 그는 서해의 5도와 군산 앞바다 일대를 측량하고 해도를 작성하여 남겼는데 그 정밀성은 현재의 과학적 측정과도 큰 차이가 없을 정도로 뛰어났다. 그리고 서해 일대를 측량하는 과정에서 몇몇 조선인들과 접촉하게 되었는데《조선 서해 탐사기》에는 당시의 경험이 비교적 상세하게 기록되어 있다.

최초로 조선을 방문한 영국인들에 대한 실록 기록

베질 홀이 조선 영해에 들어와 조선 사람과 접촉한 사실은 《조선왕조실록》순조실록에도 기록되어 있다. 당시 충청도 수사였던 이재홍은 순조 16년(1816년) 음력 7월 19일에 장계를 올려 순조에게 다음과 같이 보고했다.

마량진 갈곶(현 충남 서천군 서면 마량리) 아래에 이양선 두 척이 표류해 도착했습니다. 그 진鎭의 첨사 조대복과 지방관 비인 현감 이승렬이 연명으로 보고하기를, "표류해 온 이양선을 인력과 선박을 많이 사용해 끌어들이려 했으나 실패했습니다. 그래서 14일 아침, 첨사와 현감이 이상한 모양의 작은 배가 떠 있는 곳으로 함께 가서 먼저 한문으로 써서 물었으나 그들은 고개를 저으며 모르겠다고 했습니다. 다시 언문으로 써서 물었지만 역시 손을 저으며 모르겠다고 했습니다. 이처럼 한참 동안 힐난했으나 끝내 의사를 소통하지 못했습니다. 마침내 그들이 스스로 붓을 들어 무언가를 썼으나 전자篆字와 같으면서도 전자가 아니고, 언문과 같으면서도 언문이 아니어서 알아볼 수 없었습니다.

그러자 그들이 좌우와 상하 층각層閣 사이의 무수한 서책 가운데에서 책 두 권을 꺼내어 한 권은 첨사에게, 한 권은 현감에게 주었습니다. 그래서 그 책을 펼쳐 보았으나 역시 전자도 아니고 언문도 아니라서 이해할 수 없었고, 다시 되돌려 주려했지만 그들이 굳이 사양하며 받지 않기에 어쩔 수 없이 소매에 넣었습니다. 책을 주고받을 때 하나의 작은 진서眞書가 함께 있었는데 아마도 그 나라에서 쓰는 문자로 추정되어 가지고 왔습니다."

이때 홀 일행과 접촉한 이승렬과 조대복이 본 글자는 영어였다. 당시 홀 일행은 맥스웰 선장이 지휘하던 알세스트호Alceste와 리라호Lyra에 나뉘어 탑승해 있었다. 알세스트호는 규모가 컸고,

리라호는 좀 더 작은 배였다. 그들 일행 중에는 광둥성에서 데려온 중국인 한 명이 있었다. 그러나 그 중국인은 조선 사람들과 필담을 주고받을 능력이 없어 큰 도움이 되지 못했다.

그 결과 홀과 이승렬은 필담조차 주고받지 못하고, 손짓과 몸짓으로 의사소통을 했다. 결국 그들은 서로 무슨 말을 하는지 전혀 이해하지 못했다.

이승렬은 그들과의 대화를 구체적으로 보고하지 못했고, 대신 그들의 외형, 복장, 선박의 구조, 선박에 실려 있던 물품에 대해 비교적 상세하게 보고했다.

> 그 사람들은 머리를 모두 깎았고, 머리에 쓴 모자는 검은 털이나 노끈으로 만든 것으로 모양은 동로구銅鑪臼(구리로 만든 화로)와 같았습니다. 의복은 상의는 흰 삼승포三升布(성글고 굵은 베)나 흑전黑氈으로 만들었고, 오른쪽 옷깃에 단추를 달았습니다. 하의는 흰 삼승포로 매우 좁게 지어 다리가 겨우 들어갈 정도로 만들었으며 행전行纏(바짓가랑이를 좁혀 정강이에서 무릎 아래까지 매는 하의)처럼 입었습니다. 버선은 흰 삼승포로 둘렀고, 신발은 검은 가죽으로 만든 것으로 발막신(코끝이 둥글넓적한 가죽신)과 같으며 끈이 달려 있었습니다. 그들이 가진 물건은 금은환도金銀環刀, 금은장도金銀粧刀, 건영귀乾靈龜(나침반), 천리경千里鏡(망원경)이 있었습니다. 사람 수는 칸칸마다 가득 차 있어 정확히 셀 수 없었으나 8~90명쯤 되어 보였습니다.

또 큰 배에 가서 실정을 물었더니 사람의 복색, 패물, 소지품이 작은 배와 같았고, 한문이나 언문을 막론하고 모두 모르겠다며 고개를 저었습니다. 사람 수는 작은 배보다 몇 배 더 많은 듯했으며, 배 위와 선실 사이에 앉기도 하고 서기도 하고, 오가기도 하는 등 매우 어수선하여 정확한 계산이 어려웠습니다.

큰 배에는 작은 배보다 갑절이나 많은 서책과 기물器物이 실려 있었습니다. 큰 배든 작은 배든 그 제도는 기괴하였고, 층과 칸마다 보배로운 그릇과 이상한 물건이 가득 차 있었으며 이름을 알 수 없는 쇠와 나무로 된 물건도 이루 말할 수 없이 많았습니다.

그 가운데 여인도 한 명 있었는데 눈앞에서 본 사람은 단 한 명뿐이었으며 흰 베로 머리를 싸매고 붉은 치마를 입고 있었습니다. 두 배 모두에 대장간이 있었고, 대철환大鐵丸, 화살촉 같은 물건을 만들고 있었습니다.

첨사와 현감이 배에서 내릴 때 그들 가운데 한 사람이 책 한 권을 굳이 주었는데 작은 배에서 받은 두 권과 합해 총 세 권입니다. 그러는 사이 서북풍이 불자 크고 작은 배가 불시에 호포號砲를 쏘며 차례로 돛을 달고 바로 서남쪽 연도煙島 바깥의 넓은 바다로 나갔습니다.

첨사와 현감이 여러 배를 지휘해 뒤쫓았으나 마치 새처럼 빨라 붙잡을 수 없었고, 앞의 배는 이미 형체가 보이지 않았으며 뒤의 배도 어슴푸레 보일 뿐 해가 져서 더는 추적할 수 없었습니다.

이렇듯 조선인과 영국인의 첫 만남은 제대로 된 대화 한마디 나누지 못한 채 끝이 나고 말았다.

조선인을 처음 만난 영국인들의 인상

홀 일행이 탄 알세스트호는 1816년 9월 1일 아침, 마침내 조선 땅을 마주했다. 그들 앞에 나타난 것은 세 개의 섬이었다. 그들은 그 섬들을 지나 한 아름다운 만에 정박했다. 그러자 조선인을 태운 작은 배 한 척이 다가왔다. 조선인은 5~6명이 타고 있었지만 뭔가 두려운 기색을 보이며 알세스트호에서 떨어진 곳에서 멈춰서 바라보기만 했다.

이에 영국인들은 작은 배를 내려 조선인의 섬마을에 상륙했다. 그들이 본 조선인들은 짙은 구릿빛 피부와 험상궂은 외모로 다소 야만스러워 보였다. 하지만 전혀 공격적이지 않았고, 특별히 두려워하거나 거부하는 태도도 없었다. 다만 그들의 형색이 낯설고 특이하게 느껴졌다.

그들 가운데 대표자로 보이는 몇 명은 복장이 매우 이채로웠다. 직경이 거의 3피트에 달하는 테가 있는 모자와 높이 약 9인치에 이르고 끝이 잘린 원추형의 큰 관을 쓰고 있었다. 이 기이한 모자는 잠자리 날개처럼 생겼으며 겉은 말총으로 장식되어 있었고, 턱 밑에 흑색 끈으로 묶여 있었다. 또 다른 하나의 끈에는 빨간색과 노란색 구슬이 꿰어져 있었다.

조선 원주민의 의복은 중국인과 전혀 달랐다. 바지는 헐렁하고 넓었고, 상의는 거친 풀로 짠 천으로 만들어져 거의 무릎까지 내려왔으며 신은 잘 만든 짚신을 신고 있었다.

영국인들이 조선 원주민들의 옷차림을 신기하게 바라본 것처럼 조선인들도 영국인들을 신기하게 바라보는 표정이었다. 하지만 그들이 환영한다는 인상을 주지는 않았다. 대표자로 보이는 관료들은 계속 손짓으로 '돌아가라'는 의사를 나타냈다. 그러나 영국인들은 그 의미를 전혀 이해하지 못했다. 마을로 들어가려 하자 조선인들은 그들의 팔을 세게 잡아채며 밀쳐냈다.

홀 일행은 조선인들이 자신들을 환영하지 않음을 눈치챘고, 어떻게든 그들을 안심시키려 했다. 그러나 그들은 막무가내로 밀쳐냈다. 영국인들은 동행한 중국인을 앞세워 조선인들을 설득하려 했지만 중국인과 조선인 사이엔 어떤 대화도 오가지 않았다. 조선 관리들이 중국인에게 한자로 글을 써줬지만 그는 조선식 한자를 전혀 이해하지 못했다.

결국 영국인들은 마을 진입을 포기하고, 섬에서 가장 높은 산 정상에 올라 주변을 살펴보았다. 주변에는 수많은 섬이 흩어져 있었다. 이후 그들은 다시 섬마을로 몰래 들어갔고, 그제야 조선의 여인들을 제대로 볼 수 있었다. 그들이 상륙했을 때 조선 여인들은 약속이나 한 듯 모두 몸을 숨기고 있었다.

조선 여인들은 대부분 나무절구로 쌀을 찧고 있었고, 등에는 하나같이 아이를 업고 있었다. 그러다 영국인들을 발견하자 토끼 떼처럼 우르르 오두막으로 사라졌다. 영국인들은 이 장면을 매우 신기하게 여겼고, 더 큰 호기심을 품게 되었다.

그들은 마을 곳곳을 돌아다니며 여인들을 찾아다녔고, 마침내 가까운 거리에서 한 여인을 발견했다. 그녀는 중국 여성들과 달리 발을 싸매지 않았고, 발 크기도 서양 여성과 비슷했다.

영국인들은 비교적 자유롭게 섬마을을 돌아다녔다. 그 마을에는 약 40호 정도의 집이 있었으며 지붕은 갈대와 짚으로 덮여 있었고, 모두 같은 형태였다. 모든 지붕은 단단하지 않은 새끼줄로 묶여 있었는데 이는 바람에 날아가지 않게 하는 장치로 보였다.

원주민들의 밭에는 조(기장)·메밀·완두콩·담배 등이 재배되고 있었으며 섬 곳곳에는 떡갈나무가 무성하게 자라고 있었다. 집집마다 황소와 다른 가축들이 있었지만 영국인들이 돈을 내밀며 팔라고 해도 아무도 응하지 않았다. 영국인들이 돈을 선물로 주려 했지만 그것마저도 받지 않았다. 그러나 신기하게도 술잔은 웃으며 받았다. 원주민들의 우두머리로 보이는 인물은 유리잔을 받아 들고 매우 기뻐하는 표정을 지었다.

하지만 그들은 여전히 영국인들이 하루빨리 떠나기를 바라는 눈치였다. 하늘을 가리키고, 바람을 흉내내며 항해가 가능하다는 신호를 주었고, 심지어 종이 조각을 공중에 띄워 바람 방향까지 알려주었다.

결국 영국인들은 원주민의 뜻을 존중해 섬을 떠나기로 했다.

그리고 떠나며 맥스웰 선장은 그 섬과 주변 섬을 '홀군도'라 명명했다. '홀'은 에딘버러 왕립학사원Royal Society of Edinburgh 원장의 이름에서 따온 것이었다.

홀군도는 동경 124° 46′, 북위 37° 50′에 위치한 섬들이며, 오늘날의 서해 5도, 즉 대청도·백령도·소청도·연평도·우도를 일컫는다.

말이 통하지 않는 영국인과 조선인은 어떻게 소통했을까?

알세스트호는 남쪽으로 더 항해하여 매우 아름답고 규모가 큰 만에 도착했다. 영국인들은 이 만을 '베질의 만'이라 명명했는데 곧 장항만이다. 장항만은 수심이 얕아서 큰 배인 알세스트호는 가까이 접근할 수 없었고, 작은 배인 리라호를 이용해 상륙을 시도했다. 그들이 장항만에 다가가자 조선 원주민들이 떼를 지어 나와 소리를 질러댔다. 그들은 몹시 화가 난 듯 했으며 손짓으로 봐서 바다로 돌아가라는 것 같았다.

하지만 그들의 아우성에도 불구하고 영국인들은 어떻게 해서든 베질만에 상륙할 작정이었다. 베질만에 형성된 마을은 지난번에 상륙했던 섬마을에 비해 규모가 훨씬 컸다. 따라서 주민들의 수도 매우 많았다. 원주민들은 화를 내며 소리치다가 급기야 여러 척의 배를 몰고 리라호로 다가왔다.

그들이 몰고 온 배들에는 수많은 깃발이 달려 있었고, 배에 탄 사람들은 모두 같은 복장을 하고 있었다. 아마도 조선의 군사들인 듯했다. 그중 특히 눈에 띄는 배 하나에는 크고 푸른 우산이 펼쳐져 있었고, 그 아래에는 위엄 있는 관료가 앉아 있었다. 그는 백발의 수염이 가슴과 허리까지 길게 늘어져 있었는데 그 길이가 워낙 길어 가슴을 완전히 덮고 허리 밑에까지 닿을 정도였다. 옷은 푸른 비단옷을 입고 있었는데 매우 위엄 있고 아름다워 보였다. 영국인들이 현감이라 추정한 이 인물은 충청도 수사 이재홍에게 이양선에 관한 보고서를 올릴 비인 현감 이승렬이었다.

홀을 비롯한 영국인들은 이승렬이 탄 배로 다가가 그를 만났다. 이승렬은 매우 예의 바르고 친절하게 그들을 맞이했지만 자신의 배에 서양인이 올라오는 것을 반기는 것 같지는 않았다.

그래서 영국인들은 곧 그의 배에서 내려 리라호로 돌아갔다.

이후 조선의 배들이 리라호를 에워싸기 시작했고, 영국 선원들 또한 만약을 대비해 무기를 준비했다. 그리고 곧 배를 움직여 조선의 배들을 밀어내려 했다. 일촉즉발의 상황이 조성되자 이승렬은 즉시 조선 측 배들에 명령을 내려 포위를 해제시켰고, 덕분에 긴장은 완화되었다.

상황이 누그러지자 영국인들은 이승렬을 설득해 상륙하려 했다. 그들은 광동성에서 데려온 중국인을 앞세워 대화를 시도했지만 그 중국인은 조선인이 써준 필담용 한자를 전혀 이해하지 못했다. 결국 구체적인 대화는 이루어지지 않았다.

그런 가운데 이승렬은 손짓으로 리라호에 승선하겠다는 의사를 보냈고, 영국인들이 이를 받아들여 그는 리라호에 올라탔다. 이후 그는 근엄한 표정으로 무게 있는 목소리로 말을 시작했다. 물론 영국인들은 한 마디도 알아들을 수 없었다.

이승렬의 말을 한참 들은 후, 영국인들도 영어로 진지하게 응답했다. 그러자 이승렬은 더욱 엄정한 표정으로 강하게 말을 이어갔다. 그의 표정으로 보아 '빨리 떠나라'는 의미임을 짐작할 수 있었다.

말이 통하지 않자 이승렬은 수하를 불러 글을 쓰게 했다. 그리고 한참 만에 글을 완성하여 영국인들에게 넘겨주었다. 하지만 영국인들은 전혀 그 내용을 이해하지 못했고, 이승렬은 매우 실망한 표정으로 다시 화를 냈다.

이승렬은 수하들과 함께 어떻게 하면 서양인들과 의사소통할 수 있을지 논의하는 듯했다. 한편 영국인들도 그의 분노를 진정시키기 위한 방도를 궁리했고, 결국 술을 꺼내 대접하기로 했다.

영국인들이 내놓은 술은 체리 브랜디와 럼주였다. 체리 브랜디는 이승렬을 위해, 럼주는 그의 수하들을 위해 제공했다. 그러자 수하들의 얼굴에는 드디어 웃음기가 돌았고, 영국인들은 술을 꺼낸 것이 효과가 있다고 생각했다.

이승렬의 수하들은 두 부류로 나뉘었다. 한 부류는 그와 유사한 형태의 흰 관복을 입은 관리들, 다른 한 부류는 흰 옷 위에 검은 민소매 도포를 걸친 군인들이었다. 군인들 중에는 활과 화살로 무장한 이도 있었고, 칼을 찬 이도 있었다. 그들은 럼주를 마신 뒤 만족스러운 표정을 지었다.

그러나 이승렬은 여전히 엄중한 태도를 유지하며 자신의 배로 돌아갔다. 그리고 뭔가를 요구하는 듯했고, 영국인들은 이승렬의 배를 방문해야만 할 것 같은 중압감을 느꼈다. 영국인들이 그의 배에 가자 이승렬은 예의를 갖추어 맞이했고, 겸손하게 대접했다. 그리고 그도 영국인들에게 술을 대접했다.

그 뒤 이승렬은 좀 더 먼 바다에 있는 알세스트호로 향했고, 맥스웰 선장은 급히 그를 맞이하기 위해 배로 돌아갔다. 맥스웰 선장은 술과 비스킷으로 이승렬과 수하들을 대접했다. 이승렬은 술을 한 잔 마시고 매우 흡족한 표정을 지었다. 그는 알세스트호의 규모와 장비를 보며 놀라움을 감추지 못했고, 여러 말을 던졌지만 맥스웰은 '나는 당신의 말을 전혀 이해하지 못한다'는 글을 영어로 써서 그에게 건넸다. 이승렬은 그 쪽지를 유심히 바라보며 이해하지 못하겠다는 표정을 지었다.

그 뒤로도 두 사람은 손짓으로 대화를 시도했지만 서로 무슨 말인지 전혀 알아듣지 못했다. 결국 아무런 성과 없이 대화는 종료되었다.

다음 날 아침, 이승렬은 다시 영국인들의 배를 방문했다. 조선은 군악대까지 동원해 호의적인 분위기를 연출했고, 이승렬은 다시 알세스트호에 올라 배 내부를 둘러보았다. 그는 배에 실린 책·장갑·안경 등을 유심히 살펴보았고, 수하들 또한 책을 집중적으로 살피는 듯했다. 아마도 영국인의 정체를 파악할 단서를 찾고 있었던 것으로 보인다.

수하들 중 하나는 책더미에서 《대영백과사전》을 꺼내 들고 가져가도 되겠냐는 듯한 표정을 지었다. 영국인들은 그것은 줄 수 없다고 했고, 대신 다른 책을 한 권 건넸다. 그는 감사의 뜻으로 자신의 부채를 홀에게 선물했다.

한편 이승렬은 수하 한 명에게 영국 배의 크기와 무기 등을 측정해 기록하게 했다. 이는 정부에 보고할 내용을 정리하는 듯한 조처였다. 수하는 배의 크기뿐 아니라 무기 종류와 수량까지도 파악하여 기록했다.

이승렬은 서양식 대포의 성능을 시험해보고 싶어 했고, 홀은 이에 호응하여 18파운드 함포 하나를 장전해 바다로 발사했다. 포탄이 물속에 떨어지자 바닷물이 크게 출렁였고, 이를 지켜본 조선인들은 감탄의 소리를 내질렀다. 그러나 이승렬은 아무런 반응도 없이 조용히 그 광경을 바라보았다.

맥스웰 선장은 자신의 배에 오른 이승렬에게 아침 식사를 대접했다. 포크·스푼·나이프를 내놓고 서양 음식을 권했지만 이승렬은 전혀 당황하지 않고 맛있게 먹었다. 식사 후 차와 설탕을 탄 우유도 대접했는데 그는 매우 만족한 표정으로 마셨다. 영국인들은 이 호의적인 분위기를 이용해 육지 상륙이 가능한지 손짓으로 물었지만 이승렬은 그 뜻을 이해하지 못한 듯했다.

그래서 영국인들이 배를 몰아 육지로 향하자 이승렬은 무서운 표정으로 손을 목에 그으며 위협적인 신호를 보냈다. 영국인들은 그 손짓을 통해 만약 자신들이 육지에 상륙하면 이승렬의 목이 달아날 것이라는 뜻임을 알아차렸다. 결국, 영국인들은 더는 이 마을에 상륙할 수 없음을 깨닫고 장항만을 떠날 수밖에 없었다.

나폴레옹이 가보고 싶다고 말한 평화의 나라

알세스트호와 리라호는 장항만을 떠나 남서쪽으로 항해를 계속했다. 항해 도중 그들은 조선의 고기잡이배 여러 척을 만났지만 직접적인 대화는 이루어지지 않았다. 항해를 거듭할수록 엄청난 수의 섬들이 눈앞에 펼쳐졌고, 홀은 그 섬들을 하나하나 세어가며 지도에 표시했다.

섬들의 수는 100개가 넘었다. 이때 그들이 지나고 있던 곳은 고군산군도였다. 고군산군도를 지나자 한동안 섬들이 보이지 않았고, 그러다 다시 수많은 섬이 나타났다. 섬들 사이를 항해하던 중, 그들은 거센 물살에 휩쓸려 하마터면 좌초할 뻔했다. 위기의 순간을 가까스로 넘기고, 하나의 섬에 접근해 정박했다. 그 섬은 전라도 신안 해협에 흩어진 수많은 섬들 가운데 하나였다.

영국인들이 상륙하자 수많은 원주민이 몰려들었다. 영국인들은 자신들이 해를 끼치지 않는다는 뜻을 전달해야 했다. 이를 위해 맥스웰 선장은 가장 나이 많은 원주민의 손을 잡아 자신의 팔에 끼우고 함께 걷는 시늉까지 했다. 선원들도 같은 행동을 따라 했고, 덕분에 조선 원주민들은 기분 좋은 표정을 지으며 공격적인 태도를 보이지 않았다.

조선인들에게 친근감을 표현하는 데 성공한 영국인들은 한 민가의 마루에 앉아 담배를 피울 수도 있었다. 영국인들은 조선인들과 함께 웃고, 함께 담배를 피우며 걷는 모습이 성공적인 교류라고 여겼다.

조선인들은 영국인들의 옷, 구두, 양말, 모자 등에 강한 호기심을 보였다. 이에 영국인들은 자신들이 입고 있던 옷, 양말, 모자, 구두 등을 벗어 조선인들에게 나눠주었다. 그중에서도 조선인들이 가장 신기해한 물건은 양말이었다. 그들은 양말을 신어보고는 "좋다, 좋다"라는 말을 반복했는데 영국인들은 그 말을 양말을 뜻하는 단어로 착각하기도 했다.

영국인들은 그날 밤 배로 돌아와 휴식을 취한 뒤, 다음 날 아침 다시 마을에 상륙했다가 다른 섬으로 이동했다. 주변에는 많은 섬이 있었는데 놀랍게도 거의 모든 섬에 사람들이 살고 있었다. 영국인들은 몇몇 섬에 상륙해 원주민들과 교류하며 섬의 개수를 알아보려 했다. 그러자 어떤 이는 120개, 어떤 이는 136개, 또 다른 이는 170개라고 답했다. 어쨌든 그 일대에는 정말 많은 섬이 있었다. 그들은 어느 섬의 산 정상에 올라 주변 섬들을 헤아리기도 했고, 다도해의 절경을 감상하며 감탄을 아끼지 않았다.

하룻밤을 더 지낸 후 영국인들은 남쪽으로 항해를 계속했고,

9월 10일 해질 무렵 제주도에 도착하여 잠시 상륙했다. 그곳에서도 조선인들과 소통하기 위해 여러 노력을 기울였지만 실패했고, 결국 제주도를 떠나 유구로 향했다. 이로써 그들의 10일간에 걸친 조선 서해 탐사는 끝을 맺었다.

홀은 귀국길에 대서양의 세인트헬레나섬에 들렀다. 당시 그곳에는 나폴레옹이 유배 중이었다.

홀의 아버지 제임스 홀은 프랑스 브리엔 학교에서 나폴레옹과 친구로 지낸 인물이었다. 홀은 나폴레옹을 만나 자신이 조선에 다녀온 사실과 그곳의 풍물에 관해 이야기했다.

이때 홀은 조선을 이렇게 소개했다.

"조선은 남의 나라를 쳐들어간 적이 없는 평화의 나라입니다."

그러자 나폴레옹은 이렇게 말했다고 전해진다.

"내가 다시 천하를 통일하는 날, 반드시 그 나라를 찾아보고 싶다."

나폴레옹을 방문한 홀은 1817년에 영국으로 귀환했고, 이후 선장으로 승진해 북미와 남미 지역에서 근무했다. 그는 1825년에 스페인 총독 존 헌터의 딸과 결혼했고, 1831년에는 선장을 그만두고 런던에 정착해 여생을 보냈다.

4장 | 영국인들이 본 조선
02

조영수호통상조약의 체결

사실 조선에 처음 모습을 드러낸 영국의 배는 홀 일행이 탔던 알세스트호와 리라호가 아니었다. 홀 일행이 조선 서해를 탐사한 때로부터 19년 전, 즉 1797년(정조 21년) 조선 영해에 나타난 영국 배가 있었던 것이다. 그 배의 이름은 프로비던호The Providence였다. 프로비던호가 나타난 곳은 강원도 원산이었지만 조선 정부에 통상을 요구하지는 않았다.

이후 홀 일행이 알세스트호와 리라호를 타고 조선을 방문했으나 통상 교섭을 시도하지는 않았다. 영국이 처음으로 함선을 동원해 조선과 통상 교섭을 시도한 시점은 1832년(순조 32년)이었다. 이 때 동원된 함선은 동인도회사 소속의 아마스트호The Lord Amherst

였다. 아마스트호는 충청도 홍주 고대도 부근에 약 한 달간 정박하며 교섭을 시도했으나 조선의 완강한 거부로 실패했다. 이와 관련된 기록은 《조선왕조실록》 순조 32년 7월 21일에 남아 있다.

실록에 따르면, 아마스트호가 고대도 안항에 정박한 시점은 음력 6월 26일 오후 6시경이었다.

배가 들어오자 충청도 관찰사 홍희근과 충청수사 이지형은 깜짝 놀라 홍주 목사 이민회와 수군 우후 김형수에게 영국인들을 만나보도록 명했다. 하지만 서로 말이 통하지 않아 한문으로 필담을 주고받았다. 필담을 통해 국적, 이름, 방문 목적 등을 묻자 그들은 다음과 같이 대답했다.

"우리들은 모두 영길리국 난돈蘭墩과 흔도사단忻都斯担 땅에 사는 사람들로서, 선주는 호하미胡夏米입니다. 서양포西洋布, 기자포碁子布, 대니大呢, 우단초羽緞綃, 뉴자紐子, 도자刀子, 전도剪刀, 요도腰刀, 납촉蠟燭, 등대燈臺, 등롱燈籠, 유리기琉璃器, 시진표時辰表, 천리경千里鏡 등 여러 물품을 가지고 귀국의 소산물을 사려고 본년 2월 20일 배에 올라 본월 26일 이곳에 왔습니다. 귀국의 대왕께 보고하여 우호를 맺고 교역하게 해주기를 바랍니다."

영국인들에 따르면, 아마스트호에 승선한 선원은 67명이었고, 선주 호하미는 영국에서 자작의 작위를 받은 인물이라 했다. 그와 함께 온 이들은 모두 상인들이라고 밝혔다. 이에 홍주 목사 이민회는 그들의 배를 수색하려 했으나 영국인들이 이를 거절하여 수색은 무산되었다. 또한 가져온 물품들을 보여달라고 요청했지만 이

역시 거절당했다.

그럼에도 영국인들은 지속적으로 교역을 요청했고, 이에 이민회는 다음과 같이 답했다.

"그대들이 상국(청나라)의 허락을 받은 문서도 없이 지금껏 없었던 교역을 요청하니 이는 매우 부당한 일이다. 따라서 요구에 응할 수 없다."

그러나 영국인들은 20일 넘게 안항에 머물며 교역을 요구하다가 7월 17일 마침내 서남쪽으로 떠났다. 그 뒤로도 영국은 상선을 동원해 통상을 요청했지만 성사되지 못했다. 그러던 중 1860년대경 러시아가 연해주를 장악하고 남진 정책을 본격화하자 영국은 극동 지역에서 러시아의 영향력 확대를 견제하기 위해 조선과의 수교를 서두르게 된다.

그러나 별다른 성과는 없었다. 그러던 중 1876년 조선과 일본이 강화도조약을 체결하자 영국은 조선과의 수교를 맺을 기회가 왔다고 판단했다. 그래서 일본에 수신사로 파견된 김기수에게 접근해 교섭을 시도했다. 이때 김기수에게 교섭을 시도한 인물은 주일영국공사 파크스 Parkes, H.S.였으나 별다른 성과는 없었다.

이후에도 영국은 수교 기회를 계속 노렸고, 결국 조급해진 나머지 1881년에는 군함을 보내 일종의 무력 시위를 벌였다. 당시 조선에 온 영국 군함은 페거서스호 The Pegasus였지만 역시 조선의 거부로 수교는 이뤄지지 않았다.

한편, 그 무렵 조선과 미국 사이에 통상조약 교섭이 진행 중이었고, 1882년에는 조미수호통상조약이 체결되었다. 이에 영국은 주청영국공사 웨이드Wade, F.F.를 청나라에 보내 조선과의 수교를 주선해 달라고 요청했다. 청나라는 이 요청을 받고 몇 가지 조건을 붙여 조선을 중재하게 된다.

이에 따라 영국은 1882년에 윌스Willes, G.O. 제독을 통상교섭 전권대사로 조선에 파견했고, 조선은 조영하를 전권대신으로 임명하여 인천에서 회담이 열렸다. 그러나 이 회담은 결렬되었다. 양측은 14개 조항의 조약 원안을 확정하고 약정서를 주고받았지만 영국 정부는 '조일수호통상장정'에 비해 자국의 무역과 영국민의 지위 보장에 미흡하다는 이유로 비준을 거부했다.

이후 1883년 양국은 다시 회담을 열었고, 이때 양측 대표는 주청영국공사 파크스와 조선 전권대신 민영목이었다. 이들은 13개 조항의 '조영수호통상조약'과 부속통상장정·세칙장정·선후속약 등을 체결하고, 1884년 4월 28일 마침내 비준 교환에 성공했다. 물론 이 조약은 영국에 매우 유리한 불평등 조약이었다. 그럼에도 이 조약 체결 이후, 영국인은 여권 없이 조선 땅을 자유롭게 왕래할 수 있게 되었고, 영국 군함도 조선의 어느 항구에서나 정박하고 상륙할 수 있게 되었다.

4장 | 영국인들이 본 조선
03

윌리엄 칼스의 조선 여행기

영국인의 조선 여행기 《코리아에서의 생활》

조영수호통상조약 체결 이후, 조선에서 생활하게 된 최초의 영국인들은 영국 공사관의 외교 인력과 그 가족들이었다. 그들 중 조선에 관한 책을 남긴 최초의 인물은 윌리엄 리처드 칼스William Richard Carles(1848~1929년)였다.

칼스는 영국 와우릭에서 목사의 아들로 태어났으며 말버러 대학에서 지질학을 전공했다. 그는 19세였던 1868년에 중국으로 건너갔고, 당시 그의 신분은 북경 주재 영국 공사관에서 번역을 맡은 유학생이었다. 그가 십 대의 젊은 나이에 북경으로 간 것은 당시 유럽 청년들에게 중국이 '기회의 땅'이자 새로운 세계로 여겨졌기 때문이었다.

그는 짧은 중국 생활을 마친 뒤 영국으로 돌아가 말버러 대학을 졸업하고, 다시 중국으로 돌아가 북경과 상하이에서 공사관 직원으로 근무했다. 그리고 1882년 중국공사관 서기관 대리에 임명되었으며, 1884년 조영수호통상조약이 체결되자 조선 주재 부영사로 발령받아 처음으로 조선 땅을 밟게 되었다. 이후 그는 약 18개월 동안 조선에서 생활했으며 그 경험을 바탕으로 《코리아에서의 생활Life in Korea》를 집필했다.

그는 이 책을 쓰기 전 윌리엄 엘리엇 그리피스William Elliot Griffis가 쓴 《은자의 나라 코리아》를 읽었다고 한다. 《은자의 나라 코리아》는 미국인 그리피스가 1882년에 출간한 책으로, 그는 동양학을 전공하고 일본의 여러 대학에서 이학, 화학, 지리학, 생물학 등을 가르친 인물이었다. 그리피스는 3년 동안 일본에 체류한 경험을 바탕으로 《일본제국》, 《요정의 나라 일본》과 같은 책들을 집필했고, 여러 자료를 수집해 《은자의 나라 코리아》를 펴냈다. 이 책의 초판은 강화도조약 이전의 한국 역사, 풍물, 관습 등을 다뤘으며, 후에는 을사늑약 관련 내용을 보충하여 증보판을 출간하기도 했다.

하지만 그리피스는 초판을 낸 1882년 당시까지 한국을 직접 방문한 경험이 없었다. 칼스는 이 점을 지적하며 자신의 책 《코리아에서의 생활》은 그리피스처럼 자료만으로 쓴 것이 아닌, 철저한 현장 체험에 근거한 기록임을 강조했다. 《코리아에서의 생활》은 총 20장으로 구성되어 있으며 조선에 도착했을 당시의 첫인상, 서울의 모습, 서울과 경기도, 황해도, 평안도, 압록강 국경 지역, 원산 등을 직접 여행한 내용을 담고 있는 기행문이다.

또한 이 책에는 많은 삽화가 실려 있는데, 이는 칼스가 직접 그린 것이 아니라 조선의 화가들을 동원해 그리게 한 것이라 한다. 이 책은 기행문 형식이기 때문에 조선에 대해 주제별로 체계적으로 서술하지는 않았고, 그로 인해 전문성과 객관성은 다소 부족할 수 있다. 그러나 외국인이 낯선 나라에서 체험한 생생한 감정과 인상은 고스란히 담겨 있다.

북경에서 경험한 조선

칼스는 북경에 머무르며 여러 동양인을 접했다. 그 과정에서 그는 몽골인들에게 묘한 매력을 느꼈다. 몽골인들은 행동부터 특별했다. 그들은 항상 낙타나 말을 타고 다니며 그것을 자랑스럽게 여겼다. 낙타에는 의자까지 얹혀 있었고, 그들은 그 위에 편안한 자세로 앉아 느릿느릿 북경 거리를 구경하며 다녔다. 더욱이 늘 처자식을 동반하고 다녔기 때문에 서양인의 눈에는 매우 신기한 광경으로 보였다. 낙타를 탈 때는 느긋하고 거만한 태도를 보였지만 말을 탈 때는 대단히 빠르게 움직였다. 즉, 낙타는 유람용, 말은 급한 용무를 볼 때 사용한 것이었다.

칼스는 그런 몽골인들과 여러 차례 대화를 나눴는데 그들은 친절하고 사교적인 성격이었다. 상냥한 데다 영국인이나 유럽인에게도 거리낌 없이 차를 권하곤 했다. 칼스는 이런 몽골인과 가장 대조적인 존재가 조선인이라고 느꼈다.

조선은 북경에 일 년에 두 차례 정기적으로 사절단을 파견했고, 칼스는 그때마다 조선 사절단을 직접 접할 수 있었다. 하지만 조선인들은 항상 서양인을 멀리하며 경계했고, 단 한 번도 웃음을 보이거나 말을 건넨 적이 없었다. 칼스는 조선인들을 유심히 관찰했고, 그들이 딱 두 부류로 나뉜다고 보았다.

그 구분은 복식에 따른 것이었다. 한 부류는 조선의 관리들이었고, 다른 부류는 흰옷을 입은 하인들이었다. 관리들은 자주색과 푸른색 비단으로 된 관복을 입고 있어 화려했고, 멀리서도 조선의 관리임을 단번에 알아볼 수 있었다.

그들의 관복은 신발과 모자를 제외하면 몸 전체를 가리고 있었고, 신발은 중국 신발과 비슷했지만 무명천으로 발을 싸서 커 보이는 특징이 있었다. 모자는 웨일스 여성들의 모자처럼 이상한 형태였는데 머리에 꼭 맞는 원뿔형에 밑부분은 3~4인치 크기의 둥근 접시형 테를 두른 특이한 모양이었다.

칼스와 그의 동료들은 언젠가 그 특이한 조선인 모자를 사려고 접근했으나 거절당했다. 알고 보니 조선인들은 국경 근처에서 일 년에 세 번만 시장을 열어 물건을 사고팔았으며, 그 외에는 개인 간의 매매를 엄격히 금지하고 있었다. 조선인들은 이 규정을 철저히 지켰기 때문에 개인적으로 물건을 팔지 않았던 것이다.

칼스는 조선인들이 서양인을 경계하는 이유에 대해 스스로 분석했고, 그들의 태도를 이해하는 입장이었다. 그는 조선인들이 서양인을 경계하는 것은 당연하다고 생각했다. 그가 파악한 바로는 조선인은 서양인을 두려워하고 있었다.

유럽인에 대한 조선인의 첫인상은 자신들의 풍속을 해치는 종교를 전파하거나 억지로 물건을 사라고 강요하기 위해 불법적으로 국경을 침범하는 존재였다. 그래서 조선은 천주교와 천주교도들을 대대적으로 박해했고, 그로 인해 프랑스가 보복 군대를 파견해 전쟁이 벌어지기도 했다. 또한 불법으로 침입한 미국 상선을 불태운 것에 대한 보복으로 미국 군대의 침략을 받기도 했다.

칼스가 확인한 자료에 따르면, 조선은 다른 나라를 침략한 적은 거의 없었고, 조선인들은 그저 평화롭게 살아가던 사람들이었다. 하지만 침략자에 대해서는 절대 용서하지 않았다. 유럽인들은 조선에 불법적으로 침입하여 무역을 강요하거나 풍속을 해치는 종교를 전파하고, 심지어 왕실의 무덤까지 파헤쳤다. 이 때문에 조선인들은 유럽인을 평화를 해치는 침략자로 인식하게 되었고, 그 결과 경계하고 적대하는 태도를 보이게 된 것이다.

물론 조선인들이 무조건 서양인을 적대시한 것은 아니었다. 공격 의도가 없고 도움을 요청할 경우 조선인들은 서양인이든 누구든 도와주는 사람들이었다. 실제로 조선 서해에서 영국 선박이 난파된 일이 있었는데 조선인들은 그 선원들을 도와주고 영국 함대에까지 안전하게 인도해주었다.

칼스는 이런 사례를 보며 조선인들이 매우 평화로운 사람들임을 느꼈다. 다만 자신들의 평화를 위협하는 존재에게는 호랑이처럼 강하게 맞섰을 뿐이었다. 이렇듯 칼스는 조선인들의 경계심과 두려움을 충분히 이해하는 사람이었고, 조선 주재 영사로 발령받았을 때도 기쁜 마음으로 조선으로 향했다. 그만큼 그는 조선에 오기 전부터 조선에 대해 남다른 애정을 갖고 있었던 것이다.

조선의 4대 명물

칼스가 북경에서 발견할 수 있는 조선의 상품은 종이, 인삼, 나무, 조랑말 네 가지가 전부였다. 이 네 가지가 조선이 자랑할 만한 대표적인 상품인 셈이었다.

칼스는 조선의 종이를 직접 사본 적이 있는데 확실히 뛰어난 상품이었다. 조선의 종이는 붓으로 글씨 쓰기에 좋았을 뿐 아니라 매우 질겨서 문과 창문에 붙이는 용도로도 부족함이 없었다. 창문에 붙이면 쉽사리 빗물이 안으로 들어오지 않으며, 또한 빛을 흡수하기 때문에 겨울철에는 유리 대신에 사용하기에도 무리가 없었다.

하지만 칼스는 조선의 인삼에 대해서는 의구심이 많았다. 중국 사람들은 조선 인삼을 매우 신뢰하고 있었다. 나이가 들어 활력을 잃고 오랜 질병으로 기운이 없는 사람에겐 조선 인삼이 특효라고 자랑까지 할 정도였다. 그래서 조선 인삼은 중국에서 금덩이만큼 비싸게 팔리는 비싼 약재였다.

언젠가 칼스는 중국인으로부터 그런 뛰어난 인삼의 약효를 확인해보지 않겠느냐는 제의를 받았다. 하지만 칼스는 고개를 가로저었다. 칼스뿐 아니라 모든 유럽인은 조선 인삼을 신뢰하지 않았다. 유럽인들은 조선 인삼을 먹는 것을 마치 약재실의 실험용 인간으로 전락하는 것이라고 생각했다. 그저 조선 인삼은 유럽인들에게는 자칫하면 큰 탈이 날 수 있는 독초처럼 여겨질 뿐이었다.

유럽인들은 조선 인삼보다는 조선의 목재를 훨씬 선호했다. 조선의 목재는 확실히 재질이 우수하고 사용하기 좋았다. 더구나 북경은 주변에 숲이 없어 목재 구하기가 매우 어려웠다. 그 때문에 북경에서 사용되는 목재는 거의 요동이나 조선의 목재를 사용했다. 특히 조선의 목재는 요동의 목재보다 훨씬 우수하여 중국인이나 유럽인이나 선호도가 매우 높았다.

목재에 이어 조선의 우수한 상품으로 여겨지는 것이 바로 조랑말이었다. 조선의 조랑말은 크기는 작으나 힘이 좋고 색깔이 매우 아름다웠다. 그래서 공사관의 물을 나르는 데는 조선 조랑말만큼 유용한 것이 없었다.

조선 주차 부영사가 되다

조선과 영국 사이의 통상조약에 대한 협상은 1882년에 이뤄졌으나 비준서를 교환한 것은 1884년 4월 27일이었다. 조선과의 조약 비준서를 교환했던 인물은 주청국 총영사였던 헨리 파크스였다. 조약 당시 조선에 임시로 머물고 있던 조선 주차 총영사는 윌리엄 애스톤이었다. 칼스는 파크스가 조약 비준을 위해 조선으로 갈 때 영국 정부로부터 조선 주차 부영사로 임명되었다. 그 무렵 칼스는 상하이의 영국 영사관에서 근무했는데 발령을 받자 곧 상하이를 출발하여 일본을 경유한 후 조선의 제물포항에 도착했다. 그는 제물포항에서 파크스와 그의 가족, 그리고 조선 총영사 애스톤과 서기관 힐리어 등을 위한 숙소를 마련해야 했다.

제물포에서 파크스와 애스톤을 맞이한 칼스는 미리 잡은 숙소에 그들을 머물게 하였고, 다음 날인 4월 25일에 그들은 서울로 향했다. 당시 파크스는 자신의 딸과 하녀들을 대동했는데 그녀들은 서울에 최초로 들어온 영국 여인들이었다.

이후, 서울에서 영국 측 전권대사 파크스와 조선의 전권대신 민영목 사이에 비준서가 교환되었고, 5월 1일에는 영국 여왕의 편지가 조선 왕에게 전달되었다. 물론 이 자리에 칼스도 참석했다.

당시 칼스가 본 고종의 인상은 온화하고 친절했다. 하지만 그들을 대접하기 위한 연회는 좀 실망스러웠다. 칼스는 조선 특유의 음식과 연회를 기대했지만 그날 저녁의 만찬 풍경은 대부분 유럽식이었다. 다만 조선 왕이 보내준 관현악은 조선식이어서 그나마 만족스러웠다.

칼스는 이후 며칠을 서울에서 머물다가 한강 탐사를 위해 제물포에 정박해 있던 영국 군함 클레오파트라호로 갔다. 그리고 군함용 돛배를 타고 염하를 거쳐 한강을 거슬러 올라 마포나루까지 둘러본 뒤 클레오파트라호에 복귀했다.

그가 한강을 탐사하며 본 조선은 평화롭고 아늑한 곳이었다. 다만 한강은 조수 간만의 차가 커서 큰 배가 다닐 만한 곳은 아니란 것을 깨달았다. 한 번은 그들이 탄 배가 모래에 잠겨 꼼짝도 할 수 없는 지경에 처하기도 했다. 그러다 만조 때가 되어 물이 불어난 덕에 모래늪에서 빠져나올 수 있었다.

그렇게 이틀 동안 한강 탐사를 한 후 칼스는 서울로 돌아갔고, 전권대사였던 주청 총영사 파크스는 자신의 딸과 하녀들을 대동하고 청국으로 돌아갔다. 이후로 칼스는 본격적으로 조선에서의 생활을 시작했다.

꽃의 낙원, 조선의 봄

당시 제물포의 영국 영사관은 작은 언덕 위에 자리 잡고 있었다. 그곳에서 바깥을 내다보면 멀리 개성의 뒷산이 아련히 보였다. 칼스가 조선에 머물던 시절, 제물포에 머물던 서양인은 유럽인과 미국인을 합쳐 고작 십여 명 남짓이었다. 때문에 칼스는 국적을 불문하고 그들과 교류하며 지낼 수밖에 없었다.

칼스는 제물포의 일본인 거류지에 집을 마련했는데 그곳에서 단 하나뿐인 이층집의 위층이 그의 숙소였다. 물론 2층 전체가 그의 숙소는 아니었다. 2층엔 집주인도 함께 거주하고 있었고, 칼스는 대청을 사이에 두고 방 하나를 썼다. 칼스의 방 창문 너머로는 바다가 아름답게 내려다보였고, 썰물 때가 되면 바다는 멀리 밀려나 눈앞엔 몇 마일이나 되는 개펄이 펼쳐졌다.

칼스는 숙소 주변의 동산과 언덕을 무척 좋아했다. 그가 조선에 당도했을 무렵 언덕은 온통 꽃 천지였다. 각시붓꽃, 으름덩굴, 야생장미, 야생모란, 백합, 조팝나무 꽃, 싸리나무 꽃 등이 어우러져 장관을 이뤘다.

칼스는 이 조선의 봄날 풍경을 너무도 사랑했다. 상하이의 풍경과 견주자면 조선의 봄은 마치 '꽃의 낙원' 같다고 느꼈다. 제물포는 상하이보다 나무의 종류도 훨씬 다양했다. 난쟁이 참나무, 작은 소나무, 밤나무, 오리나무, 느릅나무, 너도밤나무, 옻나무, 스무나무, 감나무, 오동나무, 개오동나무, 오갈피나무, 느티나무 등 너무도 많은 종류의 나무가 흔하게 보였다는 점이 무척 신기했다.

칼스의 눈을 사로잡은 것은 꽃과 나무만이 아니었다. 조선의 봄은 물새 떼의 계절이기도 했다. 마도요, 중부리도요, 흑꼬리도요, 청다리도요 등의 다양한 도요새와 백로, 덤불해오라기, 해오라기, 물오리 같은 새들이 떼지어 날아다니는 풍경이 무척 아름다웠다.

칼스는 그렇게 조선의 산천에 매료되어 호기심으로 가득 찼고, 언젠가는 반드시 조선의 내륙을 여행해 보리라 마음먹었다.

마침내 시작된 조선 여행

조선 땅 내륙을 여행해 보고 싶다는 그의 갈망은 1884년 9월에 마침내 실행에 옮겨졌다. 그는 중국어에 능통한 조선인 통역과 경호원을 대동하고 여행길에 올랐다. 조선 정부에서 발행한 여행증명서도 소지하고 있었는데 그것만 제시하면 조선 땅 어느 관아에서든 보호를 받을 수 있었을 뿐 아니라 여행 경비도 빌릴 수 있었다.

그는 출발에 앞서 조선 각지에 대한 상세한 정보를 입수하고 여러 차례 복습하며 익혀두었다. 물론 각 지역의 날씨 정보도 면밀히 조사해 두었다. 사실 9월은 조선에서 가장 좋은 날씨가 이어지는 시기였다. 그는 화창하고 쾌적한 9월에 조선을 여행하게 된 사실에 크게 만족해했다.

칼스의 여행을 위해 동원된 인원은 제법 많았다. 우선 김씨라는 통역, 건장하고 위엄 있는 현역 군인 출신의 경호원, 여러 명의 마부와 하인들이 있었다. 이들과 함께 12마리의 나귀, 몸집이 크고 민첩한 사냥개 샘이 함께했고 칼스와 통역, 경호원을 태운 중국산 말들도 중요한 여행 동반자였다.

여행의 출발은 서울의 영국 영사관에서 이뤄질 예정이었다. 그래서 칼스는 제물포 영사관에서 미리 서울로 거처를 옮겼다. 서울에서 짐을 꾸리고 여행 계획을 세우는 과정에서는 여러 영사관 소속 서양인들의 도움을 받았다. 칼스는 조선의 북부 지역을 답사하기로 결정했으며 여행 코스는 서울을 출발하여 의주까지 간 뒤, 다시 동쪽으로 여러 산을 넘어 강계에 이르고, 강계에서 직선로를 따라 동해안의 항구 도시 원산을 거쳐 서울로 돌아오는 것이었다.

그 거리를 계산해보면, 서울에서 의주까지는 약 350마일, 의주에서 원산까지는 500마일, 그리고 원산에서 서울까지는 170마일 정도였으니 총 1,020마일에 이르는 대장정이었다. 이를 미터법으로 환산하면 약 1,700 km에 해당했다.

의주 가는 길

서울을 출발한 그들은 사대문을 빠져나간 후, 벽제와 고양을 거쳐 파주에 이르렀다. 고양군을 지나는 중에는 한 차례 소나기를 만나 2시간이나 멈춰 있어야 했다. 그리고 파주 관아에 이르렀을 때는 이미 해가 저물 무렵이었다. 칼스 일행은 파주의 어느 고을 현감이 내준 객사에서 하룻밤을 지냈다.

다음 날인 9월 28일, 그들은 파주를 떠나 임진강을 건넜고, 한낮에 장단읍에 도착했으며 오후에는 송도(개성) 외곽에 이르러 높은 담으로 둘러쳐진 인삼밭을 구경했다. 그리고 둘째 날을 보낼 개성의 어느 관아에 도착했다. 칼스가 관아의 객사에 머물자 많은 사람이 그를 보기 위해 몰려들었다. 저녁이 되자 그곳 현감이 찾아와 인사를 나누고, 한동안 이런저런 이야기를 나눈 뒤 돌아갔다.

칼스는 다음 날, 개성 유수가 보낸 두 명의 병사를 앞세우고 조선 이전 왕조인 고려의 유적지들을 둘러보았다. 이후 곧장 길을 재촉해 황해도로 향했으나 중간에 소나기를 만나 평산에서 하루를 묵어야 했다. 이후 봉산, 황주, 중화에서 하루씩 머물렀으며 10월 3일, 대동강을 건너 평양에 도착했다.

평양에서는 평양 감사의 환대를 받았다. 감사는 영국이 세계 여러 지역에서 점유하고 있는 식민지에 큰 관심을 보였다. 그가 영국의 식민지에 대해 물은 까닭은 조선의 미래에 대한 불안감 때문이었다. 그는 조선의 항구, 광산, 산업, 문화에 대해 구구절절한 이야기를 쏟아냈지만 칼스는 피로에 지쳐 그 말들이 모두 지겹고 귀찮게 느껴졌다.

그렇게 평양에서의 첫날을 보낸 칼스는 다음 날 기자의 묘를 방문했다. 기자의 묘는 약 4피트(약 1.2미터) 높이의 흙무덤이었고, 그곳에는 '기자묘箕子墓'라 새겨진 비석이 세워져 있었다. 그는 기자묘 외에도 중국 삼국시대의 영웅 관우를 기리는 관왕묘關王廟를 방문했다. 관왕묘의 사당은 정갈하고 화려하게 잘 꾸며져 있었다. 그 외에도 공자孔子의 사당과 기자 이전에 조선을 세웠다는 전설의 단군 사당도 둘러보았다.

칼스는 평양에 사흘간 머물며 주변을 살핀 뒤 다시 북쪽으로 향했다. 그리고 안주, 가산, 곽산을 거쳐 10월 11일, 마침내 의주에 도착했다.

국경 지역의 풍경과 풍물

의주는 약 1만 가구의 인구를 지닌 도시였다. 중국으로 가는 길목에 위치한 이 도시는 인삼 무역의 중심지였기에 이곳 상인들이 인삼 수출을 거의 독점하다시피 했다. 의주는 또한 압록강 하류에 자리잡고 있어 백두산에서 뗏목을 통해 실어나른 조선 목재의 집산지이기도 했다.

중국과 조선의 공식 무역은 양국의 감독 아래 일 년에 세 차례 열리는 품평회에서 이뤄졌다. 이 품평회를 위한 시장은 조선과 중국 사이의 중립지대에서 형성되었는데 중립지대란 양국 국경선 사이에 약 40마일(64킬로미터)에 이르는 공간이었다. 양국 상인들은 아침이면 중립지대로 몰려나와 장사를 하다가 해가 지면 각자의 국경 안쪽으로 돌아갔다. 조선 상인들이 중국 측에 파는 상품은 인삼과 목재에 한정되었지만 중국 상인들이 조선에 파는 물품은 매우 다양했다.

칼스는 의주에서 그곳 주민들과 자연스럽게 어울려 생활했다. 이는 모두 통역 김씨 덕분이었다. 김씨는 의주 출신이었고, 그의 소개로 칼스는 한 민가에서 함께 지낼 수 있었다. 칼스가 머문 집의 주인은 55세 남자로 대가족을 거느리고 있었다. 칼스는 그 가족들과 초대받은 친구들 사이에서 함께 식사하기도 했다. 메뉴는 쌀밥, 된장, 채소, 돼지고기 등으로 구성되었고, 반주를 함께 나누며 즐겁게 식사했다.

칼스는 의주에 머무는 동안 청나라를 방문하려는 계획을 세웠지만 의주 부윤은 이를 허락하지 않았다. 조선 정부에서 발행한 여권(여행증명서)으로는 중국 땅에 들어갈 수 없다는 것이 이유였다. 그럼에도 칼스는 어떻게든 압록강을 건너려는 시도를 감행했다. 결국 그는 의주 관아에 알리지 않은 채 배를 빌려 무단으로 중국 쪽으로 향했다.

그러나 그의 무모한 계획은 실패로 끝났다. 압록강 하류를 건너 중강이라는 섬에 도착하자 그곳의 중국 관리가 의주로 돌아갈 것을 요구했다. 별수 없이 돌아설 수밖에 없었지만 그는 조금이라도 중국 땅을 가까이에서 보기 위해 배를 몰고 바닷길을 따라 이동했다. 그러자 마침내 그의 눈에 중국 안동安東 시가지의 모습이 들어왔다. 그러나 그는 멀리서 바라만 봤을 뿐 안동 땅에 발을 들일 방법은 없었다. 결국 그는 다시 뱃머리를 돌려 의주로 돌아올 수밖에 없었다.

의주로 돌아온 뒤에도 칼스는 국경을 넘어가려는 계획을 포기하지 않았다. 짐을 챙긴 그는 압록강을 따라 배를 타고 여행하며, 중국으로 넘어갈 방도를 모색했다. 그러던 중 10월 15일, 그는 첫

서리를 맞이했다. 이 서리는 칼스에게 무척 반가운 일이었다. 서리가 내리면 벌레들이 사라질 것이라 기대했기 때문이다. 특히 잠자리에서 그는 벌레들의 공격에 시달려 아침을 상쾌하게 맞이한 적이 거의 없었다. 그는 서리 덕분에 평온한 밤과 상쾌한 아침을 기대하게 되었다.

그날 밤, 칼스는 압록강 근처의 어느 관청에서 묵었다. 그곳 현감은 정중하게 칼스 일행을 대접했다. 이후 칼스는 평안도 내륙을 여행하면서 두만강 인근까지 이동했다가 다시 돌아왔다. 물론 끝내 중국 땅으로 넘어가지는 못했다.

원산에서 다시 서울로

칼스는 평안도를 여행하며 초산, 위원, 강계 관아에서 머물렀다. 그는 강계에서 사냥을 계획하기도 했으나 날씨 탓에 실행하지 못했다. 수많은 물오리 떼 사이에서 사냥의 즐거움을 누리고자 했던 그의 계획은 10월 22일 아침부터 쏟아진 비로 무산되었다.

칼스는 결국 사냥에 대한 열망을 접고, 원산을 거쳐 서울로 돌아갈 계획을 세웠다. 그는 삼수, 장진, 청진을 지나 함흥에 도착했는데 그날은 10월 29일이었다. 이어서 10월 31일엔 영흥에서 머물며 그토록 바랐던 물오리 사냥의 즐거움을 마침내 누렸다. 그리고 11월 1일에 원산에 도착했다.

원산은 외국에 개항된 항구 도시로, 외국인 거류지가 있었다. 이 외국인 거류지는 원산 주민들의 마을에서 약 1마일(1.6킬로미터) 떨어진 곳에 형성되어 있었으며 당시 외국인 약 300명이 거주하고 있었다. 이들 중 대다수는 일본인이었고, 중국인과 유럽인은 소수에 불과했다.

당시 원산 주민들은 기근에 시달리고 있었다. 이는 함흥과 원산 일대에 오랫동안 이어진 장마로 농사가 망한 탓이었다. 칼스는 이런 주민들을 안타까운 마음으로 바라보며 서울로 향할 준비를 했다.

하지만 서울로 가는 길은 절대 만만치 않았다. 원산 근처의 주막에서 여러 여행자가 산적에게 물건을 모두 빼앗겼다는 소문이 들려왔다. 실제로 강도를 만나 피해를 본 사람들도 있었고, 칼스가 서울에 보낸 급사 역시 강도에게 물건을 모두 빼앗겼다고 했다. 이런 상황을 잘 알고 있던 안변의 현감은 칼스 일행에게 소총병을 파견해 호위하게 했다. 칼스 또한 권총을 꺼내 들고 경계하며 길을 서둘러야 했다.

이런 불안한 상황 속에서도 칼스는 회양에서 사슴 사냥을 해 보려고 했다. 그러나 함께 나설 만한 포수를 구하지 못해 계획을 접고 말았다. 이후 칼스 일행은 쉼 없이 여행을 계속했고, 11월 8일에 서울에 도착했다. 서울에 도착했을 땐 이미 노잣돈이 바닥났고, 날씨 또한 급격히 추워져 겨울이 다가와 있었다. 그는 서울에서 며칠 쉰 뒤, 다시 제물포의 숙소로 돌아갔다. 그렇게 조선 내륙

여행을 마친 몇 달 뒤 칼스는 중국 상하이 부영사로 발령을 받아 약 18개월간의 조선 생활을 마무리하게 되었다.

그의 중국 생활은 상하이에서 시작되었고, 1889년에는 중칭重慶의 영사를 지냈다. 이후에도 중국 여러 지역에서 영사를 역임하다가 1901년에 퇴임했다. 퇴임 후 그는 왕립 지리 학회 회원, 세계적인 동식물학회인 린네협회Linnean Society 회원으로 활동했고, 1929년에 사망했다. 그는 생전에 크리켓, 테니스, 승마 등을 취미로 즐긴 것으로 전해진다.

4장 | 영국인들이 본 조선
04

거문도 불법 점령 사건

영국군, 거문도를 점령하다

영국이 조선과 통상조약을 맺은 이후 자신들의 영향력을 확대하기 위해 벌인 대표적인 사건이 있다면 바로 '거문도 점령 사건'일 것이다. 1885년에 발생한 이 사건은 조선에 대한 러시아의 영향력 확대를 막기 위해 영국 정부가 벌인 불법적인 행동이었다.

영국과 러시아의 대립 배경은 1853년에 일어난 크림 전쟁으로 거슬러 올라간다. 1853년, 러시아는 흑해를 장악하기 위해 오스만 제국 내의 러시아 정교도들을 보호한다는 명목으로 지금의 루마니아 지역에 해당하는 도나우강 연안의 사르디니아 공국들을 점령하였다. 이에 오스만 제국이 전쟁을 선포하며 대응하였고, 러시아의 남하를 염려하던 영국과 프랑스가 오스만 제국을 지원했다. 이후 1854년, 오스만·영국·프랑스 연합군은 러시아 영토인 크림반도의 세바스토폴을 공격했고, 결국 러시아는 세바스토폴을 포기하고 후퇴했다.

 이런 상황에서 오스트리아까지 연합군에 가세하여 러시아를 압박하자 러시아는 결국 연합국이 제의한 강화 회의에 참석하여 파리조약을 맺음으로써 전쟁은 러시아의 패배로 종결되었다. 이로써 러시아의 남진 정책은 좌절되었으나 이후에도 러시아는 얼지 않는 항구를 찾기 위해 계속 노력했고, 그 일환으로 태평양 지역으로 눈을 돌렸다. 1860년에는 블라디보스토크를 강제로 점령하고, 일본·한국·중국의 해안 지역을 대상으로 부동항不凍港 확보를 위한 전략을 수립하였다. 이런 가운데 조선이 개항하자 러시아는 조선에서 부동항을 획득하려 하였고, 1884년 조선과 통상조약을 체결하면서 그 계획은 더욱 구체화되었다.

 조선에 대한 러시아의 영향력 확대에 크게 기여한 인물은 주한 러시아 공사였던 베베르Waeber, K. I.였다. 그는 능란한 외교 능력으로 조선과 청의 틈을 벌리는 데 성공했고, 당시 조선 정부의 고문으로 있던 독일인 묄렌도르프Möllendorff, P. G.의 주선에 힘입어 조선 정부 내에 친러 세력을 양성하는 데 성공했다.

 이렇듯 러시아가 조선 영토를 활용해 부동항 획득 계획을 실천에 옮기자 조선을 속국이라 주장하던 청, 조선 정벌에 대한 야욕을 품고 있던 일본, 그리고 러시아의 남하를 두려워하던 영국은 러시아의 조선 지배를 저지하기 위한 비상조치를 강구하게 된다. 특히 당시 아프가니스탄 문제로 러시아와 대립하고 있던 영국은 러시아의 남하를 어떻게든 막아야 하는 입장이었다.

당시 러시아의 남하 정책은 극동 지역뿐 아니라 중앙아시아와 서아시아 지역에서도 이뤄지고 있었다. 러시아는 페르시아와 아프가니스탄을 거쳐 아라비아해로 진출하려 하였고, 이에 영국은 자신들의 보호령인 아프가니스탄에서 러시아를 저지하였다. 결국 1885년 초, 영국의 지원 아래 아프가니스탄군은 러시아와 전투를 벌였고, 그 와중에 "러시아가 조선의 영흥만을 점령하려 한다"는 소문이 퍼졌다. 이에 영국은 러시아를 견제하기 위한 목적으로 조선 남단의 거문도를 불법 점령하게 된 것이다.

거문도 점령에서 철수까지

거문도는 전라남도 여수와 제주도 사이에 위치한 섬으로서 고도古島, 동도, 서도의 세 섬으로 이루어져 있다. 주변은 수심이 깊어 대형 선박을 수용할 수 있는 좋은 조건을 갖추고 있고, 또한 대한해협의 문호로서 한·일 양국 간의 해상 통로로 이용되었으며 러시아 동양 함대의 길목에 위치한 전략적 요충지였다. 당시 영국은 거문도를 발견자의 이름을 따서 '해밀턴항Port Hamilton'이라고 불렀다.

　영국이 거문도를 점령한 날은 1885년 음력 3월 1일이었다. 그들은 조선 정부에 어떠한 통보도 하지 않고 급작스럽게 도양함대 소속 군함 세 척을 파견하여 거문도를 불법적으로 점령해버렸다. 이후 영국은 거문도에 더 많은 함대와 군대를 보내는 한편, 거문도의 영국군은 영국기를 게양하고 섬 전체를 요새화하였다. 영국군은 병영을 형성하고 포대를 배치했으며, 급수로를 만들고 전선을 가설하였고, 제방을 축조하기까지 했다.

　우습게도 영국은 거문도를 점령한 사실을 조선 정부보다 일본과 청에 먼저 통보했다. 3월 1일에 거문도를 점령한 영국은 이틀 뒤인 3일에 일본과 청에 동시에 거문도 점령 사실을 통보했지만 조선 정부에는 한 달도 더 뒤인 4월 6일에야 통고했다. 물론 조선 정부도 외신을 통해 3월 중순에 이미 영국군의 거문도 점령 사실을 알았지만 영국 정부의 공식 통고는 이때 이뤄진 것이었다.

　영국은 거문도 점령의 공식적인 이유를 러시아의 점령을 예방하기 위한 차원의 조치라고 설명했다. 거문도를 점령한 영국군의 숫자는 최대 약 800명 정도였다. 그들은 거문도를 요새화하는 과정에서 인력 부족을 해결하기 위해 거문도 주민들을 동원하기도 했다. 동원 과정에서 거문도 주민들과 마찰을 빚지는 않았다. 되레 영국군과 주민들의 관계는 원만했는데 주민들은 영국군에게 도움을 주고 보수를 받기까지 했다.

　한편, 조선 정부는 청나라에 의지하여 거문도 문제를 평화적

으로 해결하고자 했다. 당시 조선은 임오군란과 갑신정변을 겪으면서 청나라의 영향력 아래 있었기 때문이다. 청은 북양함대 제독 정여창으로 하여금 거문도 문제를 해결하도록 지시했고, 정여창은 자신의 군함에 정부유사당상 엄세영과 독일 출신의 외교 고문 묄렌도르프를 승선시켜 거문도에 파견했다.

엄세영과 묄렌도르프는 우선 거문도에서 사태의 진상을 파악한 뒤 일본으로 건너가 나가사키에서 영국 측과 협상을 벌였다. 이 과정에서 영국은 청과 협상하여 거문도를 조차지租借地(어떤 나라가 다른 나라에서 일시적으로 빌린 영토의 일부)로 만들고자 했다. 하지만 청나라는 이를 받아들이지 않았다. 당시 청의 실권자 리훙장은 만약 영국이 거문도를 장악할 경우 러시아와 일본 등도 조선 땅을 점령하려 할 것이라고 판단했기 때문이다.

하지만 영국은 거문도를 포기할 생각이 없었다. 그래서 청이 아닌 조선 정부와 직접 교섭하기로 했다. 영국은 당시 조선 총영사로 있던 애스턴Aston, W.G.에게 조선 정부와 접촉하여 거문도 조차 계획을 실행하도록 명령했다. 영국 정부는 거문도를 영국 해군의 석탄을 공급하는 급탄지로 임차하고, 1년에 5,000파운드의 임차료를 지급하려는 계획이었다.

영국 정부의 훈령을 받은 애스턴은 1885년 5월 7일에 이 문제를 협상하기 위해 조선의 통리아문 관리들과 만났다. 하지만 당시 조선 정부는 되레 러시아와 밀약을 맺고 양국을 상호보호국으로 만드는 일종의 동맹 관계로 격상시키려는 계획을 가지고 있었다. 그런데 영국과 일본에 의해 조선과 러시아의 밀약은 탄로나 버렸고, 결국 조선과 러시아의 밀약은 성사되지 못했다. 상황이 이런 탓에 영국과 조선 정부의 협상은 진행될 가능성이 전혀 없었다. 애스턴은 결국 조선 정부에 영국의 훈령을 제대로 전달도 하지 못한 상태로 협상을 중단해야만 했다.

이후로 밀약을 성사시키지 못한 러시아는 제주도를 강제로 점령할 수도 있다는 말로 조선을 협박하며 동맹을 성사시키려고 안간힘을 썼다. 하지만 주변국들의 강력한 반발과 저지 때문에 러시아의 압박은 먹히지 않았다.

상황이 이렇게 되자 조선 정부는 영국의 거문도 점령에 대해 강경한 태도를 보일 수밖에 없었다. 영국이 거문도를 조차할 경우, 러시아 등 주변국들이 조선 땅을 무차별적으로 차지하려 할 것을 우려했던 것이다.

한편, 그 무렵 영국과 러시아 사이의 긴장 관계도 다소 완화되고 있었다. 아프가니스탄 협정이 조인되어 영국과 러시아 사이의 대립이 해결되었던 것이다. 이 때문에 영국의 거문도 점령에 대한 명분도 사라졌다. 거기다 거문도의 군사적 가치도 크지 않다는 평가까지 나왔다. 영국 해군은 거문도에 대한 군사 전략적 차원의 평가를 실시했는데 군사 전략상의 항구나 급탄소로 적당하지 않다는 결론에 도달한 것이다.

결국, 영국은 이제 거문도에서 철수할 명분을 찾아야 했다. 그래서 영국 외상 로즈베리Rosebery는 1886년 3월에 청나라가 다른 나라로 하여금 거문도를 점령하지 못하게 하는 보장만 해주면 거문도에서 철수할 의사가 있다고 밝히기에 이르렀다. 이에 청나라의 리홍장은 같은 해 8월 28일과 9월 2일에 주청 러시아공사 라디젠스키Ladygensky와 회담을 열고, 영국이 거문도에서 철수한다면 러시아는 조선 영토를 침범하지 않겠다는 3개 조의 약속을 받아내는 데 성공한다.

이후 청은 영국에 러시아의 보증 문서를 전달하고, 영국군의 조속한 철수를 요구했다. 이에 영국은 1886년 연말부터 점차적으로 거문도에서 군대를 철수하기 시작하여 1887년 2월 5일에 완전히 철수하였다.

이렇듯 거문도 사건은 청의 주도 아래 해결되었다. 이 때문에 청나라의 조선에 대한 영향력은 더욱 확대되었고, 이는 곧 그들의 내정 간섭을 심화시키는 결과를 낳았다.

4장 | 영국인들이 본 조선
05

화가 새비지 랜도어가 그린 조선 풍경

조선을 방문한 유럽 화가

거문도 사건 이후 조선을 방문하여 기록을 남긴 영국 사람들 중에서 아놀드 새비지 랜도어Arnold H. Savage-Landor(1865~1924년) 만큼 특이한 인물은 없을 것이다. 그는 조선에 물건을 팔아 이문을 남기려는 상인도 아니었고, 공무를 띠고 온 영국 영사관 직원도 아니었다. 그렇다고 특별한 목적을 가지고 있지도 않았다. 그는 그저 호기심이 많고 미지의 세계에 대한 열망으로 가득 찬 젊은 미술학도였을 뿐이었다.

아놀드 새비지 랜도어는 방랑벽이 심했던 할아버지 월터 랜도어 때문에 당시 이탈리아 땅이었던 플로렌스에서 1865년에 태어났다. 그의 할아버지 월터는 영국의 저명한 시인이자 작가였다. 그는 옥스퍼드 대학을 다니다가 정학을 당한 후 웨일스 땅에 처박혀 시인으로 살다가 스페인 전쟁이 일어나자 자원입대하여 군인으로 살기도 했다. 또한 퇴역한 후에는 작은 농장을 사들여 소작농들을 데리고 지주 생활을 하기도 했으며 다시 프랑스로, 이탈리아로 떠돌며 살았다. 그러다 결혼한 이후에는 플로렌스에 정착하여 살다가 아내와 불화를 겪고 다시 영국으로 돌아갔다. 중년이 된 뒤에는 플로렌스로 다시 돌아가 그곳에서 죽었다.

이렇듯 아놀드는 할아버지 때문에 이탈리아에서 태어났는데 그도 할아버지처럼 방랑벽이 심했다. 그래서 파리로 가서 대학을 다녔고, 그곳에서 미술을 공부했지만 한곳에 정착하지 못했다. 대학을 졸업한 후에는 갑작스럽게 여행을 다니기 시작했는데 그가 첫 번째 여행지로 택한 곳은 극동 지역이었다. 그는 일본을 거쳐 중국을 돌아보고 다시 조선 땅에 이르렀고, 조선을 떠난 뒤에는 러시아로 건너갔으며, 이후에는 인도·아프리카·호주·남아메리카·네팔·벨기에 등의 나라들을 떠돌며 살았다. 그리고 중년이 되자 그도 할아버지처럼 플로렌스로 돌아가 그곳에서 세상을 떠났다.

그는 이렇듯 숱한 나라를 떠돌며 살았고, 그 과정에서 많은 책을 썼다. 그리고 그 책들 중에 첫 책이 바로 조선의 풍물을 담은 《조용한 아침의 나라 코리아 또는 조선Corea or Chosen: The Land of the Morning Calm》이다.

미술학도답게 그는 이 책에 자신이 직접 그린 삽화들을 많이 담았다. 그가 남긴 삽화들은 매우 정밀하고 구체적인데 각 계층의 모습은 물론이고 당시 권력의 중심에 있었던 민영환, 민영준 등 외척들과 고종의 초상화를 싣기도 했다.

그는 미술을 전공했지만 글솜씨도 매우 좋았다. 또한 사교성도 뛰어나고 현지 적응력도 탁월했다. 그런 까닭에 극동의 낯선 나라 조선에서도 그는 매우 능란하게 적응했다. 그러면서 그는 예리하고 신선한 시각으로 조선을 담아냈다.

조선에서의 행복한 첫날밤

새비지 랜도어가 조선 땅을 향한 것은 그의 나이 스물 다섯살 때인 1890년 12월 25일 크리스마스 날이었다. 극동 아시아 여행을 계획한 그는 우선 일본 땅에서 얼마간 머무른 후, 이날 일본유선회사 소속의 소형 증기선인 히고마루호를 타고 조선으로 향했다. 히고마루호는 오후 네 시에 출항하여 밤새 항해한 끝에 다음 날 아침에야 부산항에 도착했다.

사교성이 좋았던 그는 히고마루호에서 하룻밤을 보내면서 아주 중요한 친구를 얻었다. 마침 크리스마스 밤이었고, 노르웨이 출신의 히고마루호 선장은 승객들을 위해 파티를 열었다. 그 파티에서 랜도어는 향후 펼쳐질 미지의 세계 조선에서 많은 도움을 얻을 수 있는 귀중한 친구를 만났다. 그는 바로 그레이트하우스Clarence R. Greathouse였다.

그레이트하우스는 일본 요코하마 주재 총영사로 지내다가 조선 왕의 법률 고문 겸 내부협판(내부대신)의 중책을 맡고 조선으로 가는 길이었다. 물론 랜도어는 그런 귀인을 단지 하룻밤만 머문 배에서 사귈 수 있을 줄은 꿈에도 몰랐다.

그레이트하우스는 매우 유쾌한 인물이었고, 유머와 재치가 넘쳤다. 그런 까닭에 그는 크리스마스 파티를 주도하였고, 덕분에 랜도어는 즐겁고 아름다운 파티에 젖어들 수 있었다. 그레이트하우스의 농담과 끊임없이 이어지는 이야기는 밤을 새우기에 충분했고, 덕분에 랜도어는 그레이트하우스라는 든든한 친구를 얻을 수 있었다.

그렇게 밤을 보내는 사이, 히고마루호는 부산항에 도착하였고, 그들은 부산항에 잠시 들러 휴식을 취한 이후 다시 히고마루호에 승선하여 인천항으로 향했다. 그리고 마침내 12월 28일 저녁 무렵에 목적지인 인천항에 도착했다.

제물포라고 불리는 이 항구도시 인천에서 그는 유럽식 호텔에 묵었다. 당시 제물포에는 유럽형 호텔이 세 곳 있었다.

첫 번째는 중국인이 경영하는 스튜어드 호텔이었다. 이 호텔의 주인인 중국인은 한때 미국 배에서 웨이터 생활을 한 인물이었는데 그는 자신의 성씨를 스튜어드라고 바꾸고 서양인 행세를 했다.

두 번째는 헝가리인이 운영하는 코리아호텔이었다. 이곳은 군함이 기항할 때 병사들에게 가장 인기 좋은 호텔로 정평이 나 있었다. 병사들이 이 호텔을 좋아하는 이유는 두 가지였는데, 우선은 모든 종류의 술을 갖춰놓았다는 점이고, 다음으로는 이 호텔 주인의 딸이 매우 매혹적인 아가씨라는 사실이었다. 그녀는 인물도 출중하고 세련되고 교양이 넘쳤으며 조선어와 일본어, 터키어와 아랍어까지 유창하게 했다. 거기다 그녀는 병사들에게 직접 술잔을 카운터 너머로 건네주었다.

세 번째는 일본인 소유의 대불호텔이었다. 맨션형으로 꾸며진 이 호텔은 매우 깔끔하고 우아한 곳이었고, 종업원들의 친절도가 가장 높은 곳이었다.

랜도어는 이 대불호텔을 숙소로 삼았다. 그리고 매우 흡족해했다. 심지어 그는 대불호텔을 지상에서 가장 거룩한 곳이라고 찬사를 늘어놓을 정도였다.

무엇보다도 그를 만족스럽게 했던 것은 침대보와 이불이었다. 당시 조선의 날씨는 매우 추웠다. 바깥 온도가 무려 영하 21도나 되었다. 그런데 그에게 제공된 이불과 이불보는 너무나 따뜻한 솜으로 만들어진 것이었고, 그는 그곳에 파묻히는 것만으로도 행복감에 젖을 수 있었다.

그러나 문제는 있었다. 이불이 너무 짧은 것이 문제였다. 일본인의 체구에 맞춰진 이불인 듯했다. 그 바람에 그는 자신의 긴 팔다리를 이불 길이에 맞추느라 몸을 잔뜩 웅크려야 했다. 그럼에도 조선에서의 첫날밤을 무척 행복하게 보낼 수 있었고, 이 행복은 오로지 대불호텔을 선택한 덕분이라고 그는 믿었다.

악몽 같은 새해 첫날

새비지는 대불호텔에서 새해를 맞이했다. 대불호텔에서 맞는 새해는 특이했다. 그가 아직 침대에서 나오지도 않은 시간에 갑자기 노크 소리가 들렸다. 그는 영문을 모르겠다는 듯 눈을 뜨고 시계를 보았다. 7시 20분이었다. 이렇게 이른 시간이라면 올 사람은 한 사람밖에 없었다. 그의 냉수욕을 위해 찬물을 대령할 여종업원, 그녀가 아니라면 그 누구도 그 시간에 그를 깨울 사람은 없었다.

그는 아침마다 반드시 냉수욕을 해야 했다. 그것은 어린 시절부터 해오던 오랜 습관이었다. 하지만 조선의 겨울은 너무 추웠다. 그래서 냉수욕을 위해 종업원이 밤에 가져다 놓은 물은 밤새 얼어버리곤 해서 제대로 냉수욕을 할 수 없었다. 때문에 새해 첫날에는 특별히 아침 일찍 냉수를 가져다주는 친절을 베풀기 위해 그 이른 시간에 그녀가 문을 두드리는 것이라고 그는 생각했다.

그런데 문을 열고 들어온 이는 여종업원이 아니었다. 그것도 한 명이 아니었다. 대불호텔의 뚱보 주인을 선두로 호텔 주변의 모든 일본인 사업자들이 줄을 서 있었다. 그들은 차례로 명함을 한

장씩 내밀고는 뒤로 물러나곤 했고, 새비지는 황당하고 어리둥절한 표정으로 침대 위에서 이불을 몸에 감은 채로 그들을 접대해야만 했다. 그들의 명함에는 벽돌공 아무개, 기와장이 아무개, 하역업자, 목수, 다다미 쟁이, 장사꾼, 뱃사람 등등의 직업과 이름이 적혀 있었다. 새비지는 그들이 명함을 내밀 때마다 그들의 행복을 빌어주는 말과 함께 담배나 음료수를 대접해야만 했다.

그렇게 일본인의 신년하례가 끝나자 이번에는 제물포에 머물고 있는 서양인들의 하례가 시작되었다. 그는 그들의 하례를 받다가 지쳐서 아예 옷을 입고 밖으로 나가 거리를 배회하였다. 목적은 오로지 신년하례객의 방문을 피하는 것이었고, 그 때문에 그는 추위에 덜덜 떨며 한낮이 될 때까지 정처 없이 돌아다니다 결국 중국인 거류지로 몸을 피했다.

중국인들은 양력을 쓰지 않기 때문에 양력 1월 1일은 그들에겐 아무런 의미도 없는 날이었다. 덕분에 중국인 거류지는 평소처럼 한산하고 조용했다. 비록 일본인 거주지보다는 청결하지 않았지만 그는 단지 더는 신년하례를 하지 않아도 된다는 사실에 만족하고 뚜렷한 목적지도 없이 중국인 거류지를 배회했다. 그러다 아무 중국인이나 보이면 말을 걸고, 그들에게 일본인에 대해서 어떻게 생각하느냐고 물었다. 그랬더니 한 중국 상인은 이렇게 말했다.

"일본인들은 사람 축에 들지도 않아요. 일본인은 진실을 말할 줄도 모르며 정직한 사람이 될 수도 없습니다. 일본인은 정말 못돼 먹은 인종에 속해요. 항상 거짓말투성이에 허풍만 잔뜩 떠벌립니다. 왜냐하면 그들은 내세울 것이 없기 때문이지요."

새비지는 중국 상인의 그 말이 신년하례를 위해 몰려온 사람들의 덕담보다도 편안했다. 그렇듯 새비지가 조선에서 맞은 첫 새해는 악몽 그 자체였던 것이다.

조선의 불가사의, 마부와 조랑말

새비지는 바로 다음날인 1월 2일, 제물포를 떠나 서울로 향했다. 당시 제물포에서 서울로 가는 대다수의 서양인들은 조랑말을 이용했다. 그리고 일본인들은 대개 인력거에 의존했다. 하지만 새비지는 인력거도 타지 않고 조랑말도 타지 않았다. 그는 그저 조랑말엔 짐만 싣고 자신은 걸어서 서울로 갔다.

그는 자신의 짐을 싣고 가는 조랑말을 매우 신기하게 바라보았다. 조선의 조랑말은 매우 키가 작아 사람이 탈 때는 조랑말의 등 위에 의자 같은 높은 안장을 놓고 그 위에 사람이 앉는다. 그렇게 하지 않으면 등에 탄 사람의 다리가 땅에 닿아 발을 질질 끌면서 가야 하기 때문이다. 특히 서양인은 키가 크기 때문에 더욱 높은 안장을 써야만 했다.

그런데 조선의 조랑말은 자신보다 무게가 훨씬 무거운 서양인을 등에 태우고도 거침없이 걷는다. 기껏 볏짚과 콩을 함께 끓인 말죽을 고작 하루에 세 번 얻어먹을 뿐인데 그들은 어떻게 그렇게 엄청난 힘을 가질 수 있는지 참으로 불가사의한 일이 아닐 수 없다고 새비지는 생각했다.

조랑말과 함께 마부들 역시 불가사의한 존재였다. 그들 마부들은 능숙한 솜씨로 조랑말의 온갖 잔꾀를 다 통제하는 동시에 조금도 쉬지 않고 온갖 이야기들을 쏟아내며 여행의 지루함을 단숨에 날려버리는 신기한 재주를 가졌기 때문이다.

새비지의 표현대로라면 '조선의 마부는 *세빌리아의 이발사*에 등장하는 피가로와 같은 인물'이다. 그들은 말을 끌고 가면서도 손님의 감정과 표정에 세심한 주의를 기울이며 온갖 서비스를 아끼지 않는다. 물론 이런 그들의 행동은 여행이 끝났을 때 받을 팁 때문이었다. 그들은 이 돈을 위해서 온갖 말들을 지어내거나 온갖 세상일들을 들려주는 뛰어난 이야기꾼이자 언론인이다. 그들은 마치 자신이 정치계의 중심이라도 된 듯 정치사를 술술 풀어내기도 하고, 마치 현실을 진단하고 미래를 내다보기라도 하듯 조선의 현실을 비판하기도 한다. 그 과정에서 양반이나 장사꾼들을 비난하기도 하고, 학자를 치켜세우기도 한다. 물론 그러면서 손님의 눈치를 살피고, 감정 상태를 진단하면서 그 변화에 따라 말을 바꾸는 재주까지 갖고 있다.

심지어 그들은 공연을 하기도 한다. 노래를 부르는 것은 예사이고 해학과 풍자까지 섞은 연기를 하기도 한다. 그야말로 그들은 잠시도 멈추지 않는 가수이자 광대이고, 정치 평론가이자 사회학자인 셈이다.

새비지는 그렇게 그들의 말을 듣다가 어느새 서울에 당도해 있음을 알고는 그들의 놀라운 재주에 다시 한번 감탄하였다.

조선인은 잘생겼다?

일반적으로 조선인의 외모에 대해 말할 때 서양인들은 대개 중국인이나 일본인과 잘 구별이 안 된다고 말한다. 하지만 새비지의 견해는 다르다. 그는 조선인은 중국인이나 일본인 중 어느 편도 닮지 않았다고 단정한다. 물론 그도 조선인의 외모가 백인과 흑인처럼 일본인이나 중국인과 전혀 다르다고는 말하지 않는다. 조선인도 어차피 몽골족의 한 부류인 만큼 중국인이나 일본인과 비슷한 외모를 가진 것은 분명하다는 뜻이다.

그런데 새비지는 조선인들을 눈여겨보면 중국인이나 일본인에게서는 전혀 발견할 수 없는 특별한 외모를 가진 사람들이 있다고 주장한다. 말하자면 조선인 중 일부는 백인과 같은 사람들이 많다는 것이다. 특히 아리안족과 아주 유사한 사람이 있음을 보고 자신도 매우 놀랐다고 고백한다. 그뿐만 아니라 더 자세히 관찰해보면 티베트족이나 힌두족을 많이 닮은 얼굴들도 많다고 한다. 심지어 노동자 계층 사람 중에는 아프리카인이나 소아시아 사람만큼 얼굴이 검은 사람들도 도처에서 찾아볼 수 있다고 한다.

새비지는 조선의 왕비족 얼굴에서는 코카서스족 같은 백인 모습이 많이 발견된다고 말한다. 그들의 눈은 일반적인 몽골리안처럼 치켜 올라가지 않았고, 백인의 눈매와 같이 아주 직선으로 뻗어 있는 것이 그 대표적인 증거라고 주장한다.

그래서 새비지의 결론은 중국인이나 일본인보다 조선인은 잘생겼다는 것이다. 얼굴은 타원형이 일반적이고 얼굴 전체를 보면 길지만 옆모습은 약간 오목한 편이고, 코는 미간이 평평한 편이며, 콧구멍은 넓어서 일본인이나 중국인과 확연히 차이가 난다는 것이다.

그는 이런 한국인의 외모에 매료되어 많은 한국인의 초상화를 그렸다. 물론 그의 그림그리기는 생업이기도 했다. 하지만 그는 단순한 생업 차원이 아니라 정말 조선인들의 얼굴을 그리는 것을 좋아했다. 그리고 그중 일부를 자신의 저서《고요한 아침의 나라 코리아 또는 조선》에 담았다.

조선 여인들을 화나게 하지 말라

새비지는 늘 조선의 여인들을 제대로 보길 원했다. 그들의 외모는 물론이고 그들의 옷과 장신구, 머리 모양과 비녀 등 여인들에 관한 모든 것에 흥미를 느꼈다. 하지만 조선의 여인들, 특히 귀족 집안의 여인들은 거리에서 거의 볼 수 없었다. 혹 거리에서 그들을 만났다고 해도 그들은 늘 장옷으로 얼굴을 가리고 있었다. 그 때문에 그는 조선의 여인을 제대로 볼 기회를 얻기 힘들었다. 그는 조선의 여인을, 그것도 귀족 집안의 여인을 화폭에 담고 싶어 했지만 어느 여인도 그의 화폭에 담기길 원하지 않았다. 그런 까닭에 그가 그릴 수 있었던 조선 여인은 기생이나 하층민에 한정되었다.

사실, 조선의 여인들은 그를 길거리에서 만나면 갑자기 어느 대문 속으로 사라지곤 했다. 그가 길거리에서 우연히 마주친 여인들은 한결같이 갑자기 사라지곤 했다. 그 때문에 그는 조선의 모든 집들이 마을 여성들의 공동 소유라고 생각하기까지 했다.

그러다 그는 조선에서 사귄 친구에게 이에 대해 물어보았다. 그랬더니 그는 이렇게 말했다.

"이 나라의 여인들은 외국인 남자와 마주치면 어떤 집이든 문을 열고 들어갈 권리가 있네. 그리고 그 집 주인들은 외국인을 피해서 들어온 여인들을 보호하는 것을 당연한 의무로 여긴다네."

그래서 새비지가 물었다.

"도대체 왜 서양 남자들을 피하는가?"

"그것은 서양 남자들을 양귀洋鬼, 즉 서양 귀신으로 여기기 때문이지."

그 말을 듣고 새비지는 조선 여인들이 매우 겁이 많고 부끄러움을 많이 탄다고 생각했다. 하지만 몇 번 조선 여인들과 얽힌 사건을 겪고는 다시는 그런 생각을 하지 않게 되었다.

그가 조선에 당도한 이듬해 초였다. 아직 날씨는 매우 추웠고, 냇가는 모두 꽁꽁 얼어 있었다. 그가 길을 지나는데 웬 남자 둘이 민가에서 나오더니 언성을 높이며 실랑이를 벌였다. 둘 중 한 사람은 포졸 복장을 하고 있었다. 두 사람은 처음엔 말다툼을 하더니 점점 격렬해져서는 금방이라도 멱살잡이를 할 판이었다.

"너는 빨리 내 돈을 갚아!"

한 사내가 그렇게 말하자 포졸복을 입은 다른 사내가 맞받아쳤다.

"돈을 빌린 적이 없는데 무슨 돈을 갚으라는 것이냐?"

그러면서 사내는 상대의 손을 뿌리치고 달아나려 했다. 바로 그때, 갑자기 대문이 열리더니 한 여자가 튀어나오며 소리쳤다.

"뭐라고? 빌리지 않았다고?"

그녀는 그 말과 동시에 빨래방망이로 포졸을 내리쳤다. 그리고 포졸이 쓰러지자 잠시도 저항할 틈을 주지 않고 빨래방망이로 마구잡이로 두들겨 패기 시작했다. 포졸은 거의 실신할 지경으로 맞았고, 그런 상황에서도 도망가기 위해 안간힘을 썼다. 하지만 그 여인은 호랑이처럼 그를 뒤쫓아 가서 멱살을 잡아챈 다음 죽일 듯이 다시 패기 시작했다. 이후에도 그녀의 매질은 계속되었다. 그래도 분이 풀리지 않았는지 포졸의 뺨을 입으로 물어뜯어 버렸다.

새비지는 혹 저러다 사람이 죽겠다 싶어 그녀를 떼어놓으려 했는데 되레 그녀가 휘두르는 방망이에 무릎을 얻어맞고 도망치듯 그 자리를 떠나야 했다.

그 사건을 겪은 뒤로 새비지는 조선의 여인에 대해 다시 생각하게 되었다. 항상 모습을 감추고 다니며 부끄러움이 많은 듯 보였던 조선의 여인이 결코 나약하거나 겁이 많은 존재가 아님을 깨달은 것이다.

새비지는 이런 사실을 확인시켜준 또 하나의 일을 경험했다. 그는 조선에서 체류비를 마련하기 위해 평소엔 동대문 밖에서 조선 사람들을 상대로 얼굴을 그려주고 돈을 벌었다. 그렇게 매일같이 한 장소에서 그림을 그리다 보니 많은 조선 사람들이 그를 알아보았고, 그가 그린 정밀화에 감탄을 쏟아내곤 했다. 그래서 그가 그림을 그리고 있으면 주변엔 온통 구경꾼들이 둘러싸고 있곤 했다.

그날도 그렇게 사람들에게 둘러싸인 채 그림을 그리고 있는데 웬 점잖은 노인이 다가와서 말했다.

"이 아이를 그려줄 수 있소?"

노인은 잘 차려입은 어린아이를 안고 있었다. 새비지는 노인의 청을 흔쾌히 받아들이고 그림을 그리기 시작했다. 그리고 단숨에 스케치를 완성하자 사람들은 탄성을 내지르며 신기한 듯이 구경하였다. 그리고 급기야 거의 완성된 그림을 들어 올려 보이자 모두 이구동성으로 외쳤다.

"와, 실물하고 똑같아, 똑같아!"

이제 마지막으로 아이의 표정과 옷매무새를 제대로 손질하면 그림은 완성될 상황이었다. 그때였다. 웬 여인 하나가 군중 사이를 비집고 안으로 들어오며 소리쳤다.

"내 아들 어디 있어?"

그녀의 목소리는 무슨 대단한 사고라도 당한 것처럼 애절하고 분노 섞인 상태였다.

"외국인이 당신 아들을 그리고 있어요."

누군가 그렇게 대답하자 그녀는 날카롭고 공포스러운 고함을 지르며 새비지를 무섭게 노려보았다. 그 순간, 새비지는 빨래방망이를 휘두르던 그 여인을 떠올리며 몸을 부들부들 떨었다. 심지어 붓과 팔레트마저 떨어뜨리고 말았다. 그 바람에 구경꾼들이 새비지를 보호하기 위해 주변을 에워싸며 그녀를 밖으로 밀어냈다.

그러자 여인은 발악하면서 구경꾼들을 밀쳐내고 안으로 비집고 들어와 기어코 자기 아들의 팔을 낚아챘다. 하지만 구경꾼들이 동시에 그녀를 밀어내자 그녀는 아들의 팔을 놓칠 수밖에 없었다. 이에 그녀는 흥분하여 손을 뻗어 사람들을 마구 할퀴기 시작했다. 그녀의 손톱은 어느덧 새비지의 얼굴에도 와 닿았고, 그의 얼굴을 할퀴고 지나갔다. 그 때문에 새비지는 재빨리 화구를 챙겨 그 자리를 떠야만 했다.

그날 조선 여인이 그토록 아이의 초상화를 그리지 못하게 한 것은 서양귀신이 초상화를 그려 자기 아이의 혼을 빼앗아 간다고 믿었기 때문이다. 또한 당시 조선 여인들은 서양인들이 아이들을 잡아다 내장을 빼먹고 죽인다는 소문을 믿고 있었다. 그래서 자기 아들을 살리기 위해 그녀는 목숨을 걸고 새비지를 향해 돌진했던 것이다.

어쨌든 새비지는 이 두 사건을 겪은 뒤로는 조선 여인들을 화나게 하면 무슨 일을 당할지 모른다는 생각을 하게 되었다. 물론 모든 여인이 그 두 여인처럼 무섭게 굴지는 않겠지만 조선 여인들은 가족이 위험에 놓이면 목숨을 걸고 덤벼드는 존재라는 것을 다시 한번 깨닫게 된 것이다.

조선인들의 동물 숭배

새비지는 조선 사람들의 동물 숭배에 대해서도 매우 자세히 관찰했다. 그에 의하면 조선인들은 동물들 중에 호랑이를 가장 강력한 존재로 믿고 있었다. 조선인들에게 호랑이는 단순히 백수의 왕을 넘어선 초자연적인 힘의 상징으로 여겨지고 있었다. 호랑이는 인간사의 사악한 속성에 아직 물들지 않았기에 날아다니거나 눈에서 불을 켜고 입에서 불을 내뿜을 뿐 아니라 자유자재로 불 위를 걸어 다닐 수 있는 신과 같은 존재라고 믿는 사람들이 많았던 것이다. 이런 까닭에 호랑이를 수호신으로 섬기는 민간 신앙이 널리 퍼져 있으며 조선 예술가들이 그리는 각종 그림이나 자수에 신령스러운 존재로 묘사되곤 했다.

새비지는 조선인들이 호랑이 다음으로 신성하게 여기는 동물은 거북이라고 분석했다. 조선인들이 거북이를 숭상하는 이유는 거북이가 호랑이에게 없는 다양한 능력을 가지고 있다고 믿었기 때문이다. 거북이는 날쌔고 힘 있는 호랑이와 달리 신중하고 수줍음이 많으며 겸손하고 온화한 성품을 갖췄고, 침착함과 인내력을 겸비한 존재로 여겨졌다. 조선인들이 거북이를 이렇게 묘사하는 가장 결정적인 근거는 두꺼운 껍질을 가진 수륙 양서 동물이라는 사실에 있었다. 거기다 거북은 수학과 지혜의 기초 원리로 인식되기도 했다. 그리고 무엇보다도 조선인들이 거북이를 신령스럽게 여기는 이유는 장수 동물이라는 점 때문이었다. 즉, 거북은 장수의 표상이면서도 동시에 인내력과 겸손함을 갖춘 덕성의 상징이기도 했던 것이다.

이런 까닭에 자애로운 군주나 고결한 행정 관료를 기리고 추도하고자 할 때 석상으로 된 거북의 등에 비석을 세우기도 했다. 또한 거북은 불을 내뿜는 용이나 은빛 꼬리를 가진 불사조, 머리가 둘 달린 뱀 등과 결합하여 현무라는 신성한 존재로 재탄생되어 숭배되기도 했다. 그래서 중요한 인장이나 고관대작의 출입문 계단에 자주 새겨지기도 했다.

그러나 새비지는 조선인들이 호랑이와 거북이를 숭상하는 것은 이해할 수 있었지만 뱀을 숭배하는 문화는 도무지 이해할 수 없었다고 고백했다. 그는 조선인들이 집에 뱀이 들어오는 것을 무서워하거나 꺼리는 것이 아니라 오히려 환영한다고 기술했다. 이는 뱀이 영원한 행복과 평화를 가져오는 존재로 여겨졌기 때문이었다. 서양인들은 집에 뱀이 들어오는 것을 극도로 꺼리며 퇴치해야 할 1호 동물로 여기는 것과는 대조적이었다. 특히 서양에서는 뱀을 사악함과 배반의 상징으로 여기고 있었기에 조선인들의 이러한 태도는 새비지에게 큰 충격이었다.

사실 조선인들이 뱀을 집안에 들이는 것을 싫어하지 않았던 이유는 그 뱀들이 실질적으로 해를 끼치지 않고 오히려 이익을 주는 존재였기 때문이다. 대개 집 안에 들어오는 뱀들은 독이 없는 구렁이였으며 이들은 식량을 훔쳐 먹고 병균을 옮기는 쥐를 잡아 먹는 역할을 했다. 그런 까닭에 조선인들은 구렁이를 집지킴이로 여기며 함께 살아가고자 했던 것이다.

이러한 현실적인 이유를 알지 못했던 새비지는 조선인들이 뱀을 숭상하는 것에 대해 끝내 이해하지 못했다. 기독교의 영향으로 뱀을 사탄의 부하처럼 여기던 그로서는 뱀을 행복의 상징으로 여기는 조선인들의 태도에 진저리를 칠 수밖에 없었던 것이다.

특이한 직업, 물장수와 자물쇠쟁이

새비지는 조선 사람들의 삶을 매우 세밀하게 살피길 좋아했는데 몇몇 직업에 대해서는 신기한 눈으로 바라보고 묘사하고 있다. 새비지가 가장 특이한 직업이라 여긴 것 중 비교적 많은 양의 글을 할애해 설명한 것이 물장수와 수문장이었다. 그는 이 두 직종을 매우 흥미롭게 바라보았다.

우선 새비지의 눈에 물장수는 아주 대단한 사람으로 비쳤던 모양이다. 조선의 물장수는 아주 하층민에 속했으며 다른 사람들과 구분되도록 항상 푸른색 상의를 입고, 머리에는 절대 관을 쓰지 않으며 푸른색 수건을 두르고 다녔다. 그들은 아주 중노동을 하지만 노동량에 비해 수입은 매우 낮았다. 그렇지만 자신의 직업을 묵묵히 수행하는 인내심을 보인다는 점에서 찬사를 받을 만하다고 새비지는 평가했다.

물장수는 조끼처럼 생긴 물지게를 입고, 등을 가로지른 수평 막대 양쪽에 매단 물통을 양손으로 균형을 잡으며 뛰어다니며 물을 배달했다. 양쪽에 물통을 매달고도 그들이 달리는 속도는 매우 빨랐다. 달릴 때마다 길을 비켜 달라는 의미로 "헤이! 헤이!" 하고 큰소리로 외치는데 그러면서도 물을 거의 흘리지 않는 것은 그들이 터득한 고도의 기술이었다.

이렇듯 물장수는 사계절 내내 양쪽에 물을 지고 달리는 일을 계속한다. 그만큼 고되고 고통스러운 일일 텐데도 그들은 묵묵히 이 일을 수행한다. 새비지는 그 모습을 지켜보다 감탄을 금치 못하며 정말 대단한 사람들이라고 칭송할 수밖에 없었다.

하지만 조선의 겨울은 너무도 추웠기 때문에 물장수들에겐 가장 고통스러운 계절이었다. 물이 꽁꽁 얼고 길도 빙판이 되기 일쑤인데 그 추위 속에서도 얼어붙은 우물에서 물을 길어 뛰어다니며 여기저기 배달했다. 새비지는 그런 그들의 모습이 너무도 가련하게 느껴졌다고 한다. 심지어 손에 동상이 생겨 피가 나는 모습을 보고는 어쩔 줄 몰라했다. 그런데도 그들은 여전히 물통을 양쪽에 매달고 "헤이! 헤이!" 외치며 뛰어다니는 모습이 무척 대단하게 보였던 것이다.

물장수 다음으로 새비지가 눈여겨본 또 하나의 직업인은 수문장이었다. 흔히 수문장이라고 하면 궐문이나 성문을 지키는 자들의 우두머리를 연상하기 쉽지만 새비지가 말한 수문장은 그런 존재가 아니었다. 그가 수문장이라 부른 사람은 성문의 자물쇠를 담당하는 '자물쇠쟁이'를 의미했다.

자물쇠쟁이는 늘 기름때와 먼지가 묻은 더러운 옷을 입고 다녔다. 신체의 절반을 가릴 정도로 큰 삿갓을 쓰고 다니고 발은 대개 맨발이다. 물론 겨울에는 신을 신지만 아무리 추워도 바지를 무릎까지 올린 채 다녔다고 한다.

그를 볼 수 있는 시간은 오직 해가 뜰 때와 해질녘뿐이다. 그 무렵에 그는 큰 가죽 가방을 메고 자물쇠를 점검하고, 열쇠로 자물쇠가 제대로 작동하는지 살핀다.

사람들은 이상하게도 그를 멸시한다. 하지만 그는 사람들의 멸시 어린 시선을 신경 쓰지 않고 묵묵히 자기 일만 한다. 말도 하지 않는다. 그는 그저 매일 새벽과 저녁에 성벽을 돌며 자물쇠를 살피고, 고장 난 자물쇠가 있으면 수리하거나 바꿔놓고는 말없이 자리를 뜬다.

새비지는 언젠가 알고 지내던 조선인 지인에게 이렇게 말했다.

"참으로 도시의 안전이 저런 지저분한 자의 손에 맡겨져서는 안 된다."

그런데 지인의 반응은 의외였다. 그는 몹시 화를 내며 새비지를 나무랐다.

새비지는 왜 그 조선인 지인이 화를 냈는지는 밝히지 않았다. 아마도 그 지인은 자물쇠쟁이의 노고를 함부로 깎아내리는 데 분노했던 것 같다.

그들만의 방바닥

조선을 다녀온 서양인들이 빠뜨리지 않고 언급하는 것이 조선의 구들장 난방 문화다. 하지만 이에 대한 평가는 각양각색이다. 조선의 구들장이 겨울에도 방에 벌레가 득실거리는 원인이라고 지적한 이도 있었고, 구들장이야말로 조선에서 가장 훌륭한 난방 시스템이라고 찬양한 이도 있었으며, 구들장 때문에 너무 더워 겨울에는 잠을 제대로 자지 못했다고 불평한 이도 있었다.

이렇듯 구들장 문화는 찬양의 대상이 되기도 하고 비난의 대상이 되기도 한다. 새비지는 비난하는 쪽을 택했다. 그는 한옥의 난방 시스템이 너무나 원시적이라고 평가했다. 조선 사람들은 겨울만 되면 주야로 장작을 때 방바닥을 데우기 때문에 그 열기를 견디기 힘들었다고 토로한다. 방바닥이 너무 뜨거워 맨발로는 그 위에 서 있을 수도 없었다고 한다.

그런데 조선 사람들의 대다수는 그 뜨거운 방바닥에 드러누워 잘도 잠을 잔다는 사실이 새비지에겐 너무 낯설고 신기하게 느껴졌던 모양이다. 심지어 조선 사람들은 그 뜨거운 방바닥에 몸을 지지는 것을 즐기기까지 하는 듯했다고 했다. 조선 사람들은 그 뜨거운 방바닥에 똑바로 누워있기도 하고, 옆으로 누워있기도 하는데 옆으로 누웠을 때는 한쪽이 잘 데워지면 다른 쪽으로 돌아누워 또 데우며 매우 만족스러워했다는 것이다. 새비지도 조선 사람들처럼 그렇게 누워 흉내 내 보기도 했지만 즐기기는커녕 도저히 견딜 수 없었다고 한다.

조선에서 첫 겨울을 맞았을 때, 새비지는 아궁이에 불을 잔뜩 땠는데 너무 뜨거워서 잠을 자는 것이 아니라 마치 화장터 아궁이에 누워있는 듯한 느낌이었다고 회고한다. 그래서 더위를 식히려고 종이로 된 창문을 뚫어 통풍을 시켰는데 오히려 더 죽을 맛이었다고 한다. 몸의 반은 뜨거워 죽을 지경이고, 나머지 반은 추워 죽을 지경이었던 것이다.

이런 경험을 한 뒤로 구들장에서 잠을 자고도 아침에 멀쩡히 살아 있는 조선 사람들을 볼 때마다 새비지는 놀랍고 신기하다는 생각을 지울 수 없었다고 한다.

폭식을 즐기는 사람들

새비지가 조선인의 삶에서 가장 놀랍게 여긴 것 중 하나가 바로 폭식 문화였다. 새비지가 보기엔 조선인들은 소화 기관이 감당할 수 있다면 음식을 양껏 먹는 사람들이었다. 조선 사람들은 마치 먹기 위해 태어난 사람들처럼 음식을 배부르게 먹고 난 다음에는 항상 행복에 사로잡히는 족속들이었다.

새비지의 눈에 비친 조선인들은 모두 먹을 것이 없다면 삶의 가치가 없다고 여기는 것 같았다. 그는 조선인들의 식사량이 유럽인들의 세 배는 족히 될 것이라고 판단했다. 조선인들은 배부르게 식사를 한 뒤에도 간식이 있으면 마다하지 않고 또 먹었고, 그런 뒤에도 음식이 남으면 허리띠를 풀고 또 먹기 시작하여 기어코 그릇을 비워야 성이 차는 사람들이었다.

그런 조선인들을 유심히 관찰한 결과, 새비지는 조선인들이 꼭 식욕 때문에 그릇을 말끔히 비우는 것이 아니라는 사실도 발견했다. 조선인들은 주인이 손님에게 내놓은 음식을 다 먹지 않는 것을 큰 결례로 아는 사람들이었다. 만일 손님이 음식을 남길 경우, 주인은 자신이 내놓은 음식이 맛이 없거나 그 손님이 집에서 먹던 음식보다 수준이 떨어져서 먹지 않는 것으로 판단한다는 것이다. 그래서 어느 집을 방문하면 어떻게 해서든 주인이 차려놓은 음식을 말끔히 먹는 것이 손님의 예의인 셈이다.

이런 문화 때문에 조선인들은 어릴 때부터 음식을 많이 먹도록 훈련되어 있다는 것이 새비지의 판단이었다. 언젠가 새비지는 조선의 어린아이가 밥을 너무 많이 먹어 걸음조차 제대로 걷지 못하고 숨도 제대로 쉬지 못하는 것을 본 적이 있었다. 그 때문에 새비지는 그 아이를 몹시 걱정했는데 뜻밖에도 그 부모의 반응은 완전히 정반대였다. 아이의 부모는 너무 배가 불러 제대로 걷지도 못하는 아이를 보며 되레 흐뭇한 미소를 짓고 있었던 것이다. 그래서 새비지가 아이의 어머니에게 물었다.

"아이의 배가 터질까 걱정되지 않으세요?"

그러자 그 어머니는 걱정스런 눈빛은커녕 아이에게 밥을 서너 숟가락 더 먹이며 말했다.

"보세요, 아무 문제없어요."

그런 여인의 태도를 보며 새비지는 자신이 조선의 아이로 태어나지 않은 것을 다행스럽게 여기며 하늘에 감사했다고 한다.

조선 왕비를 만나고, 조선 왕을 그리다

새비지는 화가여서 초상화를 그려서 생활비를 조달했다. 그는 화가로서 꽤 인기가 좋았던 모양이다. 그래서 조선 양반가에서도 그를 불러 초상화를 그리게 하곤 했는데 심지어 당대 최고의 권력을 자랑하던 민씨 척족들의 부름을 받기도 했다. 그가 민씨 척족들에게 접근할 수 있었던 것은 입국 당시 배에서 사귄 그레이트하우스의 도움 덕분이었다.

민씨 척족 중에 그에게 초상화를 부탁한 첫 인물은 민상호였다. 당시 민상호는 내무부 주사 계급에 있었지만 민씨 척족이었기 때문에 꽤 권세를 누리고 있었다.

새비지는 관복을 입은 민상호의 초상화를 실물 크기의 채색

화로 그렸는데 그림을 보는 사람마다 호평을 하였다. 당시 조선 사람들은 서양의 화풍을 접한 적이 별로 없었기 때문에 새비지의 초상화를 보고 모두들 감탄을 쏟아냈던 것이다. 물론 민상호도 매우 만족스러워했다. 민상호는 새비지가 그린 초상화를 보고, 그림이 아니라 또 한 명의 자기 자신이 옆에 앉아 있는 것 같다며 극찬을 아끼지 않았다.

이후 새비지는 조선에서 가장 알아주는 서양 화가가 되었다. 심지어 새비지의 그림에 대한 소문을 듣고 고종이 직접 민상호의 초상화를 보고 싶어 했다. 그래서 고종은 자신의 가족과 일가친척까지 모두 대궐로 불러들여 그림을 감상하는 시간을 가졌다.

이후 고종은 새비지를 궁궐로 불러들여 자신의 초상화와 당시 병조판서였던 민영환, 예조판서였던 민영준의 초상화도 함께 그려줄 것을 부탁했다.

이 세 사람 중 새비지가 먼저 그린 인물은 민영환이었다. 새비지는 민영환이 앉은 모습을 측면에서 그렸다. 그림을 그리는 동안 민영환은 미동도 하지 않은 채 아무 말도 없이 앉아 있었다. 그렇게 세 시간이 흘렀을 때 작업은 종결되었다.

자신의 초상화를 본 민영환은 매우 만족해했다. 심지어 새비지의 손을 30분 동안이나 붙잡고 흔들 정도로 극찬을 늘어놓았다. 이후 민영환은 자신의 초상화를 샅샅이 살폈고, 그러다 갑자기 낙담한 표정을 지으며 말했다.

"당신은 나의 비취 장신구를 빼먹었구려."

민영환의 비취 장신구는 새비지가 그린 측면 그림의 반대쪽에 있었기 때문에 화폭에 담을 수 없었다. 새비지가 그런 내용을 전했지만 민영환은 여전히 기분이 나쁜 얼굴이었다. 그래서 새비지는 빠르게 비취 장신구를 그려 넣어야만 했다. 그래도 민영환은 뭔가 불만이 있는 얼굴이었다. 한쪽 얼굴만 그렸기 때문에 자신의 두 눈이 다 드러나지 않은 것에 대한 불만이었다. 이에 대해 새비지는 측면 초상화이기 때문에 한쪽 면만 그릴 수밖에 없음을 설명한 끝에 민영환을 설득하는 데 성공했다.

작품이 완성되자 민영환은 부하들을 불러들여 초상화에 대한 감상평을 듣고자 했다. 부하들은 한결같이 아주 뛰어난 그림이라고 찬사를 늘어놓았다. 그러면서도 한쪽 면만 그린 측면 초상화라는 것을 잘 이해하지 못한 듯, 그들은 반대쪽 얼굴을 보기 위해 그림을 한 바퀴 돌면서 고개를 갸웃거리곤 했다.

민영환 다음으로 새비지는 민영준을 그렸다. 이번에는 측면 초상화가 아니라 얼굴의 4분의 3이 나오는 모습을 그리기로 했다. 완성된 그림을 보고 민영준은 이렇게 말했다.

"살아 있는 또 하나의 나 자신과 같군요."

이렇듯 두 민씨는 그의 그림에 매우 만족했고, 심지어 두 사람이 동시에 새비지를 방문하기까지 했다. 또한 새비지는 민영환과 민영준의 집을 차례로 답방하기도 했다. 새비지는 두 사람의 초상화 원본은 자신이 소장하고, 따로 작은 사본을 그려 두 사람에게 각각 선물로 주었다.

새비지의 선물을 받은 민영환은 종을 시켜 많은 선물을 보내왔다. 선물은 계란 400개와 토종닭 10마리, 쇠고기와 돼지고기 40파운드, 밤과 감을 가득 채운 두 개의 과일 자루였다. 새비지는 그 선물을 민씨 일가를 소개해준 그레이트하우스와 그 가족에게도 적당히 나눠주었다.

이후 새비지는 고종의 초대를 받고 궁궐도 방문했다. 고종은 그를 불러 오찬을 대접했고, 궁궐을 스케치해도 된다는 허락도 내렸다. 덕분에 새비지는 궁궐을 돌아다니며 구경할 수 있었고, 궁궐을 스케치한 그림도 그릴 수 있었다.

새비지는 궁궐을 돌아다니다가 우연히 왕비 민씨도 만날 수 있었다. 그가 만난 왕비는 미인이며 아주 젊었다. 얼떨결에 그는 왕비를 정면에서 보고 말았는데 왕비는 맑고 새까만 눈을 가진 세련된 용모였다.

그는 왕비의 모습을 똑바로 쳐다보았고, 왕비는 짐짓 놀라 시선을 외면하고 황급히 몸을 감췄다. 그때 그를 안내하던 조선인 관료는 고개를 처박고 엎드려 있었다. 그리고 왕비가 사라지자 먼지를 털며 일어났다

사실, 새비지는 그 여인이 왕비인지 미처 알지 못했다. 그 때문에 엎드리지 않고 멀뚱멀뚱 서 있었는데 그런 그를 향해 조선인 관료가 말했다.

"당신이 고개를 돌렸다면 나는 영락없이 죽었을 것이오."
"왜요? 거기에 누가 있었는데요?"

"왕비 전하가 계셨지요. 고개를 돌려 왕비 전하를 봤다면 당신은 죽은 목숨이었소."

그러자 새비지는 천연덕스럽게 말했다.

"왕비는 대단한 미인이던데요."

그가 놀라서 물었다.

"왕비 전하를 보았소?"

"예, 물론이지요."

그러자 그는 몸을 부들부들 떨며 말했다.

"당신이 왕비 전하를 보았다니 나는 이제 죽었소."

하지만 새비지는 걱정 말라는 투로 그에게 말했다.

"내가 모든 것을 책임지고 당신이 처벌받지 않도록 할 테니 염려 마시오."

다행히 이후 아무런 처벌도 없었다. 새비지는 궁궐을 더 구경하였고, 마침내 조선 왕의 초상화도 그릴 수 있었다. 그는 곤룡포를 입고 용상에 앉아 정면을 바라보는 고종의 모습을 화폭에 담았다.

하지만 새비지는 조선 왕의 초상화만 자신의 책에 남겼을 뿐 고종을 그리던 당시 상황을 자세하게 소개하고 있지는 않다. 아마도 왕의 신상에 관한 것이어서 기록을 남기지 않은 듯하다.

제5장

러시아인들이 본 조선

5장 | 러시아인들이 본 조선

01

조선인과 러시아인의 첫 접촉, 나선정벌

러시아가 조선의 역사에 처음 등장한 것은 '나선정벌' 때였다. '나선'은 러시안Russian을 한자음으로 표기한 것이다. 하나의 국가로 통일되지 못하고 여러 공국으로 나뉘어 있던 러시아는 13세기에 몽골의 지배를 받으면서 키예프공국과 모스크바공국을 중심으로 연대 의식이 강화되었고, 15세기에 이르러 몽골 세력이 물러가자 중앙아시아로 진출하여 세력을 확대하였으며 이후 동진을 거듭한 끝에 17세기에는 헤이룽강(흑룡강·아무르강) 유역까지 진출하게 된다.

러시아는 1651년에 헤이룽강 근처에 성을 쌓고 군사 기지를 확보했으며 이듬해에는 동쪽 지역의 우수리강 하구에도 성을 쌓

았다. 이렇게 되면서 청나라와 국경을 마주하게 되었고, 러시아와 청은 자주 국경 분쟁을 벌이게 된다. 청은 러시아가 우수리강 하구에 군사 기지를 건설하자 이를 영토 침략으로 간주하고 2,000의 병력을 동원하여 러시아군을 공격했다. 하지만 청나라는 당시 조총병력으로 무장한 러시아군에 밀려 패하고 말았고, 승세를 잡은 러시아는 헤이룽강의 지류인 쑹화강 유역으로 진출하여 약탈을 일삼기 시작했다.

조총부대에 호되게 당한 청은 러시아군의 약탈을 막기 위해 조선에 조총부대 지원을 요청했고, 당시 조선의 왕이었던 효종은 그 요청을 받아들여 조총수 100명을 선발하여 파견했다. 이렇듯 청의 요구에 따라 조선의 조총부대가 출병하여 러시아군과 싸운 것을 이른바 '나선정벌'이라고 부른다.

당시 청나라 군대를 돕기 위해 파견된 조선의 조총부대를 지휘한 인물은 함경북도 병마우후 변급이었다. 그는 수하 조총부대 100명을 이끌고 1654년 3월 26일에 두만강을 건넜고, 4월 16일에 영고탑에서 청군 3,000명과 합세하여 러시아군을 공격하였다.

이 전투에서 조선군은 모든 전투에서 승리함으로써 조총부대의 위력을 과시하였는데 이 전투가 곧 조선인과 러시아인의 첫 접촉이라 할 수 있다. 조선군은 5월 중순까지 약 한 달 동안 전투를 벌여 승리한 뒤, 토성을 쌓고 러시아군의 침략을 막을 방어선을 확보한 후 회군하여 6월 13일에 귀국했다.

하지만 이것으로 청과 러시아의 국경 분쟁은 종식되지 않았다. 청나라와 러시아는 헤이룽강 강변에서 전투를 지속하며 일진일퇴를 거듭하였고, 결국 청나라는 조선에 다시 한번 원병을 요청하였다. 1658년 2월 19일, 청나라 황제의 원병 요청 칙서가 조선에 도착함에 따라 조선은 다시 조총부대를 파견했다. 이것이 바로 2차 나선정벌인데 이번에는 1차 정벌 때보다 훨씬 많은 병력을 보냈다. 조선이 파견한 병력은 조총수 200명과 화약 관련 병력 60명을 합쳐 총 260명이었고, 지휘관은 함북 병마우후 신류였다.

신류는 6월 5일에 배를 타고 쑹화강을 거슬러 올라서 6월 10일에 러시아 지휘관 스테파노프가 이끄는 군대와 첫 전투를 벌였다. 이 전투에서 조선군은 8명이 전사하고 25명이 부상당했지만 스테파노프 부대는 거의 전멸하였다. 대승을 거둔 조선군은 한동안 쑹화강 지역을 방비하다가 12월 12일에 회군하여 조선으로 돌아왔다.

이렇듯 조선인과 러시아인은 처음부터 총칼을 앞세운 적군으로서 만났다. 어쨌든 이 두 번의 만남에서 조선군이 러시아군에 모두 승리함으로써 조선인은 러시아인에게 매우 강렬한 인상을 남기게 된다.

5장 | 러시아인들이 본 조선
02

러시아 작가 곤차로프의
조선 방문기

비록 나선정벌을 통해 조선인과 러시아인의 접촉이 이뤄지긴 했으나 이는 어디까지나 전장에서 만난 적군에 한정된 만남이었다. 따라서 어떠한 대화도, 문화적 교류도 성립되지 않은 만남 아닌 만남이라 할 수 있었다.

러시아인과 조선인의 진정한 첫 만남은 2차 나선정벌로부터 196년이 지난 1854년 4월에 이뤄진다. 이에 대한 기록을 남긴 인물은 러시아의 대문호 이반 알렉산드로비치 곤차로프(1812~1891년)였다. 곤차로프는 도스토예프스키, 톨스토이, 투르게네프와 함께 러시아 사실주의 문학의 4대 작가로 인정받는 인물이다. 그는 배를 타고 세계 여행을 다닌 적이 있는데 이 경험을 바탕으로 《전함 팔라다호》라는 여행기를 출간했다. 두 권으로 구성된 이 책의 제2권 6장에서 조선 여행에 대한 내용이 등장하는데, 이는 러시아인이 직접 조선인을 접한 뒤 남긴 최초의 기록이라 할 수 있다.

곤차로프는 1852년 가을, 400여 명의 선원을 태운 전함 팔라다호에 승선하여 세계 여행길에 나섰다. 러시아를 떠난 팔라다호는 영국의 런던, 북아프리카의 마데이라 제도, 남아프리카 공화국을 거쳐 싱가포르와 홍콩을 들른 후, 일본 나가사키에 도착했다. 러시아가 군함 팔라다호를 나가사키에 보낸 목적은 일본과 무역협정을 체결하려는 데 있었다. 당시 일본은 쇄국정책을 고수하며 유럽 국가들과의 왕래를 거부하고 있었지만 러시아는 일본 정부의 속내를 떠보기 위해 팔라다호를 파견한 것이었다. 그러나 별다른 성과를 거두지 못한 팔라다호는 곧 조선 영해로 향했다. 그들은 거문도, 강화도, 영흥만 등에 약 한 달간 정박하면서 해안 탐사 작업을 진행했다. 이후 팔라다호는 시베리아로 향하며 약 2년 반에 걸친 항해를 마무리하게 된다.

곤차로프의 조선 관련 기록은 조선 영해를 측량하며 간헐적으로 정박한 조선 영토에서 만난 조선인들과 조선 산하의 풍경에 관한 내용으로 채워져 있다. 책 전체에서 조선에 대한 분량은 극히 일부에 불과하지만 그의 이 기록은 러시아인이 남긴 최초의 조선 방문기라는 점에서 중요한 의의를 가진다.

곤차로프가 본 조선인의 첫인상

곤차로프 일행이 조선 땅에 처음 발을 디딘 것은 1854년 4월 4일이었다. 그들이 처음 도착한 조선의 땅은 그들이 해밀턴 항이라 부르던 거문도였다. 곤차로프는 거문도 앞바다에 정박한 팔라다호에서 내려 작은 보트를 타고 뭍으로 다가갔다. 그때 조선의 여인들과 아이들이 기겁을 하며 마을에서 산으로 도망치는 모습이 보였다. 그리고 섬의 남자들은 해안가로 몰려나와 곤차로프 일행의 상륙을 막았다. 이에 러시아인들은 자신들이 해안을 살펴보고 뭍에서 잠시 거닐다 돌아갈 것이라는 내용을 한자로 써서 조선 남자들에게 전달했다. 덕분에 조선인들은 그들에게 적대감을 보이지는 않았지만 그런데도 상륙은 허락하지 않았다. 그래서 곤차로프 일행은 별수 없이 배로 돌아가 조선인들의 다음 조치를 기다려야 했다.

약 한 시간 뒤, 거문도의 마을 대표들이 팔라다호를 방문했다. 마을 대표는 촌장으로 보이는 노인 두 명이었고, 그들을 호위하는 여러 남성도 함께했다. 곤차로프는 그들을 유심히 살폈다. 그의 눈에 비친 조선인의 첫인상은 중국인이나 일본인과 외모는 비슷하지만 그들보다 키가 크고 체격이 다부지다는 것이었다.

양측은 서로 언어가 통하지 않았기 때문에 한문으로 필담을 나눴다. 조선 촌장은 그들 러시아인이 어디서 왔는지를 물었고, 러시아인들은 닭, 야채, 생선 등을 살 수 있는지를 물었다. 이들 물건을 제공한다면 술이나 피륙 등으로 물물교환을 하겠다는 뜻도 전했다. 그러나 조선인들은 닭이 없다며 요청을 거절했다. 하지만 곤차로프는 이미 마을 주변에서 닭이 돌아다니는 것을 목격하였기에 조선인들이 거짓말을 한다고 생각했다.

곤차로프는 조선에 오기 전에 조선에 관한 여러 책을 읽은 적이 있다. 그 책들에 따르면 조선인은 일본인보다 밥을 두 배나 많이 먹고, 교활하며 게으르고 고집이 세다는 인상이었다. 곤차로프는 마을에 닭이 있음에도 없다고 말하는 조선인의 태도를 보며 그 책에서 읽은 내용을 떠올렸고, 조선인을 매우 교활한 민족이라 판단했다.

촌장을 따라온 조선인들은 러시아인들이 내준 빵과 건빵, 홍차, 럼주를 거절하지 않고 먹고 마셨다. 그들은 배 안에 배치된 여러 물건을 흥미롭게 바라보았고, 러시아인의 하얀 피부를 신기해하며 만져보기도 했다. 그러면서도 끝내 러시아인들의 물물교환 제안을 거절하고 돌아갔다.

하지만 다음 날, 러시아인들은 기어이 뭍에 상륙하여 마을로 진입했다. 조선의 남자들이 대거 몰려나와 마을 진입을 막았지만 러시아인들은 마을 외곽을 돌아보다가 결국 마을 안까지 발을 들였다. 마을의 집들은 모두 초가지붕이었고, 모든 집은 돌담으로 둘러싸여 있었다. 러시아인들은 돌담 사이의 골목길로 접어들었다. 곤차로프는 그 돌담들이 허술하게 쌓여 있어 실망스럽다고 느꼈고, 역시 조선인들은 노력을 싫어하는 족속이라고 생각했다. 이런 생각이 들자 러시아인들은 마을 초입에서 발길을 돌려 마을 외곽의 밀밭과 보리밭을 구경했다.

섬 주변을 돌아다닌 끝에 곤차로프는 조선인들이 식량을 내주려 하지 않은 이유를 짐작할 수 있었다. 섬은 모두 절벽과 바위로 둘러싸여 있었고, 경작 가능한 토지가 매우 협소했다. 그는 그로 인해 섬 주민들이 가난하고 비참한 생활을 하고 있을 것으로 판단했다. 즉, 식량을 내주지 않은 것이 아니라 내줄 수 있는 식량 자체가 없었을 것이라는 판단이었다.

이렇듯 곤차로프는 조선에 대해 그리 좋은 첫인상을 품지 못한 채 1854년 4월 7일 거문도를 떠나 일본 나가사키로 향했다.

동해를 거쳐 두만강에 이르다

거문도를 떠나 일본의 여러 지역과 섬들을 항해한 후, 곤차로프 일행은 다시 조선 영해로 향했다. 4월 25일, 그들은 몇 척의 조선 어선을 지나쳤고, 그중 한 척이 팔라다호로 다가왔다. 조선 어선에는 7명의 선원이 타고 있었고, 러시아인들은 그들을 갑판으로 초대했다. 하지만 조선인들과는 의사소통이 전혀 되지 않았다. 그들 중 한자를 아는 이가 없었기 때문이었다. 결국 러시아인들은 그들에게 건빵을 주고 돌려보낼 수밖에 없었다.

러시아인들은 이틀을 더 항해하다 이름 모를 섬을 발견하고 상륙하기로 했다. 그 섬에 상륙한 이유는 해안가에 채소가 많이 재배되고 있는 것이 보였기 때문이었다. 작은 보트를 이용해 뭍에 내리자 순식간에 그곳 원주민들이 주위를 에워싸고 마을 안으로 들어가지 못하게 막아섰다. 그러나 러시아인들은 개의치 않고 그물을 던져 어류와 해산물을 잡았고, 총으로 새를 쏘아 먹거리를 마련하거나 큰 뱀을 잡아 알코올이 든 병에 넣어두기도 했다.

이렇듯 곤차로프 일행은 조선 남해에 흩어져 있는 여러 섬을 거쳐 부산항에 도착했다. 부산항에서는 곡물과 금속류가 물물교환되고 있었다. 그들은 자신들도 교환이 가능한지 조선인들에게 물어보았다. 하지만 조선인들은 잡동사니 몇 개를 교환하는 것 외에 식량은 줄 수 없다고 했다. 러시아인들이 식용으로 얻을 수 있었던 것은 고작 닭 세 마리뿐이었다. 그것도 사정사정 끝에 얻은 것이었다.

곤차로프 일행은 부산을 떠나 동해를 따라 북쪽으로 항해했다. 영흥에 도착한 후, 영흥강을 거슬러 올라가 조선의 관리를 만났는데 그는 함경도 고원 군수인 오경진이었다. 러시아인들은 무역이 가능한지 물으며 선물까지 내밀어 부탁했지만 오경진은 선물을 거절하며 무역은 불가능하다고 단호히 답했다.

결국 러시아인들은 무역을 포기하고 영흥강의 수심을 측정하려 했다. 그러나 조선인들은 이를 용납하지 않았다. 강가에는 수많은 조선인이 나와 돌을 던지며 측정을 방해했고, 일부는 러시아 선원을 직접 공격하기도 했다. 러시아 선원들은 산탄총까지 쏘며 공격을 막아야 했고, 양측 모두 부상자가 발생했다.

다음 날, 러시아인들은 무장한 선원들을 이끌고 자신들을 공격한 마을로 향했다. 하지만 마을에는 노인들만 남아 있었고, 나머지 주민들은 모두 달아나고 없었다. 노인들에게 이유를 묻자 그들은 마을의 못된 녀석들이 선동해서 벌어진 일이라고 해명했다. 이에 러시아인들은 항의 서한을 작성해 노인들에게 전달하고, 그 지역 관리에게 전해달라고 부탁하며 사건을 마무리했다.

이후 팔라다호는 조선의 해안을 따라 북쪽으로 항해하여 두만강 어귀에 도달했고, 두만강의 수심을 측량하고 주변 지형을 기록했다.

이것으로 곤차로프의 조선 여행기는 끝을 맺는다. 이후 팔라다호는 시베리아로 향했고, 곤차로프는 그곳에서 배에서 내려 육로로 페테르부르크로 귀환했다.

5장 | 러시아인들이 본 조선

03

조로수호통상조약의 체결과 그 배경

　나선정벌 이후 러시아와 조선의 공식적인 접촉은 100년 이상 이뤄지지 않았다. 그러다 러시아가 베이징에 사신을 보내기 시작하면서 베이징 외교가에서 조선인과 러시아인의 간헐적인 접촉이 있었다. 그리고 1860년에 러시아와 청나라 사이에 청로북경조약이 맺어지면서 러시아는 연해주 지역을 영토로 확정하였고, 이는 곧 러시아와 조선이 국경을 마주하는 결과를 낳게 되었다.

　하지만 러시아는 여타의 서양 세력과 달리 조선 침탈을 시도하지는 않았다. 1860~1870년에 미국, 영국, 프랑스 등은 다양한 형태로 조선에 불평등조약을 강요해왔지만 러시아는 전혀 그런 행동을 하지 않았다. 심지어 1871년의 신미양요 때에는 미국이 러시아에 공동보조를 요청하였지만 거절하기까지 했다.

물론 러시아가 이때 조선을 압박하는 데 동참하지 않은 것이 침략 야욕이 없었기 때문은 아니었다. 당시 러시아의 사정이 여타의 서구 세력과 보조를 맞출 여력이 없었다. 러시아는 영국·미국·프랑스 등에 비해 산업적인 면에서 후진적이었고, 이 때문에 서구 세력과 경쟁할 처지가 아니었다. 그래서 조선에 대해서도 현상 유지를 하는 것 이상의 행동은 취하지 않았던 것이다.

하지만 1876년에 일본과 조선 사이에 강화도조약이 체결되고, 다시 1882년에 조선과 미국 사이에도 통상조약이 맺어지자 러시아도 조선에 대해 적극적인 진출 의사를 드러냈다. 사실, 서구 국가 중에 조선과 직접 국경을 마주하고 있는 유일한 국가는 러시아였기 때문에 상황에 따라서는 조선에서 가장 큰 영향력을 행사할 수 있는 국가도 러시아였다.

이런 현실을 잘 알고 있던 유럽의 강국 영국은 러시아를 철저히 견제했다. 영국은 중앙아시아 지역에서도 러시아와 대립하고 있었고, 흑해와 대서양 지역에서도 러시아와 대립하고 있었다. 당시 러시아는 어떻게 해서든 얼지 않는 항구를 확보하여 대서양과 지중해로 진출하려 했는데 영국은 이를 철저히 막아서고 있었다. 러시아가 해양로를 확보할 경우 해양 강국인 영국의 세력이 크게 위축될 것을 염려했기 때문이다.

한편, 러시아는 대서양과 흑해를 통한 해양 진출로 확보에 실패하자 태평양으로 진출할 기회를 노렸다. 러시아가 태평양으로 진출할 길은 조선 땅에서 얼지 않는 항구를 확보하는 것이 유일했다. 이런 사실을 잘 알고 있던 영국은 러시아의 조선 진출을 막기 위해 조선의 종주국인 청나라를 이용했다. 영국은 청나라를 설득하여 러시아에 앞서 미국이나 유럽의 국가들이 먼저 조선과 통상조약을 맺을 수 있도록 주선해줄 것을 요청했다.

이런 영국의 노력 덕분에 러시아에 앞서 미국이 먼저 조선과 통상조약을 맺을 수 있었다. 조선과 미국이 통상조약을 맺으려 했을 때 러시아도 청나라를 압박하여 조선과 통상조약을 맺을 수 있게 해줄 것을 요청했었다. 러시아는 미국, 영국, 프랑스 등이 조선을 장악하기 전에 하루라도 빨리 조선 땅에 진출해야 하는 절박한 입장이었다. 하지만 결국, 러시아는 조미수호통상조약의 체결을 막지 못했다.

러시아는 조미조약이 맺어질 경우, 일본이 노골적으로 조선을 침략하는 것을 막을 수 없다고 판단했다. 그만큼 일본과 미국은 친밀한 관계에 있음을 러시아는 잘 알고 있었다. 당시 미국은 필리핀을 욕심내고 있었고, 일본은 조선을 욕심내고 있었다. 그래서 미·일 양국은 미국이 필리핀을 차지하는 것과 일본이 조선을 차지하는 것을 서로 용인하려는 경향이 강했다. 러시아는 이를 잘 간파하고 있었고, 그래서 청나라에 그 내용을 전달하며 러시아가 미국보다 먼저 조선과 통상조약을 맺어야만 일본의 조선 침탈을 막을 수 있다고 역설했다. 하지만 청은 그런 러시아의 설득을 받아들이지 않았다. 청은 되레 영국의 설득을 받아들여 조선과 미국의 통상조약을 먼저 주선했다.

조선과 미국이 통상조약을 맺자 러시아는 더욱 마음이 급했다. 러시아는 비록 늦었지만 조선과 육로통상조약을 맺는다면 미국보다 조선에 대한 영향력을 더 강화할 수 있다고 판단했다. 그래서 조선에 육로통상을 요구했지만 조선은 러시아와 맞닿은 국경이 얼마 되지 않는다는 이유로 육로통상을 거절했다.

이후, 마음이 조급해진 러시아는 1882년 7월에 조선과 수교하기 위해 톈진 주재 러시아 영사였던 베베르를 블라디보스토크로 파견했다. 베베르를 조선과 가까운 블라디보스토크에 머물게 하고 본격적으로 통상 협상을 시작할 계획이었던 것이다.

하지만 불행히도 조선에서 급변이 일어났다. 임오군란이 발발하여 조선 정세가 극도로 혼란스러워진 것이다. 설상가상으로 임오군란 후, 조선에 대한 청나라의 영향력이 강화되고 말았다.

조선의 왕비 민씨는 군란 중에 가까스로 탈출하였고, 고종은 청나라에 군대를 요청했다. 청은 고종의 요청을 받아들여 받아들여 3,000의 군대를 조선에 파견하여 군란을 해결해버렸다. 당시 러시아와 청의 관계는 악화되어 있었다. 그러니 청의 영향력이 확대된 조선에서 러시아와의 통상조약이 맺어질 가능성이 없었다. 결국, 러시아는 조선과의 수교 계획을 미룰 수밖에 없었다.

1882년 10월, 청나라는 조선상민수륙무역장정을 조선에 강요하여 조선을 명문화된 속국으로 삼았다. 또한 톈진 주재 독일 영사를 지낸 묄렌도르프를 서울로 파견하여 조선의 재정 및 외교권을 지배하도록 했다. 묄렌도르프는 1882년 말에 청나라의 마건상과 함께 조선에 입국하여 외무차관격인 통리아문 외무협판이 되었다. 또한 그는 1883년 봄에는 해관총세무사에도 임명되어 조선의 재정권을 장악했다.

이렇듯 조선에서 묄렌도르프의 영향력이 확대되었는데, 사실 묄렌도르프는 청나라의 바람대로 움직여주지 않았다. 그는 조선이 청나라보다는 다른 강대국에 의지하는 것이 현실적이라고 생각했고, 그 강대국의 유일한 후보는 러시아뿐이라고 판단했다. 이는 조선 왕 고종에게도 영향을 끼쳤고, 이에 고종은 러시아와 우호 관계를 맺는 것이 조선의 안정에 도움이 된다고 인식하게 되었다.

고종은 1882년에 임오군란에 대한 사죄 사절로 일본에 김옥균·박영효·민영익 등을 보냈는데 그들로 하여금 주일 러시아 공사관을 방문하게 했다. 그들은 그곳에서 러시아 공사관 서기 로젠을 만나 청나라의 내정 간섭에 분개하는 말들을 쏟아놓았고, 동시에 조선과 러시아가 조약을 체결했으면 한다는 말을 전하게 된다. 당시 고종과 이들 젊은 정치인들은 청나라의 내정 간섭을 끊어내고 조선의 자주 독립을 유지하기 위해서는 러시아와 조약을 체결하는 것이 좋다고 판단하고 있었다.

고종의 이런 행동은 청나라 몰래 행한 일이었다. 고종은 다시 1883년에 김옥균을 주일 러시아 공사관에 보내 러시아 공사 다뷔도프에게 러시아와 우호 조약을 체결하길 희망한다는 말을 전했다. 고종은 또 1884년 초에 김관선을 노보키예프스코에 파견하여 그곳 변방 행정관인 마튜닌에게 다시 한번 러시아와의 조약 체결을 원한다고 알렸다. 이쯤 되자 러시아도 조선이 청나라 세력을 제거하고 러시아의 지지를 얻고자 한다고 확신하게 되었다.

러시아는 마침내 1884년 초에 톈진에 있던 베베르에게 조선과 조약을 체결하라는 지시를 내렸다. 물론 청을 배제하라는 지시도 함께 내렸다. 러시아가 청을 배제할 수 있다고 확신한 것은 베트남에서 청과 프랑스가 전쟁을 일으킬 것을 예상했기 때문이다.

그해 5월에 프랑스가 북베트남의 통킹을 점령하자 청은 조선에 있던 청나라 군대의 절반을 베트남으로 파견했고, 이 상황을 기회로 러시아는 조선과의 수교를 서둘렀다. 베베르는 6월 24일에 서울에 도착했고, 묄렌도르프의 도움으로 7월 7일에 조로수호통상조약을 체결하는 데 성공했다.

통상조약의 내용은 미국, 일본 등과의 조약과 거의 같았다. 인천, 원산 및 부산항을 개방한다는 조건이었던 것이다. 하지만 조선의 항구를 개방한다는 조약은 러시아에겐 무의미한 것이었다. 러시아는 조선으로 갈 수 있는 항구가 제대로 없었기 때문이다. 러시아가 진정 원하는 것은 육상을 통한 무역이었다. 말하자면 조로육로통상조약이 러시아가 진짜 원하는 것이었다. 하지만 조선이 쉽게 육로 조약을 받아들이지 않았기 때문에 우선 외교적인 영향력을 위해서 해로 조약이라도 체결했던 것이다.

이후 러시아는 지속적으로 육로 통상조약을 요구하였고, 결국 1888년 8월에 조로육로통상조약이 체결되기에 이른다.

5장 | 러시아인들이 본 조선
04

러시아의 조선 탐험대

조선 탐험에 나선 다섯 명의 러시아인

조로통상조약 이후 러시아 정부는 조선의 정치, 경제, 사회, 문화, 지리, 군사 등에 관한 집중적인 연구를 위해 조선 탐험대를 조직하였다. 조선 탐험대는 네 명의 군인 장교와 한 명의 관리자로 구성되었으며, 이들은 조선 땅 방방곡곡을 직접 여행하면서 조선의 자연환경과 백성들의 생활환경, 경제 상황, 행정 조직, 병영 상황 등을 조사하는 것이 목적이었다.

탐험대에 참여한 인물을 구체적으로 살펴보면, 유일한 민간인이자 탐험대 관리자 격인 다데슈칼리안 공후, 육군 대령 카르네프와 그의 보좌관인 육군 중위 미하일로프, 육군 중령 알프탄, 그리고 베벨리까지 총 다섯 명이다.

이들 탐험대는 한꺼번에 파견된 것이 아니라 순차적으로 조선을 다녀왔다. 다섯 명 중 첫 번째로 조선 탐험에 나선 인물은 관리자였던 다데슈칼리안이었다. 그는 조로 조약 직후인 1885년에 조선을 방문하였고, 여행기 형태로 탐험 내용을 남겼다. 그가 답사한 지역은 조선의 중부 지역 및 동북부의 국경 지대였으며 이곳의 기후와 동식물, 관습, 행정 조직에 대해 체계적으로 기술하였다.

다데슈칼리안 다음으로 조선 탐험에 나선 인물은 베벨리였다. 베벨리는 1889년에 조선 북부 지역을 여행하였으며 군인 신분임에도 매우 문학적이고 유려한 여행기를 남겼다.

탐험대 중 세 번째로 조선을 방문한 이들은 카르네프, 미하일로프, 그리고 알프탄이었다. 카르네프와 미하일로프는 조선의 중남부 지역을 답사하며 1895년에서 1896년 사이에 일어난 조선의 격동기 사건들을 함께 기록하였다. 알프탄은 1895년 12월부터 1896년 1월까지 조선의 중북부를 여행하며 보고 들은 내용을 남겼다.

이 네 개의 탐험 보고서는 대부분의 내용을 조선의 행정 체계나 당시 조선이 처한 정치·외교적 상황에 할애하고 있다. 그러다 보니 서로 겹치는 내용도 많고, 이미 앞서 조선을 다녀간 서양인들이 남긴 기록들과 대동소이하다. 따라서 이 글에서는 그런 공통된 내용은 제외하고, 러시아 탐험대만이 경험한 독특한 사건들과 조선인들에 대한 색다른 시각 위주로 보고서 내용을 소개하고자 한다.

조선인들은 영특하고 순수하다

가장 먼저 조선을 탐험한 다데슈칼리안의 보고서를 살펴보면, 주된 내용은 조선의 영역, 행정 조직, 자연환경, 그리고 단편적인 문화에 관한 것이었다. 그러나 그 내용들은 한국인이라면 상식적으로 알고 있는 수준의 것이어서 특별히 눈에 띄는 대목은 찾아보기 어렵다. 그나마 주목할 만한 부분은 조선인들의 특성과 기질에 대한 그의 평가이다.

다데슈칼리안은 조선인의 성향이 중국인보다는 일본인과 더 가깝다고 보았다. 그는 조선인들이 지혜롭고 활달하며, 민감하고 지적 호기심이 풍부한 사람들이라고 평가했다.

그가 조선인들의 지식욕이 강하다고 본 가장 큰 이유는 외국인에 대한 유별난 호기심 때문이었다. 그는 조선에 머무는 동안 "늘 수난을 당하는 느낌이었다"고 적고 있다. 어느 곳을 가든 항상 사람들의 호기심 어린 시선을 받았기 때문이었다.

그는 어느 마을에 들어서기만 하면 순식간에 조선인들에게 에워싸였고, 그들은 그에게 끊임없이 질문을 던졌다. 조선인들은 그가 어디서 왔는지, 고향은 어떤 곳인지, 러시아에서는 무엇을 했는지, 또 그가 입은 옷이나 소지품은 어떤 것인지, 심지어 속옷의 종류와 색깔까지 알고 싶어 했다. 그는 그런 질문에 하나하나 대답하느라 하루가 저무는 줄도 몰랐고, 몸이 지칠 대로 지치기도 했다고 전한다.

그가 사용하는 물건, 먹는 음식, 움직임, 표정, 말투, 걸음걸이 등 모든 것이 조선인들에게는 신기한 대상이자 질문의 재료였다. 대답을 들은 조선인들은 늘 놀라는 표정을 지었고, 때로는 감탄과 한탄이 동시에 터져 나오기도 했다. 물건이 좋으면 놀라고, 용도가 새로우면 감탄하며, 처음 보는 것이라면 자신들이 그동안 몰랐던 사실을 한탄하며 슬퍼했다.

이러한 경험을 바탕으로 다데슈칼리안은 조선인들이 온순하고 선량하며, 순종적인 기질을 지녔다고 판단했다. 그가 보기엔 조선인들은 관리의 명령 한마디에도 모두 따르는 사람들이었다. 외진 산골 사람들까지도 '정부의 명령'이라는 말 앞에서는 별다른 저항 없이 순순히 응했다. 총과 칼의 위협은 전혀 필요치 않았다.

그는 이러한 조선인의 순수함을 보며, 그들이 본래 평화를 사랑하고 조용한 삶을 추구하는 민족이라고 보았다. 서양 문물을 일찍 접하지 못한 탓에 다소 무지해 보일 수는 있지만 그것은 어리석어서가 아니라 다른 생활 조건 속에서 살아왔기 때문이라고 이해했다.

이처럼 다데슈칼리안의 시각은 그간 조선을 방문했던 여러 서양인의 시각과는 사뭇 달랐다. 대부분의 서양인들이 조선인을 무지몽매한 미개인으로 취급하고 업신여긴 데 반해 다데슈칼리안은 조선인의 영특함과 순수한 기질을 긍정적으로 평가하고 있었던 것이다.

조선, 국경지역 주민들의 연해주 이주를 막다

다데슈칼리안에 이어 조선을 탐험한 육군 중령 베벨리는 1889년 여름 조선 북부 기행에 나섰다. 그는 연해주에서 두만강을 건너 조선 북동부로 들어오며 여행을 시작했으며 그 경로는 함경북도 경흥에서 회령과 부령, 경성을 거쳐 함경남도의 함흥과 영흥을 지나 원산을 경유해 평양에 도착했고, 마지막으로 서울까지 방문하였다. 그가 서울에 간 이유는 연해주와 관련한 정치 문제 및 국경 지대의 무역 문제를 협의하기 위해서였다.

베벨리의 보고서에서 가장 인상적인 부분은 조선과 러시아의 국경 지역에서 벌어진 사건들에 대한 기록이다. 그가 조선을 방문하기 전인 1888년 음력 7월 13일, 조선과 러시아는 조로육상통상장정을 체결하였다. 이로써 조선과 러시아 간 육상 무역에 관한 공식 규정이 마련된 셈이다. 그러나 이 조약은 당시 연해주와 교류하거나 이미 연해주 지역에 이주해 살고 있던 조선인들에게 오히려 불안감을 조성하는 계기가 되었다.

조선과 러시아인의 교류는 이미 1863년부터 본격화되었으며 두만강을 사이에 두고 국경을 맞대고 있던 탓에 조선인들 중 일부는 이때부터 연해주에 이주해 살고 있었다. 그런데 조로육상통상장정이 체결되자 조선 정부는 러시아에 연해주 이주민들을 무조건 인도해 줄 것을 요구했다.

이러한 조선 정부의 요구는 러시아와 국경 지역 조선인들의 입장과 정면으로 배치되는 것이었다. 당시 러시아는 연해주 지역의 인구가 부족했기에 조선인의 이주를 환영하는 입장이었으며 국경 지역 주민들 또한 비옥한 평야를 개간할 수 있다는 기대감 속에서 연해주 이주를 희망하고 있었다. 그러나 조선 정부는 자국 백성이 외국으로 유출되는 것을 우려해 러시아에 이들의 송환을 요구한 것이었다.

러시아는 이 요구에 당혹스러움을 감추지 못했으며 결국 불법 이주를 앞으로는 허용하지 않겠다는 입장을 밝히면서도 이미 이주한 사람들에 대해서는 희망자에 한해 귀환할 수 있는 권리를 부여하겠다는 애매한 조정안을 제시했다.

조선 정부는 이 조정안을 받아들이기는 했지만 여전히 국경 지역 조선인들의 대규모 이주 가능성을 우려했다. 실제로 당시 국경 지대의 백성들 사이에서는 연해주 이주에 대한 선호가 컸다. 현실적으로 연해주로 이주한 조선인들이 조선에 남은 사람들보다 경제적으로 훨씬 나은 삶을 살고 있었기 때문이었다.

이러한 이유로 조선 정부는 지속적으로 러시아 측에 연해주 이주를 금지해 줄 것을 요청했고, 베벨리는 이 사안을 조정하기 위해 서울에 파견되었다. 그는 회담에서 러시아 정부가 과거 약속한 대로 입국을 제한할 제도를 마련하겠다고 확언했다. 또한 여권을 소지한 조선인만 연해주에 입국할 수 있도록 하는 제도도 엄격히 시행하겠다고 밝혔다.

그러나 조선 정부는 여전히 이미 이주한 조선인들의 송환을 요구했다. 이에 베벨리는 난처한 입장을 드러내며 이미 정착해 살아가는 사람들을 쫓아내는 것은 가혹하고 비인도적이며 파괴적인 조치로, 러시아의 인도주의 원칙에 어긋난다고 설명했다. 대신 앞으로는 조선인의 이주를 엄격히 제한하겠다고 재차 강조했다. 아울러, 연해주 남우수리 지역에 외국인의 유입이 늘어날 경우 자국민의 이익이 침해될 수 있다는 점도 부각시켰다.

다행히 조선의 대신들은 그의 설명에 설득되었고, 회담은 무사히 마무리되었다. 그러나 베벨리는 조선 정부의 우려를 되새기지 않을 수 없었다. 특히 국경 지역의 조선 관리들이 전한 말이 그의 기억에 깊이 남았다. 그는 무관 출신인 길주 군수 남치원을 만난 적이 있었는데 남치원은 그에게 이렇게 말했다.

"만일 우리가 주민들의 이주를 막기 위한 조치를 전혀 취하지 않는다면 조선인들은 모두 당신네 땅으로 떠나고 말 것이오. 그렇게 되면 조선에는 백성은 사라지고, 관리들만 덩그러니 남게 될 것이오. 그렇기에 러시아 정부가 주민들의 이주를 제한하려는 의도는 우리에게 매우 중요한 일이오."

남치원의 말에서 알 수 있듯, 당시 조선 정부는 함경북도 주민들, 특히 러시아와 접경한 지역 주민들의 대규모 이주 가능성을 매우 심각하게 우려하고 있었던 듯하다. 그러나 이러한 사실은 베벨리의 기록 외에는 다른 자료에서 좀처럼 확인되지 않는다. 그런 점에서 그의 보고서는 매우 귀중한 사료라 할 수 있다.

러시아에 소와 말을 수출하다

베벨리에 이어 알프탄 중령 역시 1895년 12월, 연해주 지역에서 두만강을 건너 조선 탐험에 나섰다. 그는 얼어붙은 두만강을 말을 타고 건넌 뒤 국경 지방인 경흥에 도착하였고, 이후 한 달여 동안 조선을 여행했다. 그의 여정은 경흥을 시작으로 해안선을 따라 경성, 길주, 성진, 단천, 이원, 북청, 홍원, 함흥을 지나 원산까지 이어졌다.

그 역시 다른 탐험대원들처럼 조선의 영토와 자연환경에 초점을 맞춰 서술했기에 그의 보고서에서도 특별히 눈에 띄는 내용은 많지 않다. 다만 조선의 소와 말 수출에 대한 언급은 다른 기록에서는 보기 드문 내용이기에 특별히 소개할 만하다.

알프탄에 따르면, 조선의 소는 키가 크고 힘이 세어서 러시아 연해주 남우수리 지역으로 수출되고 있었다. 그는 조선이 소를 수출하는 것을 보고 소가 풍부한 나라라고 생각했지만 실제로는 그렇지 않았다. 조선인들이 소를 판 이유는 물자가 풍부해서가 아니라 가난으로 인해 소를 먹일 여력이 없었기 때문이었다.

당시 조선인들은 소를 러시아에 수출하면서 러시아의 검역법에 불만이 많았다. 조선의 소가 러시아로 수출되기 시작하자 러시아는 새로운 검역 규정을 마련하였고, 이에 따라 수출용 소는 검역소에 2주간 격리되어야 했다. 이로 인해 보관 비용이 증가했고, 소 중개업자들은 어쩔 수 없이 가격을 인상할 수밖에 없었다. 가격이 오르자 러시아인들은 조선산 소의 수입을 꺼리게 되었고, 결과적으로 소 무역은 크게 위축되었다.

당시 조선의 소 가격은 암소가 평균 13루블(약 2,210냥), 황소는 20루블(약 3,400냥) 정도였다고 한다. 소뿐 아니라 말도 거래되었지만 조선의 말은 품질 면에서 낮은 평가를 받았다. 대부분 조랑말이었으며 평균 키는 약 106cm에 불과했다. 게다가 조선 말은 성질이 사납고 예민하여 길들이기 어렵고, 성격을 억제하지 못해 날뛰는 경우가 많았다. 심지어는 경작지를 헤집고 다녀 농사를 망치게 하는 일도 있었다.

러시아인들은 조선산 말을 주로 짐 운반용으로 사용했다. 그러나 말의 체구가 작아 많은 짐을 실을 수 없었다. 때로는 승용으로도 이용되었지만 말이 너무 작아 말 등에 의자처럼 생긴 높은 안장을 얹고 타야 했다. 그렇지 않으면 다리가 땅에 닿아 말을 탈 수 없었다. 더불어 조선의 말은 속도가 매우 느려서 사람이 걷는 속도보다 느린 경우도 많았다. 이런 이유로 조선의 말은 러시아인들에게 그다지 인기가 없었다.

이처럼 조선의 말을 타는 것은 여러모로 불편했지만 알프탄은 조선을 여행하며 말을 탈 수밖에 없었다. 조선의 도로 사정이 좋지 않아 마차를 이용하기 어려웠고, 도보나 말을 타는 것 외엔 방법이 없었던 것이다. 다행히 조선에는 역원제도(도성과 지방을 연결하던 조선의 교통·통신 제도. 역은 말을 준비해 놓은 곳이고, 원은 사람들이 쉴 수 있는 숙소이다)가 마련되어 있어서 말을 이용하는 데 비용이 많이 들지 않았다.

하지만 알프탄은 초반에는 조선의 역원제도를 알지 못해 개인적으로 말과 마부를 구해 사용했다. 개인적으로 말을 빌리는 일은 쉽지 않았고, 비용도 상당했다. 역원을 이용하지 않고 말과 마부를 쓸 경우, 최소 10리에 1냥을 지불해야 했으며, 이는 러시아보다 두 배나 비싼 수준이었다. 알프탄은 조선의 역원제도를 뒤늦게 알게 된 이후, 역원에서 말을 빌려 여행하게 되었고, 그 덕에 훨씬 수월하게 조선을 답사할 수 있었다.

말과 마부를 임대하고 탐험을 시작하다

알프탄이 조선을 여행하던 동안, 카르네프와 그의 보좌관 미하일로프 또한 조선 여행에 나서고 있었다. 카르네프와 미하일로프는 연해주에서 육로가 아닌 해로를 통해 조선으로 입국하는 경로를 택했다. 1895년 11월 29일, 블라디보스토크항에서 배를 타고 사흘간 항해한 끝에 일본 나가사키에 도착하였고, 그곳에서 12월 7일 밤에 다시 조선의 부산항으로 출발하여 12월 8일 아침 8시경 부산항에 도착하였다.

부산항에 도착한 카르네프는 영국인 헌트와 스미드의 도움으로 초량 객사에 머물고 있던 경상도 관찰사 주석윤을 만나러 갔다. 그가 주석윤을 찾은 목적은 여행에 필요한 안내자와 말을 구하기 위해서였다. 당시 조선은 국상 중이었으며 카르네프가 도착하기 두 달 전인 10월 8일, 일본인들에 의해 명성황후 민씨가 살해되는 사건이 발생했기 때문이다.

카르네프 일행이 초량 객사에 도착했을 때 객사 대문에는 국장을 알리는 검은색과 흰색 꽃 장식이 걸려 있었다. 그 대문을 열고 관아 안으로 들어서자 주석윤이 직접 그들을 맞이했다.

주석윤은 카르네프 일행에게 술과 커피를 대접한 뒤, 인근 마을에서 말과 안내자를 구해주겠다고 약속하였다. 이후 일본의 감시가 덜한 저녁 무렵 그는 카르네프의 숙소에 답례 방문을 하였다.

주석윤은 숙소에 약 2시간 머물며 환담을 나누었고, 그 자리에서 일본에 대한 비판을 거침없이 쏟아냈다. 대화는 영어로 진행되었으며 통역은 주석윤 휘하의 통역관과 영국인 스미드가 맡았다.

주석윤은 약속대로 관리관 한 명과 말과 마부들을 보내주었지만 생각보다 비용이 매우 비쌌다. 말들은 건강하지도 않고 질도 좋지 않았음에도 15마리의 임대료가 무려 50달러였다. 50달러는 당시 조선 화폐로 약 500냥에 해당하는 거금이었다(이는 현재 가치로 약 2,500만 원에 해당한다). 카르네프는 너무 비싸다며 흥정을 시도했지만 통하지 않았다. 당시 외국인들의 조선 여행이 늘면서 말 임대료는 천정부지로 치솟고 있었던 것이다.

카르네프는 고민 끝에 다른 말을 알아보기로 하고, 주석윤에게 다시 요청했다. 그러나 말 구하기는 조선인들조차 어려울 정도로 쉽지 않았다. 결국 그는 주석윤의 도움이 없었더라면 그나마 제공된 말들도 얻지 못했을 상황이었다. 카르네프는 결국 처음 보았던 말들 중에서 14마리를 임대하기로 결정하였다. 그리고 다음과 같은 내용의 임대 계약서를 작성하였다.

1. 10리마다 마부와 말에게 100푼(1냥)을 지급한다.
2. 마부는 명령에 무조건 복종하며 지정 목적지까지 이동해야 한다.
3. 말이나 마부가 아플 경우, 가장 가까운 마을에서 책임 마부의 감독 아래 교체한다.
4. 마부는 계약금으로 자신과 말의 식량을 충당한다.
5. 부산을 출발할 때, 모든 마부에게는 가족의 생계를 위한 급료로 서울까지 가는 비용 4,000푼(40냥)을 선지급하고, 여행 중 말과 마부의 식량비로 하루에 200푼을 지급한다. 남은 금액은 각각의 정산에 따라 서울에서 지급한다.
6. 탐험대와 마부 사이에 여행 거리와 관련된 이견이 생길 경우, 관찰사가 임명한 조선 관리가 판단한다.

이렇게 해서 러시아인의 조선 탐험은 1895년 12월 15일 본격적으로 시작되었다. 탐험대는 두 팀으로 나뉘었다. 카르네프가 한 팀을 이끌어 양산과 경주를 거쳐 영일로 향하고, 미하일로프는 다른 팀을 맡아 울산을 지나 해안을 따라 영일에서 다시 합류하기로 했다.

이들의 목적지는 서울이었다. 영일에 도착한 후, 풍기 등 경상도 내륙을 거쳐 충청도 제천과 충주를 지나, 강원도를 잠시 들른 뒤 서울에 입성하는 것이 그들의 계획이었다.

서울 탐방 이후, 제물포·수원 등 경기도 서부 지역을 경유해 충청도로 이동하고, 다시 천안·공주·논산을 거쳐 전라도에 도착했다. 전라도 여행은 전주를 시작으로 순천·담양·광주·나주·무안·목포·영암·강진·장흥·보성·순천·광양을 거쳤고, 이어 경상도 하동·사천·고성·창원·마산·김해를 지나 출발지였던 부산으로 돌아간 뒤, 최종 목적지인 블라디보스토크로 귀환하였다.

러시아인들이 겪은 조선의 단발령

카르네프 일행은 충청도를 여행하면서 뜻밖의 상황을 마주하게 되었다. 그들은 경상도 지방을 지날 때마다 지방관들의 도움을 받았기에 충청도에서도 당연히 지방관의 도움을 받을 수 있을 것이라 여겼다. 하지만 청풍과 단양에서는 지방관을 만나지 못했다. 놀랍게도 지방관들이 모두 충청도 관찰사의 감영이 있는 충주로 피신하여 관군의 보호를 받고 있었기 때문이다. 그 연유를 알아보니 상투를 자르는 문제로 주민들과 갈등을 빚고 있었던 것이다.

을미사변 이후 일본은 고종에게 상투를 자르는 단발을 강요했고, 고종은 1895년 11월 15일 단발령을 선포하였다. 하지만 백성들은 단발령에 대해 강하게 저항했다. 당시 단발령은 고종이 자의로 내린 결정이 아니라 일본의 압력에 의한 것이었으며, 조선 내각 전체가 찬성한 일도 아니었다. 이 때문에 백성들의 반감은 컸고, 곳곳에서 분노가 터져 나왔다. 일본군은 만일의 사태에 대비해 궁성을 포위하고 대포까지 설치해놓고 있었다. 이러한 가운데 고종은 유길준 등의 단발 찬성파의 압력을 이기지 못하고 스스로 단발하였고, 이어 태자도 단발을 시행하였다.

이후 단발령은 전국에 포고되었고, 관리들부터 단발이 시행되었다. 심지어 지방관들은 서울로 불려 올라와 단발을 강제로 당해야 했다. 이후 단발을 하고 돌아온 지방관들은 백성들에게도 상투를 자르라고 명령했는데 충청도의 지방관들도 마찬가지였다.

그러나 백성들은 단발령에 격렬히 반발했고, 여기저기서 소요가 일어났다. 러시아인들은 이 사태를 경험하면서 조선인에게 상투가 얼마나 중요한 의미인지 다시금 깨닫게 되었다. 조선에서는 옛부터 성인이 되면 상투를 틀었고, 이는 성년의 상징이었다. 반대로 말하면, 상투를 틀지 못한 자는 아무리 나이가 많아도 성인 대접을 받지 못했다. 장가를 들지 못해 상투를 틀지 못한 자는 '반편半片', 곧 '모자란 놈'이라 불리며 천대받았다. 그만큼 상투는 조선인에게 매우 중요한 존재였다. 그런데 하루아침에 이 성년의 상징을 자르라는 명령이 떨어졌으니 저항은 당연한 일이었다.

이처럼 충청도에서 단발령에 대한 백성들의 저항이 치열하게 일어나는 모습을 지켜보며 카르네프 일행은 강원도로 향하게 되었다. 그즈음 러시아인들에 대한 이상한 소문이 돌기 시작했다. 단발을 한 조선인 관원들과 러시아인들이 함께 다니며 주민들의 상투를 자르고 다닌다는 내용이었다. 그래서 카르네프 일행이 강원도로 가기 위해 여주에 도착했을 때 그들을 본 조선의 주민들은 상투를 잘릴까 두려워 도망치곤 했다.

그러던 중 한 농가에 숨어 있던 주민을 불러내어 겨우 주변 지리에 대해 물었는데 그 주민은 무릎을 꿇고는 제발 머리를 자르지 말아 달라고 애원했다. 카르네프는 통역을 앞세워 머리카락을 자를 일은 결코 없으니 안심하라고 다독였다. 그러자 그 남자는 상투를 자르지 않는다는 사실만으로 행복한 표정을 지었고, 감사한 마음으로 주변 지역의 지리에 대해 상세히 알려주었다.

조선인들의 겨울 고기잡이에 매료되다

카르네프 일행은 경기도 양평 땅에 이르러 조선인들이 얼음

위에서 독특한 방식으로 물고기를 낚고 있는 모습을 보고 신기하게 관찰하였다. 그들은 각기 얼음에 구멍을 뚫고, 털이나 비단으로 만든 끈에 커다란 갈고리 세 개를 달아 얼음 구멍 속으로 내려뜨린 뒤, 무릎을 꿇고 앉아 물고기가 갈고리에 걸리기만을 기다리고 있었다. 그렇게 얼음 위에 앉은 낚시꾼이 무려 300명이 넘었는데 카르네프는 그 진풍경을 놓칠 수 없어 그들에게 다가갔다.

그들이 사용하는 갈고리는 매우 독창적으로 제작된 것이었다. 카르네프는 그것으로 고기를 낚는 것이 너무도 신기하여 돈을 줄 테니 낚는 비법을 알려달라고 하였다. 그러나 어느 조선인도 선뜻 알려주려 하지 않았다.

그런데 얼음에 구멍을 뚫고 낚시로 물고기를 잡아 올리는 방법 말고도 매우 독특한 방식으로 물고기를 잡는 사람들도 있었다. 얼음낚시를 하고 있는 무리로부터 좀 떨어진 곳에서는 몇몇 남자들이 나무 방망이로 투명한 얼음판을 마구 두들기고 있었다. 그들이 왜 그런 행동을 하는지 살펴보니 그 역시 물고기를 잡는 방법 중 하나였다.

그 방법이 너무 신기하여 가까이 다가가 자세히 보니 그 수법이 이해되었다. 사람들이 투명한 얼음 아래로 보이는 물고기 위를 방망이질하면 물고기들이 그 소리로 인해 일시적으로 기절하거나 잠시 멍한 상태로 자리에 머물렀고, 사람들은 그 틈을 놓치지 않고 얼음에 구멍을 뚫어 갈고리가 달린 긴 막대로 고기를 끌어올렸다.

카르네프 일행도 그 방법으로 물고기를 한번 잡아보고 싶었지만 조선인들은 이방인들에게 전혀 곁을 주지 않았다. 그래서 별수 없이 한참 동안 그 신기한 고기잡이 광경을 지켜보기만 하다가 그곳을 떠나야 했다.

서울에 도착하여 국왕과 대원군을 만나다

카르네프는 드디어 서울에 도착했고, 1896년 1월 20일에는 조선의 국왕을 알현하는 영광을 얻었다. 조선 국왕은 왕비가 시해된 탓에 국상 중이었고, 그 때문에 어떤 외빈도 만나지 않았다. 그러나 카르네프는 특별히 슈페이에르 러시아 공사의 주선으로 왕을 만날 수 있었다. 슈페이에르는 베베르 공사의 후임이었다.

왕은 별궁에 기거하고 있었고, 카르네프는 러시아 공사와 함께 가마를 타고 별궁으로 들어갔다. 슈페이에르는 왕을 만나기 전에 조선의 신하들에 대해 신랄한 비판을 늘어놓았다. 그는 조선 내각에 많은 신하가 있지만 외무대신을 맡고 있는 늙은 신하를 제외하고는 모두 일본의 졸개들이라고 말했다. 그래서 조선 왕이 신뢰하고 있는 사람은 그 늙은 외무대신 김윤식뿐이라고 하였다.

카르네프는 그런 말들을 흘려들으며 기다리다가 조선 왕이 만나고자 한다는 전갈을 받았다. 그들이 별궁으로 가니 왕이 자신의 후계자인 세자와 함께 나란히 앉아 있었다. 조선 왕은 40대의 나이에 키는 보통이었고, 현명해 보였으며 눈빛이 매우 빛났다. 그리고 매우 호감 가는 인상을 지녔다. 하지만 이십 대의 세자는 권태롭고 생기 없는 눈에 얼굴은 누렇게 떠서 병색이 완연해 보였다.

왕의 첫마디는 슈페이에르 공사의 건강이 어떠냐는 말이었다. 그리고 카르네프에게는 여행 중에 고충이 없었는지 물었다. 이후 러시아인들은 조선 왕의 배려와 알현을 허락해준 것에 대해 감사를 표한 뒤 왕과 세자의 건강과 평안, 그리고 성공을 바란다는 축복의 말씀을 올리고 물러났다.

그렇듯 카르네프의 조선 왕 알현은 간단히 끝났다. 그리고 복도로 물러나왔더니 왕의 아버지인 대원군이 그들을 만나고자 한다는 전갈이 왔다. 그들은 곧 대원군이 거처하는 작은 궁으로 갔다. 그리고 대원군의 큰아들이자 왕의 형인 궁내부 대신 이재면의 안내를 받아 대원군을 만났다.

대원군은 그들을 매우 친근하게 대했다. 그는 그들을 보자 방석을 내주며 앉으라고 하였고, 좋은 차를 대접하였으며, 담배를 권하기도 하였다.

하지만 카르네프는 이 노인이 매우 교활하고 노회한 인물이라는 사실을 이미 전해 듣고 있었다. 또한 왕비 시해 사건에 깊이 관여했다는 것도 미리 알고 있었다. 그러나 카르네프가 그를 직접 대해보니 그는 매우 현명하고 점잖은 인물이었으며 한편으로는 매우 근엄한 표정을 짓고 있었다. 카르네프는 그런 느낌을 간직한 채 얼마간 그와 담소를 나눈 뒤, 공사관으로 돌아왔다.

이후 카르네프 일행은 한 달여 동안 서울에 머문 뒤, 2월 말경에 다시 장거리 여행에 필요한 비용과 장비, 그리고 말을 갖추어 제물포로 향했다. 그리고 그들은 제물포에서 서해안을 따라 내려가 충청도와 전라도 지역을 탐험한 뒤, 출발지인 부산항으로 돌아갔다. ■